해적

유럽에서 아시아
바이킹에서 소말리아 해적까지

KB058378

해적

유럽에서 아시아
바이킹에서 소말리아 해적까지

피터 레어 지음
홍우정 옮김

차례

제3부

세계화 물결과 빈곤

1914년부터 현재까지

서문

해적의 느닷없는 귀환

11월의 어느 흐린 날이었다. 상하이에서 출발한 배 한 척이 말레이시아 항구도시 클랑을 향해 남중국해의 파도를 가르며 나아가고 있었다. 선원 23명은 근처에 떠다니는 작은 어선 수십 척에 눈길도 주지 않은 채 제 할 일을 하느라 바빴다. 그 순간 어디서 나타났는지 모를 중무장한 패거리가 느닷없이 배 위로 올라와 긴 칼을 휘두르고 총을 쏴댔다. 패거리는 놀란 선원들을 순식간에 제압하고 짐칸에 가뒀다. 얼마 후 선원들은 다시 갑판으로 끌려 나왔다. 그들은 선원들을 난간에 나란히 세우고 눈을 가리는가 싶더니 몽둥이로 때리고, 칼로 찌르고, 총을 쐈다. 선원들은 동일한 최후를 맞았다. 23명 모두 바다에 던져지면서 끔찍한 범죄의 흔적도 사라졌다. 일부는 여전히 숨이 붙어있었다. 사람들은 이 사건을 두고 "소위 해적의 황금기*라 불리던 17~18세기에도 공해상에서 이보다 더 잔인하고 냉혹한 살인 행위가 일어난 사례는 찾아보기 힘들다"고 입을 모았다.[1] 하지만 이 공격은 먼 과거의 일이 아니다. 바로 1998년 11월 16일, 벌크화물선 창셩長勝호에서 일어난 사건이었다.

---

* 이름난 해적이 대거 등장했던 1650년대부터 1730년대까지 시기.

창생호 사건과 더불어 1990년대에 일어난 비슷한 여러 사건에는 한 가지 공통점이 있었다. 끔찍한 참사였음에도 크게 주목받지 못했다는 사실이다. 해적은 대개 소설이나 영화로 각색된 이야기를 통해 대중의 관심을 받았다. 로버트 루이스 스티븐슨의 소설《보물섬》(1883년), 영화로는 더글러스 페어뱅크스가 주연을 맡은 〈검은 해적〉(1926년), 에롤 플린의 〈캡틴 블러드〉(1935년), 그리고 더 최근에는 배우 조니 뎁이 출연해 대흥행한 〈캐리비안의 해적〉(2003년부터) 시리즈 같은 할리우드 영화들을 떠올려 보라. 이런 가공된 이야기들 속에서 해적은 자신감이 넘쳐흐르는 전형적인 낭만적 인물로 그려진다. 물론 현실과는 상당한 괴리가 있다.[2] 해양 산업 종사자나 해상 치안 담당 공무원, 몇 안 되는 해양 관련 학계 전문가를 제외하면, 대중에게 해적질은 한참 과거에 일어났던 일일 뿐이다. 즉, 위협으로 다가오지 않는 것이다. 해적행위(piracy)*라는 용어를 들으면 현대 사람들은 원래 의미인 해상 범죄가 아니라 저작권을 침해하는 온라인 불법 복제 같은 이미지를 떠올렸다. 하지만 2005년 11월, 신종 공해公海 해적인 소말리아 해적이 국제 무대에서 이름을 떨치기 시작하자 '해적행위'는 새로운 국면을 맞았다. 그들이 최신식 크루즈 여객선을 대담하게 공격한 사건이 일어난 것이다.

시번스피릿Seabourn Spirit호[3]는 '아프리카의 뿔' 인근 해역에서 흔히 보이는 낡아빠진 배들과는 달랐다. 시번스피릿호는 부유한 승객 208명과 선원 164명을 태운 초호화 유람선으로, 그해 여행 전문지 〈*Condé Nast Traveler*〉가 주최한 전 세계 여행자 투표에서 최고의 소형 유람선으

---

* 합법적인 권한 없이 사적 이익을 위해 해상에서 혹은 하선 후 육지에서 일으키는 강도·납치·폭력 행위.

로 선정되기도 했다. 시번스피릿호는 2005년 11월 이집트 알렉산드리아에서 싱가포르까지 유람할 계획이었다. 승객 200명은 이미 홍해를 지나 바브엘만데브해협을 거쳐 아덴만으로 향하는 항해를 즐겼다. 승객들은 다음 기착지인 케냐 항구도시 몸바사에서 할 관광을 고대하고 있었다.

11월 5일 토요일 이른 새벽, 현지 시각으로는 오전 5시 반이었다. 그 시각 유람선은 소말리아의 바나디르 해안에서 약 100해리(180킬로미터) 떨어진 곳에 있었고, 승객 대부분은 여전히 곯아떨어져있었다. 여느 때와 같이 선교의 선원들은 레이더 스크린에 나타나는 다른 배들의 위치를 살피고, 우선통행권은 내 알 바 아니라는 것처럼 순식간에 뱃머리 앞을 지나갈지 모르는 소형 어선들을 주시했다. 바로 그때 느닷없이 작은 보트 두 척이 유람선을 향해 달려왔다. 선교에 있던 선원들은 어리둥절했다가 곧 바짝 긴장했다. 보트에 탄 자들이 돌격소총과 휴대용 대전차 화기(rocket-propelled grenade launcher, 이하 RPG)를 들고 있는 것을 봤으니 말이다. 선교에 있던 선원들이 지금 해적의 표적이 되었다는 사실을 깨닫는 데는 시간이 조금 필요했으리라. 이전 몇 달 동안 해적이 몇 차례 공격했었지만, 해안 근처에서 오직 주민들이 모는 소형 선박들을 대상으로 했지, 서구 국적 최첨단 유람선을 목표로 삼은 경우는 없었다.

놀라고 있을 여유가 없었다. 스벤 에릭 페데르센 선장은 즉시 경보를 울리고 시번스피릿호의 속도를 높였다. 페데르센 선장은 유람선의 속도를 높여 해적이 탄 소형(7미터짜리) 유리섬유강화플라스틱(이하 GFRP) 보트 두 척을 앞지르고자 했다. 심지어 그중 한 척 정도는 아예 들이받아 전복시키려 했다. 유람선의 보안팀도 경보가 울리자 즉시 전투 태세에 돌입했다. 전직 경찰관 마이클 그로브스는 여객선으로 접근해오는 해적들을 침몰시킬 작정으로 고압 물대포를 격렬하게 쐈고, 선임자이자 전직 구르카 용병 솜 바하두르는 귀를 찢는 고주파를 내뿜는 음파총(Sonic gun)으로 해적들이 여객선에 접근하는 것을 막았다. 여객선 선원들의 노련한 조종술과 고압 물대포, 음파총의 조합에 나가떨어진 해적들은 새벽 안개 속으로 황급히 사라졌다. RPG 로켓탄 한 발이 배의 선체를 뚫고 들어가 선실 하나를 망가뜨렸지만, 파편에 가벼운 부상을 당한 솜 바하두르를 제외하면 아무도 다치지 않았다. 다른 RPG 로켓탄도 선미에 맞았다가 튕겨 나가 별 피해가 없었다.

결국 시번스피릿호는 장기간 인질극을 당할 위기를 모면했다. 선박 자체는 물론이거니와 선원과 승객 모두에게 다행스러운 일이었다. 주로 보안 문제 때문에 배는 예정된 몸바사행을 포기하고 곧바로 아프리카 대륙에서 한참 떨어진 인도양 쪽 섬나라인 세이셸공화국의 수도 빅토리아로 이동했다. 유람선은 그곳에서 다시 항해를 시작해 원래 일정대로 싱가포르에 도착했다. 승객들은 대단한 이야깃거리를 안고 배에서 내린 셈이다.[4]

이때 이후 여러 해에 걸쳐 국제 사회는 소말리아 해적들의 뻔뻔한 만행에 익숙해진다. 하지만 2005년 11월 당시에는 이 사건이 너무나 기괴해서 당시 호주 외무장관이던 앤서니 다우너를 비롯한 목격자들은 이 사건을 '해적행위'라고 부르기를 주저했다. 차라리 알카에다가 주도한 해상 테러라고 하는 편이 더 그럴싸할 터였다. 도대체 어떻게 네 명씩 두 팀에 불과한 해적이 수백 명이나 탄 134미터짜리 최신 선박을 납치할 생각을 했을까? 남자 여덟 명이 수백 명을 완전히 통제하는 게 가당키나 하겠냐는 목소리도 드높았다. 시간이 흐르면서 현실이 드러났다. 그렇다. 그 사건은 해적의 소행이었다. 돌격소총과 RPG로 무장했으며 냉철한 소말리아 해적들은 승객과 선원을 수십 명은 물론 수백 명도 주저없이 납치하려고 했던 것이다. 승객과 선원은 쉽게 겁을 먹었으며, 대부분무기도 없었다. 그때부터 '카리브해의 상상 속 해적'과 소말리아의 살아있는 해적은 언론의 헤드라인과 '대중적 상상력에서의 주인공 자리'를놓고 전투를 벌여야 했다.[5] 심지어 소말리아 해적의 대담한 공격 사례하나가 크게 영화화되기도 했다. 미국 국적 컨테이너선 머스크앨라배마Maersk Alabama호 납치 실패 사건을 소재로 톰 행크스가 주연한 2013년 블록버스터 영화 〈캡틴 필립스〉가 바로 그것이다.

2009년 4월 머스크앨라배마호는 기근에 시달리던 소말리아에 구호식량을 운송하고 있었다. 소말리아 항구 대부분은 치안이 매우 나빴으므로 이 배는 케냐의 몸바사항으로 가고 있었다. 하지만 여전히 해적이들끓는 소말리아 해안 근처를 지나야 한다는 사실은 변함이 없었다. 아니나 다를까, 그달 8일 소말리아 준 자치주인 푼틀란드 해안에서 약240해리(450킬로미터) 떨어진 곳에서 머스크앨라배마호가 느릿느릿 항해하고 있을 때 무장 괴한 네 명이 탄 소형 보트가 접근해왔다. 시번스피릿호 선원들처럼 머스크앨라배마호 선교 선원들도 해적이 승선하지못하게 하면서 따돌리려고 회피책을 취했다. 선원들은 해적보트를 가라앉히는 데 성공했지만, 해적들이 배에 올라타는 것을 막지는 못했다. 선원들은 '시타델Citadel(서구의 일부 부유한 집에 설치된 패닉룸Panic Room 같은 집중 방호 구역)'로 대피하는 2차 방어책을 쓰기로 했다. 선원 대피처인 시타델 안에서라면 구조 요청도 가능하고, 배도 조종할 수 있다. 하지만 다시 불운이 찾아왔다. 미국인 선원 대부분은 시타델에 제때 들어

2009년 4월 13일, 컨테이너선 머스크앨라배마호의 리처드 필립스 선장을 무사히 구출한 후 강습상륙함 복서(LHD4)의 한 팀이 머스크앨라배마호의 구명정을 복서함으로 견인하여 증거를 수집하고 있다.

왔지만, 선장 리처드 필립스와 기술차장 자힛 레자가 해적들에게 기습을 당하는 바람에 인질이 됐다. 놀랍게도 머스크앨라배마호의 선원들 또한 인질을 잡았다. 자힛 레자가 해적에게 배의 곳곳을 보여 주느라 끌려다니는 동안 기관장 마이크 페리가 기회를 포착해 기관실 바깥에서 해적을 덮쳤다. 페리가 잡은 해적은 놀랍게도 우두머리였다. 그때부터 극한의 대치 상태가 펼쳐졌다. 한쪽에서는 해적 세 명이 필립스 선장을, 다른 한쪽에는 미국인 선원 19명이 해적 우두머리를 인질로 삼고 있었다. 양측은 필사적으로 협상한 끝에 두 인질을 맞교환하기로 했다. 아울러 해적들은 머스크앨라배마호에 딸린 선명한 주황색 구명정을 타고 떠나기로 합의했다. 해적들의 보트는 이미 바다 밑으로 가라앉았기 때문이다. 하지만 해적들은 합의를 지키지 않았다. 그들은 필립스 선장을 붙잡은 채 구명정을 타고 탈출했다.

선원들이 상황을 알렸기에 미 군함 몇 척이 현장에 신속히 도착했다. 미군은 자신들이 특수한 인질극 상황에 직면했다는 것을 알았다. 무장한 소말리아 해적 네 명과 인질 한 명이 8.5미터짜리 구명정에 타고 있었는데, 파도까지 거칠었다. 위기는 금세 절정으로 치달았다. 해적 하나가 미국 구축함 베인브리지에 올라 몸값 협상을 벌이는 가운데 숨어서 기회를 엿보던 미 해군 특수부대 SEAL의 저격수들 시야에 갑자기 표적 세 개가 동시에 모습을 드러냈다. 해적 한 명이 명확하게 보였다. 불안하게도 그자가 필립스 선장의 머리에 돌격소총을 겨누고 있었다. 다른 두 명은 신선한 공기를 마시려고 구명정의 창문 밖으로 머리를 내밀었다. 요원들은 조준사격으로 해적 세 명을 쓰러트렸고, 필립스 선장은 풀려났다. 살아남은 해적 한 명은 후에 미국 법정에서 33년 9개월 형을 선고받고 경비가 삼엄한 교도소에 수감되었다.

현재, 부자가 되기 위해 목숨을 걸고 해적행위에 나서는 사람들이 소말리아에만 있는 것은 아니다. 최근에는 기니만을 무대로 저런 해적행위에 나설 의지와 능력이 있는 나이지리아인이 많다. 또한 몰루카해협과 남중국해에서도 해적 사건이 다시 증가하는 추세다.

해적이 되돌아왔다. 뉴스 헤드라인이나 거대 오락 산업체뿐 아니라 다큐멘터리, 기고문, 책, 그리고 전 세계에서 열리는 학술회의 들에서도 해적과 관련된 주제가 다루어지고 있다. 이들은 1980년대부터 해적에 의한 피습 사건 빈도가 극적으로 증가하기 시작한 원인을 분석하기 위해 함께 노력했다. 1970년대 후반에 세계화와 무역자유화가 이루어지면서 해상 교통량이 엄청나게 증가했다. 그로부터 10여 년 후 소련이 붕괴하고 냉전이 종식되면서 이전엔 군함이 순찰했던 많은 지역에서 더이상 군함을 찾아볼 수 없게 됐다. 해적 입장에서 생각하면 먹잇감은 더 많아지고, 잡힐 위험은 훨씬 줄어들었다는 뜻이다. 그리고 많은 연구자가 '무엇이 해적을 움직이는가?'라는 주제로 여러 심층적인 연구를 발표했다. 이는 현대 해적이 왜 해적의 길로 접어드는지를 해부하는 시도들이다. 그런 연구들은 흥미롭고 통찰력이 있기는 하나, 특정 지역에 치중할 뿐이다. 현재는 물론 수세기에 걸쳐 해적에 시달려온 다양한 지역들을 비교·분석하지 않아 치우친 설명만 보여 준다. 따라서 몇 가지 중요한 문제는 여전히 다루어지지 않았다. 오늘날 해적을 양산하는 요인은 과거의 요인과 동일한가? 현대 해적행위는 이전 시대의 것과 비교해서 어떤 특징이 있는가? 현재의 우리가 해적을 퇴치하는 데 도움이 될 과거의 해적 퇴치 사례는 무엇인가? 그리고 다음 질문이 가장 중요하다. 오늘날 해군력이 그 어느 때보다도 강력하다던데, 왜 우리는 아직도 해적행위를 뿌리 뽑지 못하는가? 왜 해적행위는 온갖 장애에도 불구하고 지속되는가? 이 책은 해적이 되기로 결심하고, 해적으로 살다, 마침내 그만두게 되는 해적의 생애주기(Pirate's journey)를 시대에 따라 집중적으로 살펴볼 것이다. 그럼으로써 저 질문들의 답을 구할 것이다.[6]

해적행위는 역사가 깊다. 또한 세계 곳곳 다양한 바다에서 발생해왔다. 따라서 "해적의 생애주기는 이렇다"라고 딱 잘라 말하기는 어렵다. 지중해, 북해, 그리고 동양의 바다에서는 모두 한 번 이상 해적이 대규모로 창궐했었다. 그래서 이 지역들을 이 책에서 주로 다룰 것이다. 그런 다음 다양한 문화·시간의 변화에 따라 해적행위의 요소 중 어떤 것이 지속되었는지 혹은 단절되었는지 살펴보기 위해 해적의 생애주기를 지리적으로 세분할 것이다. 또한 세 가지 역사적 시대로 세분한다. 제1부에서는 서기 700~1500년을 다룬다. 당시 세 해양 지역(지중해, 북해, 동쪽[동아시아] 바다)은 거의 서로 연결되지 않았고, 영향을 주고받는 일도 없이 독자적인 해적 활동 양상을 보였다. 제2부에서는 1500~1914년을 다룬다. 이 시기는 유럽 해상강국들이 점진적으로 '사회적 권력의 네 가지 원천인 이념·경제·군사·정치 관계*'[7]를 독점함으로써 기존에 강대함을 과시하던 '화약제국(오스만제국, 인도 무굴제국, 그리고 조금 더 늦게 등장한 청나라)'을 누르고 서서히 부상했던 시기다. 유럽 강대국들이 지배하는 땅도 이 시기에 급격히 증가했다. 1500년에는 전 세계 땅의 7퍼센트를 지배했지만, 1800년까지 35퍼센트, 그리고 "이 시대가 느닷없이 끝난 1914년까지 … 유럽이 지배하는 땅은 자그마치 84퍼센트에 이르렀다."[8] 비서방 지역에서 여전히 자생적으로 해적이 나타나기는 했다. 하지만 우리는 유럽 강대국들이 무기와 선박을 이 지역에 팔아치우고, 동시에 이미 충분히 불안정하던 지역에 서구 해적과 모험가 들을 밀어 넣는 방식으로 끊임없이 개입함으로써 해적 문제를 악화시켰음을 확인하게 될 것이다. 마지막으로 제3부는 1914년부터 현재까지를 다룬다. 세계화 시대를 거치며 해적행위가 어떻게 진화했는지 또는 퇴화했는지를 살펴본다.

---

*   역사사회학자 마이클 만이 사회를 개념화하기 위해 제시한 권력 모델. 사상(Ideological), 경제(Economic), 군사(Military), 정치(Political)의 머리글자를 따서 IEMP라고 한다.

개념 정의 관련 참고 사항

이 책에서 계속 반복될 중요한 두 개념을 언급해 둘 필요가 있다. 바로 '해적(pirate)'과 '사략선(privateer)*'이다. 뒤에서 나오겠지만, 이 두 해상 약탈자들은 동일한 전술을 사용하고, 매우 비슷한 작전을 펼쳤다. 둘의 차이라면 해적은 자기 맘대로 움직이고, 사략선은 합법적 권한을 부여받아 활동했다는 점이다. 이 결정적 차이는 《옥스퍼드 영어사전》의 단어 정의에서 잘 드러난다. 《옥스퍼드 영어사전》은 해적행위를 가리키는 'piracy'를 "합법적 권한 없이, 바다 위에서 또는 바다에서 육지를 향해 강도, 납치, 폭력을 행사하는 행위"라고 정의한다.[9] 그렇다면 사략선은 합법적 권한을 가지고 바다 위에서 또는 바다에서 육지를 향해 강도, 납치, 폭력을 저지르는 행위로 정의할 수 있다. 우리가 이제부터 만날 많은 인물이 불법적인 해적행위와 합법적인 사략행위 사이의 회색 지대에서 활동했다. 따라서 해적을 다루는 이 책에서는 사략선을 함께 논하지 않을 수 없다.

---

* 민간을 뜻하는 'private'와 자원하는 사람을 뜻하는 'volunteer'를 합친 단어. 군함 역할을 하는 배를 지칭하기도 하고, 무역선 약탈 임무를 받은 뱃사람을 가리키기도 한다.

일러두기

1. 외래어 표기는 한국 어문규범 외래어 표기법을 따랐습니다.
2. 원어를 병기할 경우 아래 첨자로, 설명을 병기할 경우 소괄호( ) 안에 표기했습니다.
3. 단행본은《 》로, 기타 문서, 협정서, 영상매체의 제목 등은〈 〉로 표기했습니다.
4. 중국어 지명은 신해혁명(1911년)을 기준으로 이전은 한자 독음,
   이후는 중국어 발음으로 표기했습니다.

제1부

나누어진 바다

700년부터 1500년까지

악당의 일원이 되다

그들은 애초에 왜 해적선이나 사략선의 일원이 되어 바다의 도적으로 살아가기로 했을까? 많은 할리우드 영화나 소설은 해적질을 낭만적으로 포장하기 일쑤여서 자칫 불쾌한 진실을 간과하기 쉽다. 하지만 해적은 과거는 물론 오늘날에도 일신의 안위와는 거리가 먼 아주 위험한 직업이다. 과거에는 대개 돈을 빨리 벌겠다는 생각으로 해적이 되었을 것이다. 하지만 돈은커녕 익사하거나 굶어 죽거나 괴혈병, 말라리아, 전염병, 당시에는 정체도 몰랐을 외래 질병에 걸려 죽기 십상이었다. 또는 사고를 당하거나 싸움을 하다 신체 일부가 잘려 나간 채 여생을 보낼 확률도 높았다. 적과 싸우다 죽거나 괴롭고 험한 꼴을 겪으며 고문당하다 죽는 경우도 다반사였고, 관헌들에게 잡혀 처형당하거나 감옥에 갇힌 채로 죽어 몸이 썩어 문드러질 수도 있었다. 그래서 해적을 직업으로 선택하는 이유가 늘 영웅적 낭만주의나 열정적인 모험심 때문은 아니었다는 점에 주목할 필요가 있다.

해적이 되는 이유는 대개 다음 두 가지 중 하나였다. 하나는 극심한 가난이나 실업, 가혹한 생활 여건, 암울한 미래 등에서 오는 불만이었고, 다른 하나는 탐욕이나 손쉬운 돈벌이라는 유혹이었다. 법망을 피할 수 있다는 점도 큰 유인이 되었다. "바다는 항상 무법자와 범법자 들에게 피난처를 제공했다."[1] 이렇듯 해적이 되는 이유들이 어떤 비율로 조합을 이루었는지는 지역에 따른 차이가 별로 없었지만, 더 작은 동네나 특정 지역의 상황에 따라 차이는 있었다. 아울러 그러한 상황은 시기에 따라 크게 달라질 수 있었다.

1250년에서 1500년에 이르는 중세 후기에 지중해 여러 지역에서 경제가 성장했다. 그 지역들에서 회사를 운영하는 개인, 특히 고급 기술을 가진 장인들은 완벽히 합법적이고 다양한 경제적 기회를 누렸다. 그러나 인구 증가로 실업률이 높아지면서 침체된 곳도 있었고, 여러 해상강국이 정규 해군을 동원해 끊임없이 습격하고 반격하는 통에 고질적인 빈곤이 더 악화된 지역도 있었다. 이 해군은 정부의 허가를 받은 사략선(또는 코르세어*)이었으며, 해적은 허가 없이 활동했다. 지중해의 기독교 국가 쪽 해안에서는 자타가 공인하던 베네치아, 제노바, 피사 같은 해상강국들이 알렉산드리아 같은 이슬람제국의 주요 항구들, 카파 같은 흑해 연안 항구들, 그리고 비잔티움(동로마)제국과 활발한 해상 교역을 추진해 부를 축적했다. 비단, 향료, 도자기, 보석, 금, 은, 모피, 노예 같은 고가 상품은 비잔티움과 알렉산드리아 상인은 물론 베네치아, 제노바, 피사 상인들에게도 부를 안겼다. 이렇게 번창하는 항구도시에서 해적이 되고자 하는 사람들의 동기는 주로 탐욕이었고, 그들은 사략 허가를 받은 코르세어에 몸담았다. 그들이 대개 하층민 출신이라는 사실은 놀랍지 않다. 잃을 건 없다시피 했고, 얻을 건 넘쳐났으니 이런 고위험 직업을 선택한 것이다. 예를 들어 알제리 북동부 도시 베자이아와 시칠리아섬의 트라파니 항구에서는 노동자, 소매업자, 장인, 어민, 선원 등 소위 '서민 출신'이 부업으로 해적질에 참여했다.[2] 바닷길에 점점이 놓인 섬에서 가난에 허덕이며 살던 어민과 소작농 들은 짐을 산더미처럼 많이 실은 배들이 지

---

* 프랑스어 'corsair'가 어원이다. 프랑스어로 추격전이나 무역전쟁을 뜻하는 'guerre de course'에 참여하는 무역선 약탈자를 뜻한다. 사략선과 동일하나, 주로 지중해에서 활동한 사략선을 지칭한다. 해당 활동에 참여하는 사람과 선박 모두를 가리킨다. 이후 지중해에서 활동한 경우에는 '코르세어'로, 그 외의 경우에는 '사략선'으로 표기했다.

나가는 모습을 탐욕스러운 눈으로 쳐다보았을 것이다. 그런 지역은 대개 경제 발전 과정에서 소외되었고, 노예를 사냥하는 코르세어들이 수시로 쳐들어왔으며, 돈이 될 만한 것은 모두 약탈해갔다. 자연스레 불만과 탐욕이 복합적으로 작용하면서 일부 지역은 해적소굴로 변모했고, 몇몇은 19세기까지 명맥을 유지했다.

북유럽 바다에서도 팍팍한 삶이 느슨하게 조직된 해적과 사략선이 인기를 끌게 부추겼다. 이들은 처음에 '양식형제단(Victual Brothers)'*, 나중에는 '평등공유단(Likedeelers)'**이라 불렸던 집단으로, 14세기 마지막 10년과 15세기의 첫 몇 년간 발트해와 북해에서 위세를 떨쳤다. 북유럽 바다에서 끊이지 않았던 해상 전쟁은 여러 해안 지역을 초토화시켰고, 영지를 매개로 하는 숨 막히는 봉건 질서는 농민을 옥죄고 통제했다. 13세기와 14세기에 경작지가 없던 농민과 노동자 들은 더 나은 삶을 기대하면서 도시로 이주했지만, 도시 생활에서의 상대적 익명성 속에서 그들의 삶은 더 비참해졌다. 특히 튜턴기사단국 주민들의 삶이 그랬다. 튜턴기사단국은 15세기 초까지 비기독교도 부족 왕국과 공국을 상대로 십자군 원정을 감행했던 가톨릭 군사 교단이 만든 나라인데, 오늘날 에스토니아, 라트비아, 리투아니아, 폴란드, 러시아, 스웨덴 땅의 일부가 여기에 속했다.

해적행위는 이미 발트해 연안에서 빈발했다. 이유 또한 다른 지역의 것들과 동일했다. 해상 교통량이 많아 약탈감은 풍부한 반면, 연안국들

---

* 독일어로는 'Vitalienbrüder'. 14세기 말에 발트해와 북해에서 활동한 해적 길드. 메클렌부르크 공작의 사략선으로 시작해 이후에는 해적으로 활동했다.
** '동등하게 나누는 사람들'이라는 뜻의 네덜란드어 어휘에서 유래했다. 양식형제단을 계승해 1398년(추정)부터 1401년까지 발트해와 북해에서 활동했다.

사이에서 동맹이 수시로 바뀌었으므로 해상 치안을 안정적으로 유지할 세력이 없어서였다. 한 예로 1158년 북해와 발트해가 만나는 덴마크 연안 지역의 유틀란트반도와 셸란섬 주민들은 끊임없이 반복되는 약탈에 지쳐 내륙으로 도망쳤다. 그들의 땅은 경작할 사람도, 침략을 물리칠 사람도 없어서 버려졌다. 한 기록은 이렇게 전한다. "모든 곳이 황폐해졌다. 지키는 데 쓸 무기도 요새도 없다."[3] 14세기의 마지막 10년 동안 덴마크의 마르그레테 1세 여왕과 전쟁 중이었던 메클렌부르크 공작은 누구에게든 사략 허가를 주기로 결정했다. 지원자가 봇물 터지듯 몰려들면서 오합지졸이었던 해적들은 거대하고 조직적인 함대로 변신했다. 덴마크를 상대로 해전을 벌이면서 메클렌부르크는 새로운 선박을 더 주문해야 했다. 아울러 배에는 선원이 필요했다. 전쟁으로 인해 대규모 약탈과 강탈이 예상되면서 모험심이 강하거나 피폐한 삶에 지친, 대개 독일 북부 출신이던 어중이떠중이들이 전쟁에 뛰어들겠다며 독일 북동부에 있는 메클렌부르크 항구로 몰려들었다. 《*Detmar Chronicle*》*은 이렇게 기록했다.

> 올해[1392년] 귀족, 많은 시민, 관리, 소작민 등등 오합지졸 무리가
> 자신들을 '양식형제단'이라 부르며 모여들었다. 그들은 덴마크 여왕
> 에게 잡혀 포로가 된 스웨덴 왕을 구출하기 위해 진격할 것이고, 덴
> 마크 여왕과 싸우는 메클렌부르크에게 충성을 바칠 것이며, 누구도
> 포로로 잡거나 약탈하지 않겠다고 말했다.

---

*   14세기 프란치스코회 수도사였던 뤼베크의 데트마가 쓴 연대기. 주로 독일 중남부 지역
    의 역사를 적었다.

이 말이 무색하게도 양식형제단은 결국 "아군과 적군을 가리지 않고 바다 전체와 모든 상인을"[4] 위협했다.

이처럼 여느 대규모 해적단과 마찬가지로 양식형제단도 그리고 계승자인 평등공유단도 어느 날 갑자기 하늘에서 뚝 떨어진 집단이 아니었다. 이 집단이 문맹이어서 기록을 남기지 못한 까닭에 이 무리가 바다에서 강도질을 하도록 동기를 부여한 것이 탐욕이었는지 불만이었는지 그저 짐작만 가능하다. 분명 그 두 가지 요소가 거대한 한자동맹(Hanseatic League)* 도시 출신들을 움직였으리라. 사략선에 동참하라는 메클렌부르크 공작의 부름은 비참한 가난에서 벗어나 큰돈까지 쥘 기회, 적어도 목숨을 걸어 볼 가치가 있는, 거부할 수 없는 제안이었을 것이다.[5] 더군다나 이미 선원이던 사람들이 양식형제단에 가담하지 않을 이유는 없었다. 메클렌부르크의 계약에 '약탈 못 하면 임금은 없다' 같은 조항이 있었을 수도 있지만, 약탈 덕분에 부자가 되는 것이 달갑지 않을 리 없었다. 또 선장이 형제단에 참여하겠다고 나선다면 선원들은 더 생각할 필요도 없었다. 한편으로 상선과 해적선·사략선, 이 둘을 나누는 차이는 후자가 인원도 훨씬 많고 중무장했다는 사실뿐이었다.

이런 점을 고려하면 '양식형제단'이라는 이름 아래, 이 바다 약탈자 무리가 뭉쳤다는 사실은 시사하는 바가 크다. '양식형제단'은 그들이 사략 계약을 맺고 수행한 임무 중 하나를 부를 때 종종 사용되던 이름이었다. 그 임무는 1390년에 덴마크 군대가 스웨덴 수도 스톡홀름을 봉쇄해 시민들이 굶주리던 때 '양식'을 보급하는 것이었다.[6] 더 그럴 법한

---

* 발트해와 북해의 상업도시 간 교역상의 이익과 안전을 도모하기 위해 결성된 연합체. 뤼베크, 쾰른, 함부르크 등이 포함되었다.

이야기는 '양식형제단'이라는 이름이 '자력구제를 도모하는 단체'를 의미한다는 설이다.[7] '형제' 또는 '형제애'라는 표현이 평등까지는 아니어도 '서로 돕는다'는 뜻을 담고 있어서다. 이러한 점은 1398년경 독일 기록에 등장하며, 중세 저지대 독일어로 '동등하게 나누는 사람들'을 뜻하는 '평등공유단'이라는 명칭의 의미를 생각하면 이런 해석은 더욱 타당하다. 사회의 위계질서가 엄격해 자신의 처지를 명심해야 하던 시절, 출신에 상관없이 평등하게 나눈다는 유사사회주의적 관념은 그 자체로 귀족, 교회, 그리고 한자동맹의 거물급 상인과 같은 정치 지도층에게는 도전이었다.

흥미롭게도 중세 시대에 해적이나 사략선원 경력은 심지어 귀족들까지 유혹했다. 이유는 대개 매우 비슷했다. 물론 귀족의 가난은 하층민의 것과 비교할 수 없으니, 무엇보다 모험심 때문에 많은 귀족들이 바다로 나가려 했을 것이다. 하지만 강요당해서 해적이 되거나 사략선을 타는 귀족도 많았다. 예를 들어 14세기 이탈리아에서는 여러 도시국가 간에, 심지어 그곳 내부의 파벌 간에도 무력 충돌이 잦았다. 그래서 수많은 유력 가문 사람들이 고향을 떠나야 했다. 그들은 "해적질과 도적질로 자신들의 지위를 유지하거나 살아남고자 했다. 1325년경 제노바에서 온 기벨린Ghibelline(신성로마제국 황제 지지파)[8]의 갤리선* 함대가 수송선단을 공격하고 습격하여 약탈했다."[9] 1464년 제노바의 공작이자 대주교인 파올로 프레고소조차 정적들에 의해 모국에서 추방된 후 해적으로 변신해 악명을 떨쳤다.[10] 이탈리아 귀족만이 이렇듯 어려웠던 건 아

---

*   주로 노를 저어 움직이는, 선체가 가늘고 길며 건현이 낮은 배. 지중해에서 대개 군함으로 사용되었다.

니다. 스페인 카탈루냐 지역 기사들도 1302년에 갑자기 들이닥친 평화로 대거 실직해 고통을 겪어야 했다. 그중 다수는 한때 성전기사단에서 평민기사로 활동한 로저 드플로르의 밑으로 모여들었다. 그는 불법행위로 기사단에서 추방된 후 해적이 되었는데, 성전기사단 갤리선의 견습생으로 활약한 여덟 살 이후부터 바다에서의 습격을 숱하게 경험했기 때문에 해적질에는 일가견이 있었다. 이들은 카탈루냐 용병부대(Catalan Grand Company)라는 이름 아래 주로 14세기 내내 지중해 동쪽에서 사략선이나 해적선을 타고 활동했다. 계약한 군주를 위해 싸우면 사략선이었고, 자신을 위해 싸우면 해적선이었다.[11]

14세기 말 양식형제단과 발트해의 상황은 아주 약간 달랐다. 발트해 지역의 많은 하급 귀족은 값비싼 장식품과 허례허식으로 신분을 과시하기에 급급했지만, 사실 '불행한 빈곤(Infausta paupertas)'에 시달리고 있었다.[12] 그들 대다수는 자신들이 소유한 영지에서 나오는 수입에 의존했으므로 농산물 가격이 바닥을 칠 때마다 빈번하게 발생하는 농업 위기에 특히 취약했다. 전쟁이 난무하는 불안정한 시대를 살았던 까닭에 이 귀족들은 적어도 팔릴 만한 기술 하나쯤 가지고 있었다. 바로 크고 작은 전장에서 갈고 닦아 검증된 전투력이었다. 무엇보다도 하급 귀족들은 지독한 궁핍에 시달린 결과, 대개 도적질과 약탈을 '덜 나쁘'거나 '사소한 죄'라고 여겼을 뿐 불명예스러운 것으로 여기지 않았다. 당대 속담이 이를 증명한다. "유랑과 약탈은 불명예가 아니다. 가장 강한 나라가 하는 일일 뿐이다."[13] 따라서 땅에서와 마찬가지로 바다 위에서도 약탈을 이어가는 것은 이치에 맞는 선택이었다.

거듭 말하지만 당연히 대다수 귀족들은 '평민'과는 달리 해적의 수뇌부로서 가담했다. 그들은 변변치 않은 재력으로 근근이 배를 사고 무기를 갖추었으며, 전투로 잔뼈가 굵은 지원자를 선원으로 태웠다. 약탈에 한두 번만 성공하면 투자금을 회수할 수 있다는 헛된 기대를 품고서 말이다. 몇몇 가난한 귀족은 우수한 전투력과 탁월한 리더십을 갖췄기에 일단 자기 배가 없어도 해적단 수뇌부에 오를 수 있었다. 양식형제단 수뇌부에 든 탁발수도회 출신 수도사 두 명이 바로 여기에 해당한다.[14]

무엇이 그 수도사들을 '프리부터Freebooter*'로 만들었는지는 알려지지 않았다. 하지만 놀랍게도 이들이 첫 번째 수도사 출신 해적은 아니었다.[15] '검은 수도사'라 불리던 유스터스 보스케는 1170년경 프랑스 불로뉴 지방의 귀족 가문에서 태어났다. 그의 아버지인 보두앵은 불로뉴 해안 지역의 상급 귀족이었고, 유스터스는 기사 훈련은 물론 해상 훈련도 잘 받은 것 같다. 훗날 그가 사략선을 탔던 때와 해적이었던 때 업적을 남겼다는 점을 감안하면 그는 코르세어의 일원으로 지중해에 첫발을 들였을 것이다.[16] 유스터스가 왜 베네딕토수도회 수도사가 되기로 결심했는지는 확실치 않다. 하지만 왜 수도복을 벗었는지는 좀 더 명확하다. 행실에 문제가 있었다는 풍문은 차치하더라도, 그가 자신의 아버지를 죽인 어느 귀족에게 복수하려고 한 것만은 분명하다. 불로뉴 인근에서 잠시 무법자로 활동한 유스터스는, 1204년(추정)에 코르세어 경력을 살려 영국 존 왕의 사략선에 지원했다. 당시 영국 왕은 프랑스 왕 필리프 2세와 지루한 전쟁을 치르고 있었다. 이후 거의 10년 동안 해적 유스터스는 프랑스 선박과 도버해협의 프랑스 연안 지역을 공격하고 사르크섬을

---

* 네덜란드에서 해적을 부르는 단어. 현재는 필리버스터와 같은 뜻으로 쓰인다.

샌드위치 전투에서 패배하는 유스터스

반半독립적인 해적기지로 만들었으며, 인근 영국 항구인 헤이스팅스, 뉴롬니, 하이드, 도버, 샌드위치(일명 생크Cinque 항구들)*도 틈틈이 털어 수치를 안겼다. 1212~1213년에 영국 법원에서 유죄를 선고받자 유스터스는 재빨리 노선을 틀어 프랑스와 계약을 맺었으며, 그때부터는 영국 상선과 영국 해안을 약탈했다. 1217년 8월 24일 샌드위치 전투 중 유스터스에게 최후의 순간이 닥쳤다. 영국 선원들은 프랑스군 수비대원들에게 석회 가루를 던져 눈을 멀게 하고서 "유스터스의 배에 올라타는 데 성공했으며, 프랑스 선원들을 잔인하게 공격했다. 모든 귀족 출신 우두머리는 포로가 되었고, 유스터스는 참수당했다. 전투는 그걸로 끝이었다."[17]

---

*   이들은 연안 경비를 위한 특권을 부여받은 다섯 항구로, '5항'이라고 불렸다.

신을 향한 엄숙한 맹세를 깨고 해적질에 나서는 사제가 기독교 세계에서만 간간이 등장한 것은 아니다. 지구 반대편에서 등장한 괴상한 불교 승려의 행적을 보자. 승려 서해徐海는 명나라 때 항주 외곽의 유명한 절 호포사에서 수년간 학식 있는 승려로서 존경받으며 평온하게 살았다.[18] 하지만 알 수 없는 이유로 1556년에 갑자기 왜구*의 일원이 된다. 왜구는 1440년대와 1560년대에 주로 동중국해와 남중국해에서 활동한 해적이다.[19] 서해는 제의, 경전, 점괘에 능통해 "선원들은 그를 '바다를 평정하라고 하늘이 내린 법사'라고 부르며 존경"했다.[20] 북해와 발트해에서 해적이 된 사제들과 마찬가지로 서해도 평범한 길을 걷지 않았다. 왜구는 주로 일본, 중국, 말레이 출신으로 구성되었는데, 이들이 해적이 된 동기는 탐욕이나 불만 혹은 둘 다였다. 그중 많은 이들이 명나라 수군의 배를 탔던 숙련된 선원이었던 듯하다. 명나라가 해상 무역을 금지하는 해금海禁 정책을 채택하고, 1405~1433년에 정화**의 지휘를 받으며 인도양을 가로질렀던 강력한 대양함대를 해산한 후 왜구는 급증했다.

날벼락 같은 해금 정책으로 노동자와 선원 수천 명이 하루아침에 일자리를 잃어 궁핍해졌다. 이들은 어떻게든 새 일을 찾아야 했다. 해상 무역업자 대부분은 이제 불법이 된 해상 무역을 계속하기로 했다. 이들은 직접 해적단을 결성해 적극적으로 뛰어들거나, 해금에 저항하기 위한 소극적 수단으로 해적질을 택했다. 이 중 가장 강력했던 무역업자 해적인 왕직은 해적이 되기 전에는 부유하고 존경받던 소금무역상이었다. 일본

---

*   14세기 왜구와 구분하기 위해 '후기 왜구'라고 부르기도 한다.

**   명나라 수군 제독. 1405~1433년에 인도양으로 나가는 주요 해군 원정을 7회나 이끌었다. 1407년 초 첫 원정이 끝날 무렵 해적 진조의의 함대를 물리쳤다.

규슈를 본거지로 삼았던 왕직은 다이묘들의 비호 아래 노략질에는 직접 나서지 않고 해적왕국을 통치했다. 왕직은 존경받던 무역상이 자기 의사와는 무관하게 악명 높은 상인해적으로 변모한 사례다. 명나라의 해금 정책은 왕직의 생업인 해상 무역을 금지했다.[21] 그로서는 다른 선택의 여지가 없었을 것이다.

"신이 해적질을 원하신다!"

해적질이 불명예가 아니라면 못 할 이유가 무엇이랴. 일부 해양문화권에서 약탈자는 경탄과 존경을 받는 고귀한 전사였다. 8세기 이후 중세 초기에 영국제도와 아일랜드, 유럽 본토의 해안 지역을 약탈한 바이킹, 비슷한 시기에 지구 반대편에서 몰루카해협 연안으로 내려온 바다의 유목민 오랑라우트Orang Laut*를 사람들이 바라보는 시선도 그랬다.[22] 이런 문화권에서는 부와 명성을 얻으려고 해적질에 가담하는 짓은 전혀 이상할 게 없었다.

전사 계급에 속하면서 봉건 영주로 입신하려는 사람들에게 가장 중요한 세 가지 요소는 '용맹한 전사'라는 명성을 얻고, 노예를 얻어 노동력을 확보하고, 재산을 축적하는 일이었다. 바이킹이 좋은 예다.

---

* 말레이어로 '바다민족'이라는 뜻이다. 8~13세기에 몰루카해협에서 해적으로 유명세를 떨쳤다. 스리위자야제국을 수호하는 병력으로 활동하거나 사적 이익을 위해 해적 활동도 했다.

바이킹 사회에서 재산은 땅속이나 상자 밑바닥에 숨긴 금은의 양이 아니라 높은 지위, 든든한 동맹, 풍부한 인맥이었다. 바이킹 시대의 스칸디나비아 사회는 이론적으로 모두 평등한 개방적 구조라 개인이나 가문은 다른 사람들에게서 자기 지위를 끊임없이 지켜야 했다.[23]

이런 사회에서 자신의 지위를 유지하거나 향상시키려면 그 신분에 걸맞은 사치품을 주변에 풍성하게 뿌려댈 수 있도록 가용 재산이 꼭 필요했다. 그 재산으로 무엇이 선호되었을지는 자명하다. 금과 은이다.[24] 이들은 적어도 자신이 받은 만큼 주변에 다시 베풀기를 끊임없이 강요당했고, 그 결과 '무차별적인' 약탈도 상관없다는 풍조가 자리를 잡았다. 당연하게도 비교적 드물고 짧았던 평화기에는 합법적인 습격이 부재했고, 해적질은 덜 합법적인 해상 습격이면서도 따가운 눈총을 받을 일도 아니었기에 사회적으로 용인된 대안이었다. 이런 이유로 "휴대하기 편한 재물과 노예를 약탈하는 데 따른 단기 수익이 도적(바이킹)들을 유혹했다."[25] 이 행태는 바이킹 사회에 기독교가 전파되는 10~12세기에도 지속되었다.

중세 말기에는 지중해 동서를 막론한 모든 지역에서 신앙심이 불타올랐다. 이러한 배경하에서 종교는 '우리 대 그들'식 사고를 부추겼고, 사람들에게 왜 '그들'이 공격과 타도의 대상이 될 수 있는지, 혹은 꼭 되어야만 하는지 설득하기 위한 명분을 제공했다. 8~13세기에 활약한 해적 사라센Saracen*이든, 바르바리 코르세어**든, '종교인'이던 구호기사

---

* 중세 유럽인이 서아시아의 이슬람교도를 부르던 호칭.
** 16세기 초부터 19세기 초에 북아프리카 연안 지역인 알제리, 리비아, 튀니지, 모로코 등 바르바리 지역에서 활동한 코르세어와 해적을 통칭하는 용어.

단이든, 지중해에서 사략선에 몸담은 이들은 한결같이 이런 조잡한 종교적 이분법으로 자신들의 활동을 정당화했지만, 근본적으로는 정치적·경제적 목적이 훨씬 더 컸다. 교황 우르바노 2세는 1095년 클레르몽 공의회에서 첫 번째 십자군 원정을 선언하면서 "주님께서 원하신다(Deus vult)"라는 구호를 사용했다. 하지만 훨씬 이전부터 이 구호는 의도가 미심쩍은 여러 해상 습격 행위를 정당화하는 데 효과적으로 쓰였다. 이는 우리가 이런 '모험'에 참가한 기독교도 기사들을 많이 볼 수 있는 이유다.

반대편인 이슬람교도 지역은 정식 해군이 없었기 때문에 이미 탄탄하던 기독교도 측 해군력을 꺾으려면 해적이 가진 전투력이 더욱 필요했다. 그래서 기독교도들이 해적질을 '성전'이라 하는 것과 동일한 방식으로 해적을 정당화했다. 이슬람교도 해적과 사략선은 자신들을 이교도와 싸우는 전사인 '가지Ghazi'로 여겼다. 구태여 말할 필요도 없지만, 남중국해나 극동뿐 아니라 인도양에서도 종교는 정치적·경제적 이권이 달린 해상 무력 분쟁에 불쏘시개 역할을 했다. 그 지역들은 모두 이슬람교와 기독교의 정치적·경제적 이해관계가 상충하는 곳이었다.

"주님께서 원하신다"라는 구호가 표현하는 진정한 신앙심과 열정은 이러한 원정에 강력한 동기를 부여했다. 일례로 구호기사단에 관하여 영국 대역사가 에드워드 기번이 웅변하듯 쓴 내용을 보자. "그들은 살아남을 생각이 없었기에 그리스도의 뜻을 받드는 일에 목숨을 던질 준비를 해 두었다."[26] 피사와 제노바는 북아프리카의 이슬람 항구를 적극적으로 습격했고, "그 수익으로 주님을 찬양했다. 그들은 수익 일부를 피사인들이 이제 막 짓기 시작한 산타마리아 대성당 건축 사업에 기부했다."[27] 이런 행동은 종교가 해적행위를 정당화하는 데 이용되었음을 분명히 보여 준다. "이러한 싸움은 그들이 이슬람교도에 맞서는 성스러운 전투에 참여한다는 생각을 품게 했다. 신은 그들의 노력에 승리를, 전리품을, 아직 확인할 수 없는 영적 은혜를 내릴 터였다."[28] 그러나 이러한 갈등을 종교적 이유로만 해석하는 것은 지나치게 단순한 접근이다. 강력한 정치적·경제적 욕망은 필요하다면 숭고한 종교적 심연을 아주 쉽게 가로질렀다. 전하는 이야기에 따르면 15세기 초 카스티야 왕 엔리케 3세의 사략선을 지휘했으며 신앙심이 충만했던 코르세어 돈 페로 니뇨는 코르도바에 있는 이슬람토후국의 지브롤터와 말라가의 항구들을 정중히 방문했다. 이는 해당 지역 당국의 초청에 따른 것이었다. 그의 전기 작가가 남긴 내용은 이렇다. "그들은 돈 페로 니뇨에게 소, 양, 가금류를 여러 마리 선물하고, 구운 빵, 쿠스쿠스(좁쌀만 한 파스타), 양념된 육류 등도 푸짐하게 대접했다. 물론 돈 페로 니뇨는 이슬람교도인 무어인들이 준 그 어떤 것에도 손대지 않았다."[29] 음식을 먹지는 않았지만, 돈 페로 니뇨의 조국 카스티야는 당시 코르도바와 전쟁하지 않았으므로 그를 초청한 이 이슬람교도들은 적이 아니었다. 카스티야와 전쟁하던 북아프리카 해안의 다른 이슬람교도들과는 달랐던 것이다. 열성적인 구호기사단에게조차 모든 이슬람교도가 적은 아니었다. '적의 적은 친구다'라는 유명한 원칙에 따라 언제나 예외는 있었다.

이슬람 쪽에서도 비슷한 역학이 작용했다. 사략행위는 육지에서 하는 지하드Jihad(성전)를 바다로 확장한 것쯤으로 여겨졌고, 사략선 선원은 교리상 이슬람 전사 혹은 가지였다. 많은 그리스인, 칼라브리아인, 알바니아인, 제노바인, 심지어 유대인 배교자까지도 이들의 동료였다. 그리고 이들은 이슬람교로 개종한 뒤에 품은 종교적 열정(대부분 이슬람교로 개종하지도 않았다) 보다는 탐욕이나 손쉬운 돈벌이에 혹해서 모여든 사람들이었다.[30] 특히 주목할 만한 사례는 14세기 무시무시한 해적왕 우무르 파샤Pasha(장군)이다. 우무르 파샤는 이슬람 전사로서 흠잡을 데 없었다. 그는 프랑크인(기독교도)을 포로로 잡아 몸값을 요구하느니 그들의 영혼을 지옥으로 보내는 것을 선호한다고 알려져있었다. 교황 클레멘스 6세는 우무르 파샤에게 입은 피해 때문에 그를 토벌하기 위한 십자군 원정을 선포할 정도였다. 하지만 이러한 신앙심은 우무르 파샤가 그리스 정교회 국가인 비잔티움제국 황제 안드로니코스 3세와 그의 후계자 요한 6세를 위해 버젓이 사략행위를 하는 것을 막지는 못했다. 우무르 파샤의 삶을 기리기 위해 2,000절에 달하는 〈Destan d'Umur Pasha〉를 쓴 작가들은 재빨리 다음 구절을 추가했다. "[비잔티움제국] 황제와 그의 아들은 노예처럼 머리를 조아렸다." 짐작건대 주로 경제적 이유, 즉 '진정한 이유' 때문에 노골적으로 행한 배교 행위를 얼버무리려는 빤한 시도였을 것이다.[31]

눈감아 주다

해적이 정말로 번성하려면 개인의 정치적·경제적 동기나 종교적 열정을 넘어서는 무언가가 필요했다. 바로 부패한 관리들, 특정 항구, 한술 더 떠 정치 체제 자체의 방조, 그러니까 안 되는 것도 되게 할 환경을 창조하는 데 필수적인 모든 것 말이다. 아쉽게도 남아 있는 중세 문헌에서 개별 공무원이 태만했던 증거를 찾기가 어렵다. 하지만 특정 항구가 해적이 번성하는 환경을 제공했음을 유추하는 것을 도와줄 증거는 많다. 비교적 작고 외진 해적 소굴과는 달리 대형 항구들은 해적에게 안전한 피난처가 되기도 하고, 약탈물을 처리하기에도 좋아 해적 활동에 핵심적인 역할을 했다.[32] 더 나아가, 이러한 주요 항구에서는 선원도 쉽게 구할 수 있었고, 선단의 최근 항로는 어떤지, 새로 나온 해적 퇴치 정책이 있는지 등 정보를 얻기도 좋았다.

모든 지중해 항구들은 해상 습격에 적극 참여하거나 해적들이 보급을 받고 약탈물을 팔 수 있는 안전한 피난처가 되어 주는 소극적인 방식으로 해적행위에 참여했다. 그래서 항구도시들은 성전을 구실로 십자군이 되어 이슬람에 맞서거나 지하드로 기독교에 맞서며 미약하나마 정당성을 찾았다. 알제, 부지, 튀니스, 트리폴리 같은 항구도시들은 바다에서의 노략질에 직접 가담하지 않았다면 살아남지 못했을 것이다.

중세 북해 연안에서 기독교 이전 종교들은 13세기까지 거의 사라졌고, 이슬람교는 너무 먼 지역인 북해까지는 진출하지 못했다. 해적행위를 합법화해 줄 '성전'이라는 구실이 북해에서는 존재하지 않았다. 대신 이 지역에는 정치적 분열이 잦고 국가의 통제가 미치지 않는 외딴 해안 지역이 많아서 해적에 친화적인 항구들이 출현할 수 있었다. 예를 들면 북해와 발트해에서 주요 정치 실세는 한자동맹과 여러 영토 기반 국가들이었다. 이 국가로는 덴마크, 노르웨이, 스웨덴왕국, 메클렌부르크공국, 튜턴기사단국이 있었다. 몇몇 도시들은 한자동맹에 속한 동시에 특정 국가의 주요 항구이기도 했다. 예를 들어 비스마어와 로스토크는 한자동맹 소속이면서 메클렌부르크공국의 항구였다. 이러한 분열의 결과는 한자동맹 내부의 여러 파벌들 간에, 그리고 정치 실세들 간에 고질병처럼 벌어진 권력 다툼이었다. 이는 양식형제단이 활동하기에 더할 나위 없는 환경이었다. '묻지도 따지지도 않고 환영' 정책을 내건 항구는 언제나 한둘쯤 있었고, 이들은 해적에게 안전한 피난처를 제공했다. 양식형제단은 1398년 초 튜턴기사단과 한자동맹 도시 뤼베크의 연합 공격으로 미쳐내 사냥터인 발트해에서 쫓겨나자, 무대를 옮겨 북해 프리슬란트 해안에서 자신들과 거래하려는 몇몇 소규모 항구들과 거래를 텄다. "광활한 습지로 덮인 동프리슬란트 해안은 봉건 영주의 지배를 받지 않았고 여러 지방 교구로 분할된 채 호족(Hovetlinge)들이 권력을 쥐고 있었다."[33] 비드셀 톰 브로크, 에도 비엠켄, 시베트 루벤손 같은 호족들은 끊임없이 서로 싸웠기에 전투로 잔뼈가 굵은 양식형제단은 '약탈로 임금을 충당'하는 계약으로 부담 없는 전투력을 제공했을 뿐 아니라, 지역 시장에 내다 팔 수 있는 약탈물도 취했다.

　　동쪽 바다에서도 상황이 비슷해서 비교적 해적 친화적인 환경이 조성되고 있었다. 이곳에서는 지방호족, 관리, 신사紳士 들이 중국 연안에서 활동하는 왜구와 자주 결탁했다. 주로 과거에 급제한 학자들이 포함된 신사 계급은 지방 관청에서 영향력을 행사했다. 결국 명나라 때인 1548년 절강성과 복건성 연안 방어를 책임졌던 명장 주환은 이렇게 꼬집었다. "왜구를 처치하는 것은 … 쉽지만, 명나라의 해적을 처치하기는 어렵다. 바닷가의 명나라 해적을 처치하기는 그나마 쉽지만, '의관을 갖춘 명나라 해적(衣冠之盜)'을 처치하기는 … 특히 어렵다."[34] 지배계급과 해적이 호혜적 이해관계로 결탁한 상황은 14세기 말부터 15세기까지 활동한 왜구의 사례에서도 볼 수 있다. 규슈섬 해안의 많은 다이묘들은 정기적으로 해적을 고용해 자신들의 해상 무역을 지키면서 경쟁자들의 배를 약탈하고 괴롭혔다.

> 후원 관계는 육지의 귀족과 해적 모두에게 적절했다. 해적들은 해상
> 요충지를 더 잘 통제하고, 선박을 약탈하거나 통행세를 갈취하는 등
> 대대적 행위를 추가로 허가받고자 했다. 다이묘 같은 육지의 후원자
> 들은 해적이 없었다면 통제하기 어려웠을 외딴 해역을 간접적으로나
> 마 통제하고자 했다.[35]

하지만 해적에게 의뢰하는 것에도 함정이 있었다. 단기적으로는 분명
괜찮은 전략이었지만, 장기적으로는 의도치 않은 결과가 생기기도 했다.
일례로 남중국해에서 스리위자야(8~13세기에 몰루카해협을 중심으로 수마
트라, 자바, 말레이반도에 기반을 두었던 해상 강대국)의 통치자들은 몰루카
해협을 통과하는 상선들을 팔렘방에 있던 스리위자야 측 항구로 몰아오
기 위해 오랑라우트를 해상 용병으로 고용했다. 팔렘방에 도착한 배들
에 고액의 통행세를 물리기 위해서였다. 하지만 왕실의 지배력이 약해질
때마다, 또는 다른 왕족이 왕위 찬탈을 시도할 때마다 오랑라우트는 즉
시 돌변해 자신들이 항구로 몰아가야 할 상선을 약탈했다. 동중국해와
한반도 동해에서도 변덕스럽고 통제가 어려운 동맹인 규슈 연안의 왜구
때문에 다이묘들이 곤란을 겪었다.
　해적들은 언제든 사략이 아닌 '비공인' 해적으로 활동하거나 더 큰
수익이 예상되는 더 강력하고 부유한 쪽에 붙는 데 망설임이 없었다. 맥
락은 저마다 다르지만 북해와 발트해를 배회하던 양식형제단, 영국해협
에서 활동하던 해적, 남중국해의 오랑라우트, 동중국해와 동해의 왜구

등 모두가 그랬다. 메클렌부르크 공작이든, 존 왕이든, 스리위자야의 통치자든, 일본 해안 지역의 다이묘든 고용주의 관점에서도 같은 논리가 적용됐다. 일반적인 군함을 마련하고 유지하는 것은 돈이 너무 많이 들었다. 사략선을 고용하는 것이 적어도 단기적으로는 비용면에서 훨씬 효율직이있다. 하지만 시간이 흐르면서 이러한 관행은 역효과가 나기 쉬워졌다. "해적들은 육지에 기반을 둔 세력에 반드시 복종하지는 않았으며, 계약을 무시하고 다른 후원 제안을 받아들일 수도 있었기 때문"이다.[36]

선택의 여지가 없다

때때로 대자연이 만드는 재난은 사람들을 대거 해적질로 내모는 '방아쇠'였다. 중화제국에서는 홍수, 가뭄, 태풍과 같은 자연재해가 일어날 때마다 해적이 급증했다. 자연재해가 발생하면 보통 기근과 전염병 등 인간을 힘들게 하는 재난이 뒤따랐다. 그 결과 때때로 지방에서는 폭동, 반란, 도적질이 성행했고, 해안에서는 해적이 들끓곤 했다.[37] 일본에서도 홍수와 기근, 광범위한 전염병이 발생해 육지 주민들의 생계가 파괴되고, 평온하고 안정적인 환경이 흔들릴 때마다 해적이 대규모로 나타났다. 1134년 기근이 닥치자 굶주림에 지쳐 해적질에 나선 사람들은 교토에 있던 조정으로 향하는 곡물운송선을 주된 먹잇감으로 삼았다. 당연히 즉각적인 조치가 이루어졌다. 1134년과 1135년에 무장武將 다이라노 다다모리가 두 차례에 걸친 원정을 이끌어 해적을 토벌했다.[38]

서기 3세기 이래로 원래 농민이었던 북유럽의 앵글족, 색슨족, 주트

족은 해수면이 꾸준히 상승해 경작지가 서서히 물에 잠기자 바다로 나가 해적이 되었다.[39] 도적질과 해적질은 사람들이 빈곤해지는 시기에 성행하는 경향이 있었다. 즉, 기본적으로 '특정한 상황'에서 벗어나기 위한 자활의 한 형태였다.[40] 때로는 선택의 여지조차 없었다. 이런 경향은 입지가 좋지 않은 지역에서 더 명확하게 나타났는데, 바이킹이 탄생한 북유럽이 그 예다. 북유럽 국가들은 복잡한 해안의 가장자리에 있었다. 피오르드*와 강이 아주 많고, 줄지어 늘어선 가파른 산맥 때문에 육로 수송이 아예 불가능했던 건 아니지만 결코 쉽지 않았다. 북유럽 사람들이 무역상이나 해적, 또는 두 가지를 모두 겸하는 집단이 되어 바다로 진출한 데는 인구 증가 그리고 점진적으로 변화한 기후와 더불어 8~10세기의 지리적 요소가 크게 작용했다.[41] 전장에서 보여 준 용맹함을 높이 평가하는 전사 문화에 따라 북유럽 국가들은 줄기차게 서로 싸웠다. 덴마크는 스웨덴에, 스웨덴은 노르웨이에, 노르웨이는 다시 덴마크에 전쟁을 선포하는 식이었다. 전쟁이 수반하는 수많은 해상 전투와 기습 때문에 해안 마을은 황폐해졌다. 한 예로 현대 고고학자들은 스웨덴 고틀란드섬에서 금과 은, 그리고 기타 귀중품들이 정성스레 매장된 저장소를 대거 발굴했다. 모두 이 혼란기에 묻힌 것들이었다. 이러한 해안 지역 습격이 얻을 게 더 많아 보였을 브리튼섬이나 아일랜드섬, 유럽 본토로 확대되는 것은 시간문제였다.

대자연은 한 사회 전체가 해적질에 나서도록 내몰기도 했지만, 해적을 특정 지역으로 끌어들이기도 했다. 어떤 지형은 해적행위에 최적인

---

* 빙하의 침식으로 형성된 U자형 계곡에 바닷물이 들어와 형성된 좁고 긴 만. 협만峽灣이라고도 한다.

환경을 제공했다. 다도해인 카리브해, 남중국해 또는 그리스와 레반트 (동지중해 연안) 사이의 바다가 좋은 예다. 많은 섬이 주요 해상 교통로에 걸쳐있어 방심한 채 지나가는 적절한 먹잇감을 기다리며 매복하고 있기에 완벽한 장소였다. 지중해에서는 그리스와 터키 일대의 에게해에 있는 섬들이 특히 이상적이었다. 남쪽의 데스포스섬을 시작으로 테네도스섬을 거쳐 다르다넬스해협에 이르는 지역은 콘스탄티노플과 지중해의 다른 주요 항구들을 연결하는 세 핵심 항로가 모이는 지역이었다. 항로 중하나는 베네치아에서 출발해 아드리아해를 거쳐 오는 뱃길이었고, 다른 하나는 바르바리 해안과 알렉산드리아를 지나 레반트 지역과 소아시아를 둥글게 감싸는 뱃길이었으며, 마지막은 에게해 남쪽의 키클라데스제도와 위쪽의 키오스섬을 통과하는 뱃길이었다. 에게해제도의 뱃길은 좁았고, 돌풍과 강한 조류, 위험한 암초는 뱃길을 한층 더 위태롭게 했다. "1년 중 항해가 한창인 시기, 특히 봄과 가을에 이 지역은 상선으로 붐볐을 것"이고, 따라서 "온갖 신조를 품은 해적과 코르세어가 가장 많이 찾는 사냥터"가 되었을 것이다.[42]

북해와 발트해 연안도 해적이나 사략선이 매복하기에 좋은 환경이었다. 굽이진 만灣, 작은 바위, 암초뿐 아니라 사각지대 삼아 숨을 수 있는 우거진 습지도 많았다. 저지섬, 건지섬, 올더니섬, 사크섬 등 영국 남쪽 채널제도에서는 특히 해적이 들끓었다. 검은 수도사 유스터스가 채널제도를 본거지로 삼은 이유도 이 지역이 무역선이 지나가는 해상 교통로를 차단하고 약탈하기에 완벽했기 때문이다. 대항해 시대의 초입이자 중세 말기에는 선박이 해안에 근접해서 운행했다. 그래서 고도로 숙련된 선원이 아니라면 명백한 해적 출몰지를 피하는 것이 어려웠다. 어떤 경우에든 특정 항구들은 해적이 판치는 지점을 지나지 않고는 도달할 방법이 없었으므로 해적을 항상 피하기란 불가능했다. 일례로 북해와 발트해가 만나는 지점에 셸란섬(질랜드섬)과 핀섬이 있다. 이 커다란 두 섬은 천연의 해상 관문을 형성했다. 그래서 북해와 발트해를 넘나들려면 북해에서 발트해로 이어지는 카테가트해협의 좁은 세 가지 뱃길 중 하나를 반드시 지나가야 했다. '덴마크해협'으로 통칭하는 이 세 뱃길은 외레순해협, 그레이트벨트해협, 리틀벨트해협이다. 양식형제단과 평등공유단이 판치던 시절, 이 해역은 해적 습격으로 악명이 높았기 때문에 상인들은 호송선단을 이루어 서로 엄호하며 항해했다.

지구 반대편 동쪽 바다의 또 다른 해상 병목 지점이었던 몰루카해협과 안다만해 연안에는 울창한 맹그로브 숲이 있어 해적들이 매복해있다가 기습 후 흔적도 없이 사라지기에 좋았다.

홍해와 아덴만을 잇는 '눈물의 문(Gate of Tears, 바브엘만데브해협)' 그리고 페르시아만과 서인도양을 잇는 호르무즈해협도 해적이 날뛰는 것으로 악명이 높은 해상 병목 지점이다. 환초나 암초, 작은 섬 들도 큰 배들이 그 사이의 좁고 얕은 수로에서 끙끙대는 사이에 작은 배들이 도망칠 수 있게 해 주었다. 한참 후인 19세기에 영국 해군의 헨리 케펄 함장은 이렇게 보고했다. "구석과 틈새라면 어디든 붙어있는 거미처럼 섬이 옹기종기 모인 곳에서는 해적이 들끓는다. 촘촘한 섬 지역은 만과 곶이며 모래톱, 바위와 암초가 풍부해 해적이 잠복했다 기습하고 내빼기에 적합하다."[43] 케펄 함장은 자신이 대적했던 19세기 해적을 말하고 있지만, 500년 전 중세 후기 해적에 대해서도 딱히 달리 얘기할 것 같지 않다.

환경적 요인이 해적의 발전에 미친 영향에도 불구하고, 환경 탓으로

만 돌릴 수는 없다. 해적이 된 자들에게도 항상 대안은 있었다. 예를 들어 사르데냐섬 주민들은 지중해 한가운데 위치한 사르데냐섬을 해적소굴로 만드는 대신 해변에서 등을 돌리고 목가적인 사회를 발전시켰다.[44] 복잡한 해안 지형의 가장자리에 놓인 바이킹들조차 바다 위의 약탈자 대신 단순한 무역상이 되는 길을 선택할 수도 있었다.

바다에서 배를 찾다

해적질을 하려면 일단 강탈과 약탈에 쓸 배가 필요하다. 중세 시대에 새로 생긴 해적단은 상선이나 군함에서 반란을 일으켜 배를 탈취하거나 항구에 무방비 상태로 정박해있는 배를 훔쳐서 해결하곤 했다. 많은 해적은 이 두 가지 방법 중 하나로 활동을 개시했다. 하지만 아쉽게도 중세 관련 자료들은 해적단이 처음에 어떻게 형성되었는지를 자세히 설명하지 않는다. 남아 있는 정보는 양식형제단과 평등공유단 소속이었던 클라우스 슈퇴르테베커, 고데케 미헬스 같은 이미 유명한 해적이나, 검은 수도사 유스터스, 돈 페로 니뇨처럼 자신의 군주에게서 배를 얻은 사략단장에 주로 초점을 맞추고 있다. 우리는 앞으로 반란을 선동하거나 경비가 허술한 배를 훔쳐서 경력을 시작한 해적들이 이후 어떻게 되었는지를 살펴보겠지만, 분명 중세에도 많은 해적이 그렇게 했을 것이다.

경력이 오래된 해적들은 자신들이 좋아하는 해양 환경에 맞춰 특정한 배를 선택했다. 만약 어떤 해적단이 선호하는 곳이 근거지에서 멀지 않은 연안 해상이라면 매복에 적합한 가볍고 빠른 배가 좋았다. 1500년대에 아드리아해에서 활동했던 해적단 우스콕Uskoci은 바로 이러한 이유로 브라체레Brazzere라는 비교적 작은 갤리선을 선호했다. 반면에 사냥터가 공해상이라면 해적은 보통 무역상이 사용할 법한 범선 같은 원양 항해용 선박을 선호했다. 예를 들어 양식형제단은 한자동맹이 쓰던 것과 같은 함선, 즉 범용 코그Cog선*을 사용했지만, 선원을 더 많이 태우고 선수와 선미에 전투용 누각도 세웠다. 그래서 양식형제단의 배는 '평화선(Friedeschiffe)'이라 불린 한자동맹의 선박과 비슷해 보였다. 같은 시기에 동중국해에서 명나라 해적과 왜구 또한 일반 상선으로 쓰이던 정크선**을 선호했다. 평범하고 순해 보이는 외관 때문이었다.[45] 그들은 해안을 신속하게 습격할 때는 노를 갖춘 더 작은 배를 개조해 전투선으로 썼다. 종종 선수와 선미에 전투용 누각 한두 개를 얹고 평소보다 더 많은 선원을 태워 군함으로 썼다.

일단 해적이 마음에 드는 배를 확보하고 바다로 나가면 목표물을 찾아야 했다. 레이더가 발명되기 전에는 약탈할 배를 찾는 건 관찰자의 위치에 달려있었다. 일반적인 수학 공식에 따르면 키가 173센티미터인 사람이 해수면에 서서 관측할 수 있는 거리는 약 5킬로미터이고, 같은 키를 가진 사람이 100미터 높이 벼랑 위에 서서 관측한다면 관측할 수 있는 거리는 40킬로미터에 달한다. 망망대해에 벼랑이 있을 리 만무하므로 주 돛대에 달린 망대를 사용해야 했다. 망대 높이에 따라 관측 거리가 대략 15~20킬로미터 정도 늘어났다. 하지만 목표물을 놓칠 가능성

---

*   10~14세기에 북해에서 사용된 외돛범선으로, 최대 200톤짜리 대형 화물선.

**   중국 범선. 크기에 따라 돛대가 하나인 것도 있고, 여러 개인 것도 있다. 정화의 원정 시기에는 최대 전장 124미터였다고 전해지나, 현실적으로 보자면 76미터 정도에 이르렀을 것으로 추정된다.

은 여전히 매우 높았다.

물론 해적들은 배가 많이 오가는 좋은 위치를 고를 수 있었으므로 유리했다. 주요 항로를 따라 적극적으로 선박을 수색하기도 했고, 적당한 장소에 매복하다 무방비 상태로 지나가는 선박을 기습할 수도 있었다. 때로는 심지어 이전엔 안전했던 항구와 그곳의 정박지를 매복 장소로 쓰기도 했다. 15세기 제노바 귀족 안셀무스 아도르노는 항구 바깥에 숨어있던 해적에게 당한 일화를 자신의 여행기에 적었다. 이전에는 해적 습격 사례가 없었던 유명한 항구에서 일어난 일이었다. 1470년 5월, 아도르노는 700톤에 달하는 거대한 제노바 선박을 타고 성지에 가던 중이었다. "해적이나 튀르크인을 만나면 격퇴하기 위해 대포, 석궁, 창 등 무기를 넉넉히 실었고 … 무장한 병사 110명도 배에 태웠다."[46] 항해 도중에 배는 사르데냐섬 알게로항에 정박하려고 했지만 배가 너무 커서 항구 밖에 정박해야 했다. 아도르노와 순례자 일행은 배에 딸린 긴 보트들로 옮겨타고 항구로 이동했다. 항구에서는 아무 일도 일어나지 않았다. 하지만 그들이 노를 저어 돌아오자 해적들이 갑자기 달려들어 보트들이 순례단의 '떠다니는 요새'에 닿지 못하게 했다. 제노바 배 선장은 즉시 결단을 내려 상황을 타개했다. 선장은 즉시 선원들에게 포격을 명령해 해적들과 거리를 확보한 후 무장한 선원들을 태운 보트 두 척을 더 내려 보내 순례자들을 배로 안전하게 호송했다.[47] 다른 배들의 선원과 승객들은 이렇게 운이 좋지는 않았다. 붙잡힌 뒤 귀중품을 모조리 뺏기고 몸값이 지불될 때까지 인질이 될 수도 있었다.[48]

어떤 해적들은 조직적으로 움직였다. 그들은 값비싼 화물을 실은 배가 특정 장소에 언제 나타나는지에 관한 정보를 미리 얻어 매복하고 있으려고 했다. 예를 들면 우스콕 해적단은 아드리아해 항구들, 심지어 베네치아 본토에도 정보원과 연락책을 심어 두었다고 알려졌다. 1586년 9월, 베네치아 정부는 레지나 출신 사무관 프란체스코 다 브루차가 스파이였음을 발견했다. 브루차는 모든 배의 출항 일정을 우스콕 해적단에 알렸을 뿐 아니라, 튀르크 대신들에게 가는 화물이 어디에 실려있는지도 알렸다.[49]

공해상에서 활동하는 해적들은 그들의 배가 육지로부터 한참 떨어져서 보이지 않기에 적당한 협력 관계를 유지해야 했다. 13세기 후반, 인도 서해안에서 멀리 떨어진 아라비아해에서 무역선단은 안전상의 이유로 해안을 따라 항해했다. 이곳 해적들의 목적은 무역선을 찾아 약탈하는 것이었다. 유명한 여행가 마르코 폴로는 다음과 같이 회상했다.

말라바르와 그 옆의 구자라트라는 지방에서는 매년 코르세어 선박 100척 이상이 어슬렁거리다 다른 배들을 나포하고 상인들을 약탈한다는 사실을 유념해야 한다. … 이 악독한 코르세어는 대부분 여기저기로 흩어진다. … 하지만 때때로 … 그들은 거리를 서로 8킬로미터 정도 두고 한 줄로 배를 몬다. 그들은 상선을 발견하자마자 횃불로 다른 배에 알린다. 그래서 어떤 배도 들키지 않고 지나갈 수 없다.[50]

마르코 폴로는 당시 선원들이 해적에 맞서기 위해 쓴 대책도 묘사했다. "이 악랄한 코르세어의 습성에 이골이 난 무역상들은 … 무장과 장비를 잘 갖추어서 … 거세게 방어하고 공격자들에게 큰 피해를 입힌다."[51] 그렇지만 많은 선박은 여전히 해적들의 희생양이 되었다.[52]

좀 더 적극적인 해적이나 사략선, 또는 돛대 하나 발견하지 못한 채 성과 없이 매복만 하다 지친 해적들에게는 오가는 배가 많고 방어가 취약한 것으로 잘 알려진 바닷가를 오르내리는 것도 괜찮은 전략이었다. 전투력에 자신 있거나 꽤 많은 배를 거느리고 있는 해적단이나 사략단에는 해안 마을과 노시를 습격하는 방법도 있었다. 붙잡힐 위험이 없지는 않지만, 적어도 위치를 먼저 파악할 수 있다는 이점이 있었다. 지중해의 기독교도와 이슬람교도 해적들에게 육지 약탈은 흔한 일이었다. 현지인을 잡아다 노예시장에 파는 일은 해적단 사업모델의 한 축이었다.

어쩌다 재수 없게도 해적 퇴치 임무 중인 군함과 마주치면 사냥꾼은 사냥감이 되었다. 사냥에 나선 해적에게 닥칠 수 있는 또 다른 위험은 자신들에게 우호적인 연안 지역에서 멀리 떨어져있을 때 물과 식량이 떨어지는 일이었다. 항해를 오래 하는 갤리선은 특히 이런 점에서 취약했다. 많은 선원과 병사 외에도 보통 노잡이만 100명 이상 탔기 때문이다. 예를 들어 하루에 물을 340리터 소비하는 노잡이, 선원, 병사, 사관 200명 안팎이 탑승한 경량 갤리선은 보통 물을 3,000~5,600리터 정도 싣고 다녔다.[53] 이것은 식수가 바닥날 때까지 최대 약 2주만 항해할 수 있음을 시사한다. 사략선 선장은 기상 조건에 따라 움직였으므로 보급을 위해 안전한 항구에 도착하는 것은 늘 불가능했다. 예를 들어 1404년 카스티야의 코르세어 돈 페로 니뇨는 선단을 이끌고 스페인으로 돌아가던 중 심한 폭풍에 발이 묶여 바르바리 해안의 척박한 섬에 배를 대야 했다. 이 선단은 중무장한 갤리선 몇 척으로 구성되었고, 부하도 많았다. 남은 물로 놀랍게도 20일 동안 버텼지만 부하들은 심한 갈증에 시달려 상태가 좋지 않았다. 페로 니뇨는 부하들을 설득해 적이 매복하고 있거나 공격으로 전멸당할 위험을 무릅쓰고 적대적인 바르바리 해안으로 물을 구하러 갔다. 그날 페로 니뇨와 선원들은 운이 좋았다. 그들이 통에 물을 다 채우자마자 이슬람교도 민병이 들이닥친 것이다.[54] 페로 니뇨 선단은 선원 중 누구도 잡히거나 다치지 않고 무사히 탈출했지만, 아슬아슬하기 짝이 없었다. 이 사건은 해적선이나 사략선에서의 삶이 얼마나 위태로웠는지를 보여 준다. 심지어 그들이 사냥감을 찾기도 전에 말이다.

먹잇감을 압도하라

할리우드 해적 영화의 주인공들은 보통 길고 가는 칼인 레이피어나 날이 휜 칼인 세이버, 단검, 권총, 머스킷총을 들고서 상대 배의 갑판에 휙 몸을 날려 전투 현장으로 뛰어든다. 하지만 해적들은 대개 백병전을 기피했고, 단 한 발의 총성도 없이 오늘날 우리가 '충격과 공포'라고 부르는 전략으로 상대방이 굴복하기를 바랐다. 역사가 피터 얼의 표현을 빌리자면 "전리품의 값어치가 전리품을 획득하는 과정에서의 영광보다 더 중요"했다.[55] 그렇기는 하지만 모든 해적이 어떻게든 전투를 피하려고만 한 것은 아니다. 예를 들어 바이킹은 자신들을 전사로 여겼고, 전장에서 죽기를 고대했다. 사료가 빈약해 확실히 파악하기는 어렵지만, 동남아시아 해역에서 활동한 오랑라우트나 '바다의 사람들', 동중국해에서 활동한 왜구와 관련해서도 비슷한 사례가 있을 수 있다. 한 기록에 따르면 해적 두 명이 적의 사격을 자신들에게 유도하려고 자살 공격을 감행하기도 했다.[56] 정규군에서나 볼 법한 행동이다. 하지만 이런 사례들은 예외에 속했다. 대부분의 '보통' 해적들은 해적 깃발을 걸어 올리는 것만으로 상황이 끝났으면 했다.

해적은 종종 일반 상선 깃발을 단 채 무방비 상태의 먹잇감에 다가가서는 갑자기 해골 밑에 뼈다귀 두 개가 교차한 악명 높은 흑기黑旗를 걸어 올렸다. 해적임을 확실히 알아볼 수만 있다면 그 지역에서 통용되는 다른 깃발도 상관없었다. 이는 다른 선박의 주의를 최대한 끌기에도 안전한 방법이었다. 겁에 질린 뱃사람들은 대개 두려움에 떨며 바로 항복했다. 가진 것을 다 뺏기고 배도 잃겠지만, 그렇게 하면 살아남을지도 모른다는 희망 때문이었다. 해적선은 선원 머릿수에서부터 확연히 차이가 났기에 어떤 저항도 소용없다는 인상을 주었다. 상선은 대개 필요한 수만큼 고용했기에 선원이 20명 정도를 넘지 않았던 데 비해, 해적선은 거의 항상 머릿수가 그보다 훨씬 많았다. 또한 해적은 잘 훈련되고 전투에 잔뼈가 굵은 전사이자 선원이었다. 해적들이 커틀러스Cutlass(선원용 단검)나 장검 등 위험한 각종 무기를 휘두르며 배의 난간 위에 올라서서 날뛰는 광경과 고함치고 조롱하는 소리를 듣는 건 상선 선원들에게는 끔찍한 일이었으리라. 압도적 공포감에 휩싸인 선원들은 '해적은 오직 항복할 때만 자비를 보인다'는 사실을 알고 있었으므로 선장이 아무리 싸우라고 명해도 말을 듣지 않는 경우가 많았다. 다르게 표현하면 이는 해적들이 싸우다 죽을 위험 없이 심리전으로 이겼다는 뜻이다. 이렇게 승리를 거두는 것이 정확히 그들이 바라는 바였다. 나포 후 오랫동안 이루어지는 조직적인 약탈은 대개 충격과 공포 전술의 연속이었다. 배 위의 해적들은 처음 공격이 성공하면 저항해도 소용없다는 메시지를 강력하게 전달하기 위해 더욱 잔인하게 굴었다.

하지만 전투를 늘 피할 수는 없었다. 공격을 받은 배가 끝까지 싸우겠다고 작정하면 상황은 피 튀기는 긴 백병전으로 전환되곤 했다. 1150년대 초 지중해의 작은 바이킹 함대와 거대한 이슬람 함선 사이에서 일어난 일을 보자. 바이킹 족장 로근발드 칼리 콜손은 '윌리엄'이라는 주교와 함께 로마와 예루살렘 성지로 순례 여행 중이었다. 콜손은 경건한 여행을 하고 있었지만, 항해 중 마주치는 이슬람 '이교도'를 터는 일쯤은 문제 될 게 없다고 생각했다. 그는 전리품의 절반을 가난한 사람들에게 기부하겠다고 맹세함으로써 제 양심을 달랬다. 바이킹 배 아홉 척으로 구성된 콜손의 함대는 사르데냐 연안 어딘가에서 이슬람교도 선박과 마주쳤다. 실로 가공할 만한 큰 배였다. 바이킹들은 처음에 구름 덩어리인가 했다가 나중에서야 그것이 대형 목조 갤리선인 드로몬Dromond*임을 알아챘다. 적선은 방어력이 출중하고 무시무시한 배였다. 윌리엄 주교는 다음과 같이 경고했다. "우리 배를 저 배 옆에 붙이기는 어려울 겁니다. … 우리가 쓸 수 있는 가장 좋은 수단이 있습니다. 뱃전에 커다란 바이킹 도끼를 동여매십시오. 그러면 저들은 유황과 펄펄 끓는 타르를 준비하겠지요. 우리를 머리부터 발끝까지 흠뻑 적시려고요."[57] 여기서 주교가 묘사하는 것은 악명 높은 '그리스의 불(Greek Fire)'의 변종인 듯하다. 그리스의 불은 현대의 네이팜탄과 비슷한 액체 화염 병기로, 압력 펌프로 작동되는 사이펀으로 적선에 발사됐다. 콜손은 그 무시무시한 배를 상대하기 위해 자기 휘하 선박 수가 더 많다는 점을 이용했다. 몇몇 배가 상대방의 정신을 빼놓기 위해 활을 차례차례 일제 사격하는 동안 다

---

* 무역선이기도 했으며, 주로 지중해에서 쓰였다.

른 배들은 드로몬 옆으로 재빨리 이동했다. 그리스의 불에 사용되는 사이펀은 가까이 있는 목표물을 공격할 수 있을 만큼 눌러대기가 어려웠다. 그래서 재빨리 다가가는 것이 매우 중요했다. 치열한 접전이 펼쳐졌다. "드로몬에 탄 이슬람교도는 사라센인들이었다. … 흑인도 꽤 많았고 … 그들은 거세게 저항했다." 이슬람교도의 거센 저항은 '얼링'이라는 바이킹 전사에게 별명을 붙여 주었다. 얼링은 적선으로 뛰어오르다 어깨와 목이 만나는 지점에 심한 부상을 입었다. 상처는 완전히 낫지 않았다. 그는 죽을 때까지 고개를 기울인 채 살았으며, '굽은 목'이라는 별명을 얻었다. 결국 콜손 무리가 승리했고, 지도자로 간주한 키 큰 남자와 몇몇 다른 사라센인만 포로로 잡은 후 나머지는 모두 죽였다. 바이킹은 전리품을 챙기고 배를 불태웠다. 그 와중에 콜손은 성공적인 전투와 얼링의 용맹에 찬사를 보내는 시를 읊었다. 시에는 용맹한 적을 찬양하는 내용도 포함되었다. "창의 달인 얼링이여. 적선에 나아가 승리를 거두었구나. 피로 물든 깃발이여. 우리 손에 붙잡히고 죽어간 검은 전사들, 용맹한 젊은이들의 피는 우리 칼날을 붉게 물들였다."[58]

용감한 카스티야 코르세어 돈 페로 니뇨조차 전투를 항상 피할 수는 없었다. 1404년 그의 갤리선단은 튀니스 근처의 한 섬에 며칠 동안 매복하면서 방심한 이슬람 선박이 보이기를 기다렸지만 내리 허탕만 쳤다. 마침내 인내심을 상실한 페로 니뇨는 튀니스 항구 쪽으로 이동하기로 했다. 항구가 튼튼하게 방어되고 있었기에 이는 대담한 결단이었다. 그런데도 튀니스에서 그의 부하들은 갤리선 한 척을 기습해 맞닥뜨린 모든 선원을 죽이거나 포로로 잡았다. 그리고 나서 거대한 튀니지 상선도 공격했다. 여기서 페로 니뇨가 경솔했음이 명백해졌다. 튀니지 상선이 좁은 해협으로 퇴각하자 페로 니뇨는 추격을 멈추는 것이 타당했을 텐데도 멈추지 않고 바짝 쫓았다. 갤리선의 충각衝角*이 상선의 후미를 들이받자 페로 니뇨는 즉시 상선으로 뛰어올랐다. 아마도 그는 수많은 부하들이 뒤따른다고 생각했겠지만, 거대한 갈레아스**와 부딪힌 충격으로 페로 니뇨의 부하들이 타고 있던 더 작은 배는 뒤로 확 물러났다. 그래서 그의 부하들은 건너갈 수 없었다. 페로 니뇨의 충실한 보좌관이자 전기 기록자였던 디아스 데 가메스는 적선의 선미 쪽 누각에 고립된 페로 니뇨가 "배가 다시 자리를 잡아 부하들이 그를 도우러 올 때까지 사자처럼 용맹하게 싸웠다"라고 썼다. 그러나 용감하지만 성급했던 선장을 구하는 것이 부하들의 유일한 과제는 아니었다. 수로가 좁다는 것은 튀니지 선원들과 병사들이 육지에서 양쪽 배 위로 몰려들기 쉬웠다는 뜻이다. 식은 죽 먹기 같았던 사냥이 이제부터는 살아남는 게 목적인 절박한 전투로 바뀌었다. "사람이 너무 많아서 화살을 쏘기만 하면 누군가에게 꽂혔고, 팔을 휘두르면 누군가는 맞았다."[59] 결국 페로 니뇨는 중상을 입은 채 다시 제 배로 뛰어올랐고, 사촌이 몰던 갤리선이 페로 니뇨의 배를 해협에서 안전한 곳으로 끌고 나왔다. 정식 문필가가 아니었는데도 디아스 데 가메스는 방어력이 탄탄한 적선에(심지어 이슬람 선박은 육지 지원군도 적지 않았다) 올라타는 매우 직접적이고, 피비린내 나며, 혼란스럽고 지저분한 전투의 본질을 깔끔하게 함축했다.

---

*   배의 함수 밑에 있는 뾰족하게 돌출된 부분. 적의 군함을 들이받아 침몰시키기 위한 장치다.

**   베네치아에서 만든 갤리선의 개량종. 범선과 갤리선을 혼합한 형태의 군함이다. 폭이 좁고 속도가 빨랐으며 보통 후미가 사각형이었다. 1580년대부터 1700년대까지 지중해에서 북해에 이르는 각국 해군에서 사용했다.

같은 시기 북쪽 바다에는 갤리선 같은 전문 군함이 아직 존재하지 않았다. 더 정확히 말하자면 상인과 해적 모두 전투용 누각이 달리고 느릿느릿한 코그선을 이용했다. 선원들은 단검이며 장검, 도끼, 창, 활, 석궁으로 무장했고, 당시에는 신무기였던 화승총을 사용하기도 했다. 전장식* 화승총은 꽤 무겁고 거추장스러우며 부정확한 데다 터무니없이 비쌌다.[60] 경계심이 강한 한자동맹 상선과 해적선이 맞붙었을 때 보통 해적이 압도적이어야 하지만, 이 부실한 화기가 승산을 엇비슷하게 만드는 측면이 있었다. 해적들이 항상 이기지는 못했다는 뜻이다. 1391년 양식형제단의 배 몇 척은 슈트랄준트에서 온 거대한 코그선을 공격했다. 아마도 상선이 자신들을 보기만 해도 항복하리라 생각한 듯하다. 하지만 놀랍게도 머릿수가 많고 장비도 잘 갖추었던 코그선 선원들은 사납게 저항했다. 그들은 해적들이 배에 올라오지 못하도록 용맹하게 저지했을 뿐 아니라, 양식형제단의 배 갑판까지 쳐들어가 전투를 벌였다. 백병전이라 유혈이 낭자했겠지만, 선원들은 해적을 100명 이상 생포하면서 승리를 거두었다.[61] 승리에 환호하면서도 복수심에 불타던 슈트랄준트 측 선원들은 상선에 쇠사슬과 족쇄가 충분하지 않아서 양식형제단 포로들을 큰 통에 집어넣었다. 포로들은 통에 뚫린 구멍으로 머리만 밖으로 내놓을 수 있었다. 인간이 담긴 큰 통들은 포로들의 안전을 고려하지 않은 채 다른 화물과 똑같이 취급되었다.[62] 양식형제단 포로들은 배가 슈트랄준트로 무사히 돌아오자 통에서 풀려났고, 몇 시간 뒤 참수됐다.[63]

---

* 탄알과 추진제(화약)를 총구에 넣는 방식.

해안 약탈

해적의 공격은 바다 위로 국한되지 않았다. 크고 작은 고급 해적 함대가 해안을 대상으로 바다와 육지에서 동시에 대규모 작전을 펼치며 해적의 진면목을 드러냈다. 아바스·파티마 왕조 시대(750~1258년)에 사라센 해적들은 정기적으로 그리스에 있는 섬들부터 프랑스와 스페인에 이르기까지 지중해 일대의 기독교도들이 사는 해안을 조직적으로 노략질했다. 한 예로 서기 838년 사라센 해적단은 프랑스 남부의 항구도시 마르세유를 공격해 약탈하고, 약탈물을 쓸어 담은 후 도시에 불을 질렀다. 그들은 교회와 수도원까지도 공격해 성직자와 수녀, 일반인 들을 붙잡아 몸값을 요구하거나 노예시장에 팔았다.[64] 4년 후인 842년 10월, 사라센 해적은 론강을 30킬로미터 거슬러 올라가 아를을 공격했다. 그들이 지나간 길은 온통 아수라장이 되었으며, 조직적인 저항은 전혀 없었다.[65] 사라센 해적이 아를을 공격한 것은 이때가 처음도 마지막도 아니었다. 아를 백작 기욤 1세의 군대가 973년 사라센 해적을 완전히 물리칠 때까지 그들은 끊임없이 아를을 공격했다. 사라센 해적은 프랑스 해안만으로는 성에 차지 않았는지 846년 8월 27일 가공할 함대를 끌고 로마를 공격했다. 사라센인들은 로마의 견고한 성벽을 뚫지는 못했지만, 로마 외곽에 있던 무방비한 저택들과 성 베드로 대성당을 털어 귀중품을 만족스러울 만큼 강탈해 갔다.[66] 하지만 사라센 해적단은 전리품을 팔아서 얻은 부를 누릴 만큼 오래 살지는 못했다. 귀환하던 도중 바다에서 '끔찍한 폭풍'을 만나 그들의 선단이 침몰해 버린 것이다. 《Annals of St-Bertin》이 경건하게 표현하기를, 사라센 해적단이 "끔찍한 폭풍을 맞은 이유는 그들이 더러운 입으로 주님과 그리스도와 사도들을 모독했기 때문"이었다.[67] 심지어 대성당에서 훔친 보물 중 일부는 나중에 티레니아 해안으로 밀려왔다고 한다. 해적들의 시체가 여전히 보물을 움켜쥐고 있어서였다. 보물이 결국 적을 물리치고 로마로 의기양양하게 돌아온 것이다. 하지만 이 내용은 아마 사실을 기록한 것이라기보다 그저 경건한 희망 사항일 것이다.

불과 몇 년 후 사라센인과 기독교도가 다시 맞붙었다. 869년 9월 마르세유 근처인 카마르그를 약탈하던 사라센 함대는 '진정한 대주교' 아를의 롤랑Rolland of Arles을 사로잡았다. 롤랑 대주교는 얄궂게도 해안의 해적 퇴치 시설을 시찰하다가 붙잡혔다. 이렇듯 고귀한 인질을 잡으면 으레 그랬듯이 해적은 몸값을 요구했다. 하지만 딱하게도 연로한 롤랑 대주교는 고국으로 돌아오기 전에 사망했다. 사라센인들은 돈을 받고 약속한 대로 대주교를 돌려보냈다. 대주교의 시체를 사제복으로 화려하게 휘감아 의자에 앉힌 채로 말이다.

해적의 대규모 노략질로 고통받은 이들은 비단 지중해 연안 기독교도들만이 아니었다. 북유럽에서도 바이킹은 해안 약탈을 계속했다. 이 약탈은 의미가 남다르다. 바이킹의 공격은 처음에는 소규모였고, 탐험 원정에 가까웠다. 그들은 북해를 건너 브리튼섬과 아일랜드섬, 프랑크왕국으로 쳐들어와 해안과 항행이 가능한 강 주변을 약탈했다. 통상적으로 10~12척으로 이루어진 소규모 선단(선원은 500명 정도였다)[68]이 행하는 '파괴·강탈형(Smash and grab)' 공격이었다.[69] 787년 도싯 해안의 포틀랜드가 기습을 당한 것이 보고된 최초의 약탈이다.

켄트 연안을 습격하는 바이킹

올해 웨섹스 왕 베오트리크가 오파의 딸 에드부르크와 결혼했다. 그
의 치세에 호르달란(노르웨이)에서 북방인들이 처음으로 배 세 척을
타고 찾아왔다. 지방관(치안판사)이 말을 달려 그들을 맞으러 갔다.
지방관은 그들이 누군지 몰랐기에 왕도王都로 안내하려고 했다. 그러
자 북방인들은 그를 죽였다. 이것이 잉글랜드 땅을 처음 공격한 데인
족(바이킹) 선단이었다.[70]

왕실에서 임명한 지방관이자 순진했던 베아뒤헤아르드가 그들을 사
심 없는 무역상으로 오인한 것은 납득할 만한 실수였다. 이 시절에는
"상인과 약탈자를 항상 구별하기 힘들었고", 실제로 상인이면서 동시에
약탈자인 경우가 많았으며, 그때그때 상황에 따라 무역을 할지 아니면

약탈을 할지 결정했기 때문이다.**71** 하지만 그 실수는 치명적이었다. 이때 '방문자'들이 가졌던 동기가 무엇이었냐를 놓고서 품었던 첫 어리둥절함은 그로부터 몇 년이 지나지 않은 793년에 바이킹이 유명한 린디스판 수도원을 약탈하자 명백하게 충격을 받아 박살이 나 버렸다.

습격은 청천벽력과 같았다. 수도원이 있던 섬의 수도사 중 누구도 하루를 시작하면서 오늘 무슨 일이 일어날지 전혀 상상하지 못했던 것이다. 누구도 바다에서 공격이 시작될 거라 생각하지 않았기 때문에 보초병이 없었고, 따라서 다가올 일을 경고하는 건 불가능했다. 아마도 누군가는 빠른 속도로 다가오는 롱십longship을 이상하다며 쳐다보다 어쩐지 두려워졌을지도 모른다. 하지만 그때는 이미 도망치는 일 외에 아무것도 할 수 없었을 것이다. 영국 연대기 작가이자 수도사인 더럼의 시메온Simeon of Durham은 이렇게 기록했다.

린디스판 성전은 참혹하게도 유린, 유혈, 약탈로 가득 차 있었고, 모든 것이 완전하고 철저히 파괴되었다. [그들은] 더러운 발로 거룩한 것을 짓밟았으며, 제단을 파헤치고, 성전의 모든 보물을 앗아갔다. 어떤 형제는 저들의 칼에 찔려 죽고, 더러는 사슬에 묶인 채 끌려갔으며, 많은 이가 벌거벗기고 욕보인 뒤 문밖으로 던져지고, 여럿이 바다에 빠져 죽어갔다.**72**

린디스판 수도원에 가해진 이 끔찍한 공격은 역사의 분수령이었다. 이 사건 이후 세계는 이전과 달랐다. '바이킹 시대'가 시작된 것이다.

일견 당연하지만 아이슬란드 작가 마그누스 마그누손의 감각적 표현을 빌자면 사람들은 바이킹이 "기독교도의 피를 향한 갈증" 때문에, 즉 종교적 증오 때문에 교회를 표적으로 삼았다고 생각했다.[73] 하지만 바이킹의 관점으로 보면, 교회와 수도원은 값나가고 휴대하기 쉬운 귀중품을 약탈하기 좋은, 그야말로 훌륭한 사냥터였다.[74] 린디스판과 같은 종교적 중심지는 예배를 위한 장소일 뿐 아니라 금은 세공 기술 같은 고급 기술을 가진 장인들이 제단, 성물함, 기도서를 장식할 예술품을 만드는 공방이기도 했다. 농장, 소읍, 상대적으로 규모가 작은 소도시들이 점점이 흩어져있던 중세 지형에서 수도원은 경제적으로나 문화적으로 가치가 있는 어떤 것이든 보관하기에 가장 합리적인 장소 중 하나였다.[75] 게다가 썩 얄궂게도 수도원은 주로 섬이나 해변에 피난처 용도로 지어졌는데, 이는 육지에서 영토전쟁이 고질병처럼 끊이지 않아서였다.

린디스판 수도원 습격에 사용된 바이킹의 '드라카Drakkar'. '롱십'이라고도 한다.

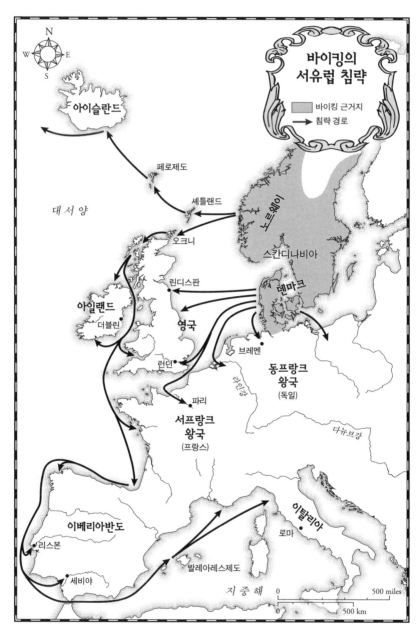

바이킹의 서유럽 침략

결국 교회와 수도원은 귀중품이 풍부할 뿐 아니라 바다에서 쳐들어오는 약탈자들에겐 쉬운 사냥감이었다. 그러니까 무방비 상태인 수도사와 사제를 값나가는 목표물로 만든 것은 종교적 신념이 아니라 약탈자의 탐욕이었다.

프랑스와 독일에서는 왕실의 다툼과 그로 인한 내전이 끊이지 않았으므로 바이킹은 여러 세력이 연합방어에 나설 수도 있다는 걱정 없이 대륙의 심장부도 대담하게 노략질할 수 있었다. 860년에 수도사이자 학자였던 누아르무티에의 에르멘타리우스Ermentarius of Noirmoutier는 당시 약탈이 얼마나 극심했는지를 다음과 같이 묘사했다. "배의 수가 늘어난다. 바이킹이 끊임없이 쳐들어오고, 인원도 점점 늘어난다. 어느 곳에서나 기독교도들은 학살과 방화, 약탈의 희생자다. 바이킹이 지나가는 길은 초토화되고, 아무것도 그들을 막지 못한다."[76] 885년, 데인족 지도자 시그프리드가 배 700척에 건장한 바이킹 전사 약 3만 명을 태우고 쳐들어와 파리를 포위했다. 바이킹의 대규모 원정은 이번이 세 번째였지만, 이전과는 달리 성공하지 못했다. 파리 백작 오도가 군인 200명과 시민병들을 능숙하게 지휘했기 때문이다. 이들은 수적으로는 열세였지만 사기가 충만했으므로 무시무시한 바이킹 전사들을 어떻게든 물리칠 수 있었다.

바이킹보다 다소 늦지만 지구 동쪽의 바다에서도 바이킹식 '파괴·강탈형' 공격이 한창이었다. 15세기에 왜구가 명나라 해안으로 몰려들었을 때 《명실록》은 이렇게 기록했다. "왜놈들은 천성이 간교하다. 때때로 특산물과 무기를 신고 와 해안을 따라 나타났다 사라진다. 기회다 싶으면 무기를 꺼내고 마구 노략질한다. 그렇지 않으면 특산품을 꺼내 조

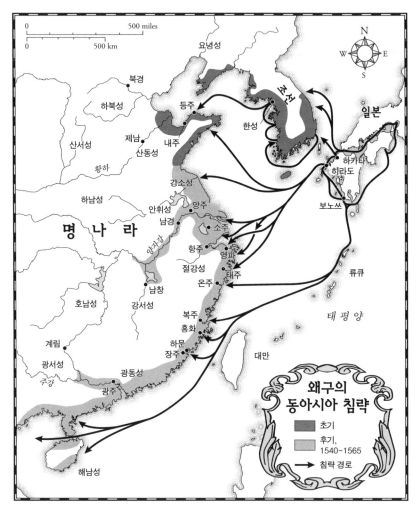

왜구의 동아시아 침략

공으로 바친다."[77] 다시 말하지만, 많은 경우 무역상과 해적은 서로 다른 집단이 아니었기 때문에 구분하기 어려웠다. 바이킹과 마찬가지로 이렇듯 초기의 '기회를 엿보는 공격'은 수십수백 척으로 이루어진 대규모 함대가 해안을 약탈하는 행위로 빠르게 악화되었다. 또한 해적은 배가 닿는 곳까지 강을 거슬러 올라가 내륙 도시들도 약탈했다. 이렇다 보니 해적 대응책은 없다시피했다. 이런 공격을 어떻게든 강력한 대응책으로 막지 못하면 육지전, 심지어 제국 건설로 이어졌다. 일례로 승려였다 해적이 된 서해는 해적단 우두머리라기보다는 바이킹 족장에 가까웠다. 1556년 봄, 서해는 양자강 양안의 항구와 마을에 병력 수천 명과 함께 왜구 두 무리를 풀었다. 이들은 주민들을 무자비하게 약탈·강간하고 죽였다. 저항은 미미했다. 상대가 되지 않는 지역 민병들뿐이었다. 희생당한 주민들에겐 안타깝게도 당시 잘 훈련된 정규군은 명나라 북쪽 지역에서 무시무시한 몽골군과 싸우느라 바빴다.[78] 하지만 이 노략질 후 해적들은 약탈물 분배를 놓고 서로 사이가 틀어졌고,[79] 이것이 그들의 패착이었다. 노략질에 성공한 지 1년 후 해적들은 이 지역으로 돌아온 호종헌 장군과 완악 장군이 이끄는 관군에 섬멸되었다. 장군들은 전투를 시작하기 전, 해적 수를 줄이기 위해 묘책을 썼다.

호종헌은 이런 상황에서는 무력보다 기만 전술을 쓰는 것이 낫다고 판단했다. 그는 배 하나를 보급선으로, 심복 두 명을 병사들에게 술을 파는 주류업자로 가장하게 한 뒤 해적 선봉대와 마주치자마자 도망치게 했다. 배에는 독을 탄 술이 담긴 항아리 100여 개가 실려있었다. 해적들은 배를 탈취해 독이 든 술을 취하도록 마셨고, 그중 일부

는 죽었다.[80]

하지만 군사행동과 전술에 있어서는 바이킹과 왜구가 방어군보다 우위에 있었다. 침략자들은 공격할 곳을 고를 수 있었기 때문이다 해적은 해안을 조직적으로 감시했고, 상륙 거점 확보를 위해 상륙작전을 실시했으며, 해안으로 몰려 기동력을 상실한 방어군을 측면에서 공격해 허를 찌르고 내륙으로 진격했다. 가능하다면 항행이 가능한 하천도 전술에 이용했다. 바이킹들은 자주 라인강, 센강, 루아르강, 과달키비르강을 거슬러 올라가 쾰른, 트리어, 파리, 샤르트르, 코르도바처럼 인구가 밀집한 곳을 공격했다. 이와 마찬가지로 왜구도 중국 대륙 깊숙이 쳐들어 가는 모험을 했는데, 이들도 주요 강과 운하를 이용해 내륙 도시들을 공격했다. 목격자 수걸의 증언을 보자. "처음에는 해적들이 사람을 납치한 후 그의 친척들을 자기네 소굴로 불러 몸값을 지불하게 했다. 어느덧 그들은 우리 땅에 들어와 눌러앉고, 관찰사들을 죽이고, 도시를 부수어 거의 돌이킬 수 없는 상황을 만들었다."[81] 바이킹과 왜구의 소행은 보통 해적 하면 떠올리는 바다 위 상황과는 확실히 거리가 멀었다. 이들의 행태는 "해적이 언제쯤 해적이기를 멈추고 다른 무언가, 예를 들면 제국의 건설자로 변모하는가?"라는 의문마저 갖게 한다. 해적행위를 '합법적 권한 없이 바다 위에서 또는 바다에서 육지로 이어지는 강도질, 납치, 폭력행위'로 정의한다면, 바이킹과 왜구는 중세와 근대 초기에 해적의 운영 방식이 발전하는 과정에서 선두에 있었음이 분명하다.

해적의 폭력성

해적이 얼마나 잔인한지는 그들의 '사업모델'에 달려있었다. 목적이 선원이나 승객을 붙잡아 몸값을 요구하는 것이라면 포로는 '걸어 다니는 돈'이었으므로 괜찮은 대우를 기대할 수 있었다. 지중해의 코르세어나 오랑라우트, 왜구가 그런 사례였다. 하지만 해적의 목적이 약탈이라면 붙잡힌 사람들의 목숨은 풍전등화나 다름없었다. 특히 바로 항복하지 않고 항전하면서 해적의 화를 돋웠다면 상황은 더 안 좋았다. 여자들은 여기에 더해 강간당할 위험도 있었다. 하지만 폭력행위 자체를 즐긴 해적이 존재했을지 몰라도, 해적 대부분은 소기의 목적을 달성하기 위한 수단으로 폭력을 썼다. 예를 들어 고문은 귀중품이 숨겨진 장소를 알아내는 수단이었다.

잔혹행위는 약탈물의 양을 극대화하는 것 이상의 목적도 있었다. 그러니까 누군가에게 보내는 메시지이기도 했던 것이다. 첫째는 해적 내부를 향한 것이었고, 둘째는 자신들의 사냥터를 항해하는 배들이나 자주 드나드는 지역의 주민들에게, 마지막은 해군, 민병, 치안관이나 행정관 같은 적에게 보내는 메시지였다.

첫 번째 경우에서 잔혹행위는 해적 대부분이 참여하는 팀워크 활동이었다. 잔혹행위에 가담함으로써 그들은 범죄의 공범이 되었을 것이고, 따라서 해적단을 떠나기도 더 어려웠다. 두 번째 경우에서 고문행위는 '저걸 당하는 사람이 나일 수도 있다'는 심리적 효과도 있었다. 때때로 무시무시하고 왜곡되고 윤색된, 잔혹행위 관련 소문이 항구나 포구에 도착하면 특히 그랬다. 이 경우에 해적이 보내는 메시지는 '저항하지 마!

값진 것도 숨기지 마! 왜냐하면 그 결과는 상상하기 어려울 정도로 참혹할 테니까!'였다. 따라서 상상의 소산이든 진짜로 일어난 일이든, 해적의 철저한 잔인함은 그들의 대표 이미지가, '절대 저항할 수 없는, 잔인하고 무자비한 악당'이라는 이미지가 되었다.[82]

세 번째 성우에서 해적의 철저하게 잔인한 이미지는 해적과 싸우는 사람들의 의지를 꺾어 버리는 강력한 억제 요소가 되었다. 특히 정규군과 해군이 신속하게 지원해 주러 오기 어려운 외딴곳에 있는 지방관은, 지금 당장 항구나 내륙에서 약탈 중인 해적에 맞설지 한 번쯤 고민하지 않을 수 없었다. 처참하게 죽을 위험이 너무나 커서였다. 이와 마찬가지로 해당 지역에서 차출된 민병들도 전투로 단련된 해적과의 전투를 꺼렸다. 민병들은 아마 '싸우다 도망치면 내일 또 싸울 수 있다(捲土重來)'라는 유명한 속담에 고개를 끄덕였을 것이다. 어쨌든 해적이 자신들에게 대항할지도 모를 이들에게 던지는 메시지는 다음과 같았다. "우리의 적이라면 누구든 가만두지 않겠다."

내륙에서 해적 쫓아내기

해적을 물리치기 위해 다양한 전략과 전술이 생겨나고 시도되었다. 해적들은 바다와 육지에서 공격당했고, 지원금이나 사면을 조건으로 회유되기도 했고, 다른 해적 소탕에 역으로 투입되기도 했으며, 때때로 바다에서 멀리 떨어진 곳에 강제로 정착하기도 했다. 겉으로 보기에 가장 간단한 해결책은 해적의 수입원인 해상 무역을 줄이는 것이었다.

"해상 무역이 없으면 해적도 없다." 적어도 명나라의 두 황제는 그렇게 생각했다. 1368년 명나라 태조 주원장(연호에 맞춰 '홍무제'라고 부르기도 한다)은 '해금海禁'으로 알려진 해상 무역 금지령을 내렸다. 부황父皇 주체(영락제)의 뒤를 이어 황제가 된 주고치(홍희제)도 15세기 초에 유사한 해금령을 내렸다. 그런데 영락제는 인도양으로 대규모 원정을 일곱 차례나 보냈었다. 주고치는 심지어 부황이 만들게 했던 엄청난 대함대를 해체해 배들은 항구에서 썩게 하고, 선원들도 해고했다. 이후 일정 크기 이상의 배를 만드는 것도 금지했다. 명나라 조정의 이런 결정은 바다 너머에서 좋은 것이라고는 오지 않는다는 믿음, 중국은 자신의 넓은 국내나 광활한 아시아 내륙에서 필요한 모든 것을 얻을 수 있다는 믿음에 근거했다. 이는 유교적 신념으로 강화되기까지 했다.

그러나 명나라 조정의 조치는 해상 범죄를 줄이기는커녕 증가시키는 결과를 낳았다. 딱히 대안이 없었던 명나라 무역상들이 밀수와 해적질에 나선 것이다. 실업자가 된 대함대 선원 수천 명, 약탈을 눈감아 주거나 직접 참여하기까지 했던 해안 지역 관료와 신사 들도 해적질에 참여했다. 결국 명나라의 왜구 퇴치 정책은 왜구를 섬멸하기는커녕 급증시키는 역풍을 일으켰다. 최소한의 방어라도 가능하게 하려면 지역 민병대를 서둘러 조직해야 할 정도였다. 1567년에 이르러 대규모 군사작전과 더불어 해금 조치가 폐지되자 왜구는 섬멸되었다.[83]

해적과 싸우기 위해 모든 해상 무역을 금지하는 조치는 꽤 자급자족적인 제국이었던 명나라에도 거의 재난 수준이었다는 사실이 드러났다. 하지만 구성원 다수가 생필품을 얻기 위해 해상 무역에 의존하는 사회는 그런 극단적인 조치를 생각조차 할 수 없었다. 그래도 다른 지역에는 육지에 기반을 둔 여러 해적 대책이 있었다. 물론 명나라의 해금 정책보다는 덜 급진적이었지만 말이다.

예를 들어 지중해 연안 주민들은 고대부터 해안 방어선을 구축했다. 로마제국과 뒤따른 콘스탄티노플(동로마제국)의 정책 때문이기도 했지만, 함대를 동원해 해상 치안을 관리해 줄 대단한 제국이 없는 상황에서 위기가 닥칠 때 주민들은 자신을 지킬 수 있는 수단이 필요했다. 해적이 주기적으로 침입하자 해안 주민들은 방어할 수 없다고 생각한 곳을 버리고 내륙의 더 안전한 지역으로 이주했다.

하지만 새로운 지역도 그들이 늘 하던 어업과 소규모 해상 무역을 계속할 수 있을 정도로 바다와 가까워야 했다. 바닷가에 남은 사람들은 언덕 위에 감시탑과 관측소 같은 간단한 방어책을 구축했다. 근처에 요새도 만들어 해적선이 나타나면 주민들이 그곳으로 도망치게 했다. 1453년 오스만튀르크제국에 콘스탄티노플이 함락된 후 매우 취약해졌던 키프로스섬은 좋은 예다. 섬 주민들은 접근해오는 해적선이나 사략선을 가급적 빨리 포착하는 데 필요한 감시탑 네트워크를 구축해 해안을 방어했다.

주민 두 명이 땔감을 가지고서 [섬으로 접근하는 배가 있는지 보기 위해] 8,000미터 간격으로 보초를 섰다. 만약 그들이 어떤 걸 봤다면 그들은 가급적 많은 불을 피워야 했다. 해가 지고 난 후 무언가를 발견하면 주기도문을 여섯 번 외우는 데 걸리는 시간만큼 불을 피울 의무가 있었다.[84]

마르텔로탑(Martello Tower)으로 알려진 작은 요새도 있었다. 마르텔로탑은 15세기에 코르시카섬 사람들이 처음 건설했고, 이후 제노바인들이 전성기였던 1530~1620년에 자주 습격해오는 바르바리 코르세어와 해적들에게서 항구와 해안 마을을 방어하기 위해 지었다. 이 시설물은 단순한 구조의 육중한 요새로 폭은 12~15

영국 저지섬에 있는 마르텔로탑

미터 정도였고, 꼭대기에는 종종 무거운 대포가 설치되었다. 이후 영국군이 마르텔로탑을 방어 구조물로 채택하자 이 요새는 전 세계로 퍼져 나갔다.[85] 중국과 한국 해안에서도 왜구의 줄기찬 침입에 대항해 항구, 도시, 마을에 요새를 짓는 비슷한 방어책을 사용했다.[86] 뒤에서 자세히 살펴보겠지만, 북해에서도 카롤링거제국의 해안 주민들을 바이킹에게서 보호하기 위해 항구와 도시, 마을에 요새를 지었다.

"A furore Normannorum libera nos, Domine." 이는 "주여, 노르만인(북방인)의 분노로부터 우리를 구하소서."[87]라는 뜻이다. 이 중세 성가는 바이킹의 무자비한 진군이 유럽 본토로 깊숙이 밀려들자 두려움에 떨던 사람들이 어떤 기도를 했는지 보여 준다. 그렇다고 해서 카롤링거인들이 바이킹에 대적하기 위한 선제적 조치를 취하지도, 강력한 해안 방어선을 구축하려고 하지도 않았다는 뜻은 아니다. 실제로 샤를마뉴 대제(황제 재위 800~814년)는 바이킹의 위협을 심각하게 받아들이고 그의 긴 통치 후반기(768~814년)에 정기적으로 해안을 시찰했다. 바이킹의 공격에 대비해 북해와 대서양 연안 하구를 지킬 방어용 함대를 건조하고, 해안 요새가 관할하는 감시탑도 줄지어 지었다.[88] 800년, 《*Royal Frankish Annals*》는 이렇게 기록했다. "황제는 3월 중순 아헨 궁정에서 출발하여 갈리아 해안을 가로질렀다. 황제는 해적이 들끓는 이 바다에 맘내늘 띄웠고, 여러 곳에 경비대를 배치했다."[89] 샤를마뉴 대제의 아들이었던 경건왕 루도비쿠스(황제 재위 813~840년) 또한 함대와 해안 요새를 견고하게 유지하기 위해 노력을 기울였다. 하지만 황제들의 관심은 다른 곳으로 향했고, 그들의 방대하고 분권화된 제국에서 더 긴급한 현안이 생길 때마다 정교한 해안 방어 체계는 속절없이 무너졌다. 각지의 봉건 영주들에게 중앙의 지원 없이 해안 방어 체계를 유지하는 일은 비용이 많이 들고 부담스러웠다. 더군다나 각자 자주 불화에 휘말리면서 바다에 신경 쓸 여유가 없었다. 당연하게도 바이킹들은 여전히 그들이 원하는 대로 오갈 수 있었고, 심지어 퀼른과 트리어처럼 해안에서 떨어진 주요 도시들도 약탈하고 갈취하고 불태웠다. 834~837년에 바이킹들은 북부 라인강 삼각주에 있는 프랑크왕국 도레스타드 지역의 중요한 시설인 프리지아 항구와 무역소를 정기적으로 습격했다. 습격이 예측 가능해지다 보니 4년째 되는 해에 《*Annals of Saint-Bertin*》은 이렇게 풍자했다. "북방인들이 프리지아를 공격했다. 이 시기마다 반복되는 깜짝 공격이다."[90]

왜 바이킹을 막지 못했을까? 보통 기습은 막기 어렵다. 해적은 시간과 장소를 마음대로 고를 수 있어서 방어자들이 그들의 움직임을 예상하기가 어렵다. 하지만 이 중요한 항구가 매년 거듭 약탈당했다는 사실은 쉽게 납득하기 어렵다. 《*Annals of Saint-Bertin*》은 바이킹의 네 번째 공격 이후 루도비쿠스 황제가 시행한 공개 조사를 언급하면서 이 문제를 지적한다.

> 황실 회의를 소집한 황제는 해안 경비 임무를 위임받은 제후들을 문책했다. 심문 결과 부분적으로는 방어가 정말 불가능했지만, 다른 한편으로는 일부 신하들의 불복종 때문에 바이킹의 공격에 어떠한 저항도 할 수 없었다는 사실이 명백해졌다.[91]

경건왕 루도비쿠스 1세와 그의 아들 피핀 1세, 동프랑크의 왕 루도비쿠스 2세, 중프랑크의 왕 로타리우스 1세 사이에 오랫동안 지속된 내전으로 중앙의 통제가 해안에 미치지 못하자 바이킹들은 제 세상을 만난 듯 날뛰었다. 도레스타드가 재차 약탈당했다는 사실은 샤를마뉴 황제 시대에 조직된 카롤링거 함대가 더이상 제 기능을 하지 못했음을 시사한다. 사실 처음부터 무용지물이었을지도 모른다. 루도비쿠스 황제는 새로운 함대를 짓게 하면서 "어느 방향으로든 더 빨리 추격할 수 있도록 하라"라고 명령했지만,[92] 바이킹이 프리지아를 약탈했다는 기록이 반복되는 정황을 봐선 새 함대가 그의 아버지의 함대보다 더 나았는지는 의심스럽다.

840년 루도비쿠스 황제가 서거하자 카롤링거제국은 분열되었고, 잠재적인 후계자들은 전리품을 놓고 싸웠다. 오랫동안 내전이 지속되면서 바이킹은 조직적인 저항을 받지 않고 내륙 깊숙이 침투할 수 있었다. 바이킹에 내내 시달리던 도시와 마을 사람들은 860년대와 870년대에만 잠시 숨을 돌렸을 뿐이다. 마침내 카롤링거제국의 확고한 통치권을 얻은

'대머리왕' 카롤루스 2세 황제는 바이킹을 다루기 위해 '당근과 채찍' 정책을 썼다. 바이킹 군대가 너무 강력한 곳에서는 그들에게 재물을 제공했고, 바이킹 내부의 분열을 이용해 이 세력, 저 세력과 일시적 동맹을 맺음으로써 서로 싸우도록 이간질했다. 아울러 바이킹 함대를 차단하기 위해 센강과 루아르강을 따라 줄지어 요새를 지었고, 다리도 요새화했다.[93] 그러나 877년 황제가 죽자 다시 내전이 시작되면서 제국의 방어력은 약화되었다. 881년 바이킹 함대가 대거 돌아왔다. 그중 일부는 아헨, 쾰른, 트리어를 포함한 도시들을 공격하기 위해 라인강을 거슬러 올라갔다.[94] 다른 함대들은 프랑스 내륙을 철저히 약탈했다. 884년에 이르자 "파괴의 수준이 현대전에서나 볼 법할 정도로 참혹했다."[95] 이런 상황을 스페인에서 일어난 바이킹 습격과 비교하면 단호하고 조직적인 저항이 큰 차이를 만든다는 점을 명백하게 알 수 있다. 844년, 바이킹 약탈자들은 리스본과 카디스를 약탈하는 데 성공했지만, 코르도바토후국이 이끈 잘 정비된 이슬람 군대는 그들을 세비야에서 단호히 격퇴했다. 바이킹은 859~860년에 다시 지중해를 쳤다. 프랑스와 이탈리아 해안에서는 거의 무혈입성했으나, 스페인 해안에서는 다시 이슬람교도 민병대에 패했다. 이 일련의 바이킹 습격은 "바이킹의 가장 대담하고 가장 광범위한 지중해 침공이었지만, 정복이 목적은 아니었다. 바이킹의 목적은 약탈과 약탈물 획득이었고, 이를 달성하기 위해 빠른 속도와 기습을 주 무기로 썼다. 강한 저항에 부딪히면 그들은 미련 없이 포기하고 더 손쉬운 목표물을 찾아 떠났다."[96]

여러 사례로 보건대 해적을 수동적으로 막기만 한다거나 육지에 기반을 둔 방어 조치들로 물리치려는 시도는 명백히 성공하기가 어렵다.

해적의 위협에 직면한 사람들이 만약 탐색 목적의 습격을 호되게 받아치지 못하면, 적당한 기회를 노리려고 하는 '파괴·강탈형' 해적 공격이 기존 지역을 송두리째 흔들 대규모 습격으로 발전할 가능성이 있었다. 그러나 긴 해안선 곳곳에서 모든 맹공격을 막는 것은 불가능했다. 바이킹과 왜구는 공격할 장소와 시간을 선택할 수 있었다. 바이킹과 마찬가지로 왜구도 취약한 해안 방어선을 간단히 뚫고 양자강, 황하강, 그리고 북경과 항주를 잇는 대운하 같은 주요 수로로 침투할 수 있었다. 그들의 공격을 영구적으로 막을 방책은 찾기 어려웠다. 처음 공격을 받고 난 직후에는 즉시 서둘러 방어를 강화할 것이고, 경계 태세도 높아질 것이다. 하지만 곧 '여느 때와 같은' 태도가 만연하면서 방어 태세는 느슨해질 것이다. 기실 감시탑은 사람이 들어있어야 쓸모가 있고, 군함은 좋은 상태가 유지될 때 제 몫을 하는데, 그 둘 모두 돈을 먹는 존재였다. 또한 코르도바토후국의 조직적인 응전과 대조되는, 분열된 프랑크왕국들의 한심하리만치 비효율적인 대응 사례에서 알 수 있듯이, 내전과 정치적 분열은 방어에 도움이 되지 않았다.

바다에서 해적 쫓아내기

해상에서도 해적을 막기 위한 여러 대책이 강구되었다. 뱃사람들은 해적이 출몰하는 바다를 뚫고 항해할 때 덩치가 크고 중무장한 배를 고르곤 했다. 바이킹 족장 로근발드의 선단이 노획한 드로몬이 그 예다. 그 드로몬은 덩치가 크고 많은 인원을 수용할 수 있을 뿐 아니라, 현대의 화염방사기만큼이나 효과적인 '그리스의 불'도 갖추고 있었다. 이런 '떠다니는 요새'는 무방비한 먹잇감이 아니라 가장 집요한 부류를 제외한 거의 모든 해적과 대적할 수 있을 정도로 강한 상대였다.[97] 따라서 전열함*이 등장하기 전 모든 해상에서 뱃사람들은 가급적 큰 배를 채택함으로써 해적이 공격을 지레 포기하도록 만들었다. 일례로 15세기에는 위험하지만 고수익을 내던 알렉산드리아행과 베이루트행 무역을 보호하기 위해 베네치아 국영 조선소는 배를 3단으로 지어 올렸다. 이물과 고물에는 압도적 위용을 자랑하는 누각이 달리고, 100~150명에 달하는 병사가 탔으며, 사정거리가 450미터나 되는 대포 네 문도 실었다.[98] 비슷한 부유식 요새들이 동아시아에서도 사용되었다. 이곳 뱃사람들은 먼 바다를 다니는 대형 정크선을 선호했으며, 일부는 화염방사기와 유사한 무기를 장착하기도 했다. 북해에서도 마찬가지로 한자동맹이 사용한 대형 코그선은 무역로를 떠다니는 요새였고, 실제로 필요한 인원보다 두 배나 많은 선원이 탔다.

또 다른 방어 수단은 몸집 불리기였다. 배들은 종종 호송선단을 이루어 항해했다. 드로몬, 갈레아스, 코그선이 떼를 지어 항해하는 모습은 해적의 접근을 차단할 만했다. 이 방식은 이탈리아의 위대한 해상강국 베네치아, 피사, 제노바가 지중해를 평정하던 시대에는 표준처럼 사용됐다.[99] 물론 오늘날의 부정기 화물선처럼 자유로운 상선도 있었지만, 고가의 화물을 운반하는 배들은 정부의 관할하에 호송선단으로 움직이는 '무다Muda**' 체제에 편입되었다. 특히 동쪽의 레반트로 향하는 지중

---

*   한 줄로 늘어선 포를 측면에 탑재한 대형 범선형 군함으로, 17세기 이후 등장한다.

**   13세기에 베네치아가 만든 상선들의 호송선단. 항해 시기와 경로가 엄격히 지정되었다.

해 횡단 선박, 서쪽의 플랑드르와 앤트워프로 올라가는 대서양 항해 선박이 여기에 해당됐다. 호송선단은 제독이나 선장(Capitano)의 지휘를 받았는데, 이들은 대개 군함 여러 척을 대동해 호위를 강화했다.[100] 북해에서도 한자동맹이 호송선단을 조직해 양식형제단과 평등공유단의 약탈에 대비했다. 《명실록》에는 해적이 중국 선단을 공격했다고 적혀있다. 즉 동아시아의 바다에도 일반 군함의 호위를 받은 조직적인 선단이 있었던 듯하다. 하지만 현존 사료에는 더 자세한 내용이 나오지 않는다.

민첩하고 빠른 배를 타고 홀로 항해하는 방법도 있었다. 이런 배를 모는 선장은 호송선단에 합류하면 잃는 것이 많다는 점도 알았다. 우선 호송선단에 합류하는 배는 모든 배가 모일 때까지 기다려야 했다. 이름난 선장들은 배들이 다 모일 때까지 집결지에서 '기다려야 한다는 조항에 격렬히 반대'했다.[101] 또한 호송선단은 가장 느린 배의 속도에 맞춰야 했다. 특히 귀중품을 수송하는 정규 선단이 군함의 보호를 받든 안 받든 그 지역의 모든 해적을 끌어들였을 것이라는 정황을 고려하면 선장들은 규칙과 규정을 무시하면서 단독으로 배를 몰고 싶은 마음이 굴뚝같았을 것이다. 마지막으로 어쨌든 선단은 역풍이나 역류를 만나면 흩어질 수 있었는데, 선단에서 떨어져 나가면 해적에 붙잡힐 가능성도 높아졌다. 만약 빠른 배를 모는 선장이 선단에 합류하지 않고 홀로 항해하면서 배의 민첩함을 잘 활용한다면 해적 없는 바다를 누비며 순조롭게 항해할 수 있었다. 하지만 뱃사람들이 대처해야 하는 문제가 해적만은 아니었다. 느닷없는 폭우나 폭풍, 미지의 암초나 숨은 모래톱 때문에 부서진 배가 지난 몇 세기 동안 해적의 공격으로 잃은 배보다 더 많았다.

해적을 사냥하다

군함으로 배를 호위하는 방법은 사후 대응에 가깝다. 군함은 따로 또는 소함대를 이루어 해적에 맞설 때 효과가 더 좋았다. 작전의 성공 여부는 숫자에 달렸다. 활동 중인 해적선보다 군함이 더 많아야 했던 것이다. 드문 예외를 제외하면 늘 해적선이 군함보다 더 많았다. 여기에는 몇 가지 이유가 있다. 첫째, 모든 군함을 해적 사냥에 투입할 수는 없었다. 군함 대부분은 다른 군함과 교전하는 것을 목적으로 만들어졌다. 즉, 크고 느리고 흘수(배가 수면 아래로 잠기는 깊이)가 깊어 수심이 얕은 곳에는 진입하기 어렵다는 말이다. 예를 들면 지중해에서 활약한 대형 갈레아스나 북해의 코그선은 너무 무거워서 혼자서는 해적선과 싸울 수 없었다. 더 작고 민첩한 작은 배들이 없으면 무용지물이었다. 베네치아뿐 아니라 한자동맹도 각각 지중해와 북해, 발트해에서 뛰어난 화력을 갖춘 배와 기민하게 움직이는 배를 조합해 해적 사냥 전문 혼성 소함대를 구성하는 방식으로 해적에 맞섰다. 둘째, 해적소굴로 의심되는 한군데로 자원을 집중하고 많은 군함을 배치하면 그 외의 장소는 해군의 사각지대가 될 것이고, 해적들이 오히려 그곳에서 번성할 가능성마저 있었다. 마지막으로 해상강국은 거대 무역망을 보유했으므로 가공할 범위의 바다를 순찰해야 했고, 적국 군함이 쳐들어올세라 해안도 방어해야 했다. 따라서 전성기 때조차도 해적 사냥에 동원할 군함은 늘 부족했다.

해적 사냥에는 여러 가지가 필요했다. 운이 좋아야 했고, 해적의 은신처가 될 만한 장소도 알고 있어야 했으며, 암초, 여울, 해류, 기후, 바람 방향 등 지역의 해상 조건에도 통달해야 했다. 그리고 상당한 참을성도 요구되었다. 이와 관련해 돈 페로 니뇨의 사례를 보자. 1404년 카스티야 왕은 페로 니뇨에게 스페인과 레반트 사이에서 무역선을 마구잡이로 공격하던 카스티야 해적을 진압하는 임무를 맡겼다. 페로 니뇨가 대대적인 해적 퇴치 임무를 맡은 것은 이때가 처음이었다. 카르타헤나에 정박하던 그는 악명 높은 카스티야 해적 돈 곤잘레즈 데 모란자와 아르나이마르가 아라곤 연안에서 상선을 공격했다는 소식을 들었다.[102] 이후 몇 주 동안 페로 니뇨는 그들을 추적했지만 그들의 배를 따라잡는 데는 실패했다. 그러다 마침내 페로 니뇨는 마르세유항에서 그들을 발견했다. 마르세유에는 당시 대립교황* 베네딕토 13세가 머물고 있었다. 데 모란자와 아르나이마르는 알고 보니 베네딕토 13세와 후원 계약을 맺은 사략단이었다. 팽팽한 긴장감이 흘렀다. 결국 베네딕토 13세가 페로 니뇨와 선원들을 위해 연회를 베풀었고, 그 사이에 두 카스티야 코르세어는 도망쳤다. 코르시카섬 아니면 사르데냐섬으로 향했음이 틀림없었다. 페로 니뇨는 그들을 따라 사르데냐섬으로 갔지만, 적은 이미 사라진 뒤였다. 대신 페로 니뇨는 아라곤의 알게르항에서 다른 해적 셋을 발견했다. 세 척 모두 무장을 잘 갖추었고, 방파제로 둘러싸이는 위치에 있어 후방도 든든했다. 하지만 페로 니뇨는 그들더러 항복하라고 당당히 요구했다. 또다시 그에게 만류하는 손길이 뻗쳤다. 이번에는 알게르 지방 정부였다. 알게르 측 관계자는 "저들만이 이 지역 항구를 지켜 주고 식량도 가져다 주는 유일한 존재라오. 저들 없이는 살 수 없으니, 제발 그냥 떠나 주시오."라고 부탁했다.[103] 해적과 지역 요새의 대포들, 도시의

---

* 가톨릭교회의 내부 분열로 교황이 두 명 이상 있는 경우, 덜 적법한 교황을 가리키는 말.

민병대에 맞서 봐야 승산이 없다고 판단한 페로 니뇨의 부관들도 공격에 적극적이지 않았다. 좌절감에 휩싸인 페로 니뇨는 바르바리 해안을 따라 순찰만 하기로 했다. 현명한 선택이었다. 거기서 만나는 모든 배는 카스티야의 적이었으므로 이리저리 눈치 볼 것 없이 싸울 수 있었다.

북해에서도 해적을 물리치려는 노력이 있었다. 해상 무역 의존도가 높고, 따라서 항로 안전이 중요했던 한자동맹이 주로 해적을 공격했다. 원하기만 하면 누구든 사략단원으로 공인해 주었던 메클렌부르크 공작의 선언 이후 해적은 더 강력한 위협으로 변모했다. 해적들은 금세 대규모 함대를 이루어 활동하는 방법을 배웠고, 이전에는 엄두도 못 냈던 목표물을 공격할 수 있었다. 한 예로 1394년 여름, 300척 이상으로 이루어진 양식형제단 함대가 발트해 해역을 약탈했다. 그들이 나포에 성공한 배 중에는 다섯 척으로 구성된 영국 호송선단도 있었다.[104] 해적의 위협은 1395년 팔스테르보에서 체결된 평화조약 이후에도 지속되었으며, 발트해를 통해 러시아로 가는 한자 무역로를 심각한 위험에 빠뜨렸다. 흥미롭게도 모든 한자동맹 가입 도시가 해적 제거에 열의를 보인 것은 아니다. 단치히와 뤼베크 같은 도시들이 양식형제단의 약탈로 고통받을 때, 비스마어와 로스토크 같은 다른 도시는 해적들에게서 이익을 얻었다. 따라서 해적 사냥은 애당초 해적을 상대할 수 있을 만큼 충분히 강하다고 인정받던 도시들, 해적을 사냥함으로써 얻을 이익이 분명한 도시들이 개별적으로 조직한 프로젝트였다. 예를 들어 도르파트(현재 에스토니아의 타르투)는 몇 척뿐인 평화선만으로는 압도적인 위용을 자랑하는 각양각색의 해적선과 전투를 벌여도 승산이 없었으므로 현명하게 항구를 지켰다.[105] 그러나 도르파트보다 세력이 크고 강한 슈트랄준트는 군함 몇 척으로 해적 수백 명을 붙잡았고, 대부분을 참수했다. 뤼베크는 해적을 진압하려고 전함 20척을 건조하는 등 각고의 노력을 기울였다. 그러나 이 소규모 함대조차도 규모가 더 큰 해적함대를 상대로는 큰 성과를 거두기 어려웠다. 보통 해적함대는 배 수십 척에 인력도 무기도 풍부했다.[106] 1397년 튜턴기사단국이 나서서 지역 공동으로 '해양 방어대(Seewehr)'를 조직하자고 제의했을 때도 많은 한자동맹 도시들이 해적질에 눈 감는 편을 택해서 성사되지 않았다.

한자동맹과 해적이 같은 종류의 배를 사용한다는 사실은 가끔 혼란을 야기했다. 1396년 7월, 소규모의 한자동맹 선단이 고틀란드섬 남서쪽 말단인 호부르크곶을 막 지나치던 참이었다. 선단의 망지기는 바람이 부는 방향에서 빠르게 다가오는 정체불명의 거대한 코그선 두 척을 포착하고 소리를 질렀다. "해적이다!" 배를 움직일 인력을 제외하고는 모두 서둘러 갑옷을 입고 무기를 들었다. 저마다 칼, 장창, 네발닻(갈고리가 네 개인 닻)을 움켜쥐고 전열을 가다듬고서 전투가 시작되기를 초조하게 기다렸고, 궁수는 돛대에 매달린 장루에서 석궁을 겨눴다. 한참 다가오던 두 배는 마지막 순간에 회피기동을 했다. 마치 싸움을 피하려고 도망이라도 치려는 것 같았다. 바람의 저항을 헤치며 두 선박은 있는 힘껏 도망쳤고, 한자동맹 선단이 따라잡을 수 없을 듯했다. 선원들은 도망치는 두 배에 조롱과 욕설을 쏟아부었다. 그런데 놀랍게도 두 배 모두 속도를 줄였다. 한자동맹 선단이 이들을 거의 나란히 따라가게 되었다. 선체가 서로 닿기 직전 정체 모를 두 배에 타고 있던 선원들이 다시한 번 손을 흔들며 말했다. 자신들은 해적이 아니고, 당시 스웨덴의 핵심 도시 중 하나였던 칼마르에서 왔다고 했다. 한자동맹 선단의 지휘관은 주저했다. 어쩌면 정말 죄 없는 무역상일지도 몰랐으니까. 하지만 기다리라는 그의 명령은 너무 늦었다. 선원 중 일부는 이미 싸움을 벌일 생각으로 상대 선박에 올라서고 있었다. 한자동맹 선원들은 전투에서 금세 승리했다. 몸값을 지불할 능력이 있어 보이는 사람들은 포로로 잡혔고, 나머지 사람들은 바다로 던져졌다. 포획된 배 두 척은 낡고 벌레 먹어 쓸모없다는 평가를 받아 불태워졌다. 위대한 한자동맹 선단은 이렇게 또 다른 해적 퇴치 승전보를 올린 것일까? 딱하게도 그렇지 않았다. 정체 모를 두 배는 실제로 칼마르에서 왔고, 스웨덴의 해적 사냥선이었다는 사실이 나중에 밝혀졌다.[107]

동쪽 바다에서는 역대 중국 왕조 소속 수군이 가끔 출병해 해안과 인근 해상에 출몰하는 해적을 물리치곤 했다. 해적 진압은 명나라 영락제(재위 1402~1424년)의 치세에 범위와 규모 면에서 절정에 달했다. 1407년 악명 높은 중국 해적 진조의가 해군 제독 정화 휘하 대함대에 붙잡힌 것이 대표적이다. 정화 함대는 당시 인도양을 탐험하기 위해 파견된 첫 중국 보물선단이었다. 진조의는 중국 광동성 출신으로, 몰루카해협(옛 스리위자야제국의 소재지)의 항구도시 팔렘방을 중심으로 해적왕국을 세웠으며, 1400년 10척 가량이던 함대로 명나라 호송선단을 공격하면서 명나라 관리들의 주목을 받게 되었다. 그 이후 진조의의 해적선은 정기적으로 몰루카해협에서 상선을 약탈하고 해협 연안의 정착촌들을 급습했다. 정화 제독은 함대를 투입하기 전에 해적들의 전투력과 전투에서 사용하리라 예상되는 전술을 신중히 분석했다. 여러 크기의 함선 300여 척에 선원과 수병 2만 7,000여 명이 탑승한 명나라 함대에 심각한 도전이 되지는 않겠지만 "팔렘방 해적들은 해상 전투에서 사납게 싸우기로 명성이 자자했다. 명나라 수군이 해상 전투 시 배로 들이받는 작전을 선호한 반면, 말레이인들은 무장한 채 떼를 지어 기를 쓰고 적선으로 올라탔다."[108] 정화의 조심성은 빛을 보았다. 명나라의《태종실록》은 1407년 초에 정화가 페낭항에 정박해있던 팔렘방 해적을 찾아내고는 즉시 항복을 요구했다고 적었다. 진조의는 항복하지 않고 협상을 끌다가 공해상으로 도망치려고 출항했다. 명나라 함대 전력이 우위에 있었던 것을 생각하면 위험한 작전이었지만, 진조의에게는 아마도 다른 대안이 없었을 것이다.《태종실록》에는 정화가 사면을 제안했는지 여부가 적혀있지 않다. 이어진 전투에서 해적 5,000명 이상이 목숨을 잃었다. 진조의와 다른 두 지도자는 생포되어 쇠사슬에 묶인 채 명나라 본토로 끌려가 1407년 10월 처형당했다.[109]

해적기지 소탕하기

바다에서 해적을 사냥하는 일은 어려웠다. 사냥꾼보다 해적이 언제나 더 많았다. 하지만 다른 한 편으로 주요 해적기지, 즉 해적들이 약탈물을 팔고, 무기와 탄약과 식량을 보충하고, 배를 수리하면서 '취기 오르는 즐거운 삶'을 누릴 장소는 한정되어있었다. 따라서 개별 해적선을 노리는 대신 그들의 기지를 공격하는 편이 해적 진압 과정에서 합리적 선택이었다. 단, 공격을 감행하는 쪽이 충분히 강하고, 해적이 야기하는 위협이 대대적인 작전에 소모되는 비용을 감수할 정도로 심각한 경우라면 옳은 선택이었다. 많은 경우에 그랬듯이 해적기지 소탕 작전이 성공하려면 뜻을 같이하는 다른 나라와 연합하는 일이 중요했다. 공격할 곳이 적국 땅에 속해 있을 때도 마찬가지였다.

로마와 초기 비잔티움제국은 확실히 유리했다. 지중해 해안 전역을 손에 쥐고서 주무를 수 있었기 때문이다. 7세기 후반에 이슬람제국이 부상하자 상황은 급변했다. 이후 제해권은 줄곧 정치적 각축의 대상이었다. 이것은 해적소굴이나 실질적으로 해적들의 피난처 역할을 하던 주요 장소들을 점령하는 것이 더 어려워졌음을 의미했다. 특히 해적을 비호해준 주요 항구들을 공격하려면 보통 선박 수백 척과 병사 수만 명이 들어가는 전면전이 필요했다. 한 예로 1249년 제7차 십자군 전쟁 기간에 기독교 갤리선단이 사라센 해적들의 본거지인 이집트 도시 다미에타를 공격해 일시적으로 점령했다. 적의 병력을 정찰하기 위해 파견된 소함대가 바로 공격을 당했고, 치열한 전투가 펼쳐졌다. 영국 베네딕토회 수도사이자 연대기 작가였던 매슈 패리스는 다음과 같이 회상했다.

그리하여 우리는 그들에게 화염이 타오르는 화살을 쏘고, 돌덩이를 투석기에 담아 던졌다. … 우리는 적에게 석회가 가득 담긴 작은 병들도 던졌다. 우리 화살은 해적의 몸을 뚫었고 … 돌은 그들의 몸을 으깨었으며, 깨진 병에서 날아드는 석회가 그들의 눈을 멀게 했다.[110]

많은 해적선이 침몰했고, 사라센인 수백 명이 죽었다. 도시를 함락하는 것은 순식간이었지만, 오래가지는 못했다. 이듬해에 다미에타는 프랑스 왕 루이 9세의 몸값 일부로 이집트 맘루크왕국에 넘어갔다. 루이 9세는 알만수라 전투에서 그의 군대가 전멸하면서 패배하고 포로로 잡혀있었다. 아니나 다를까, 다미에타는 즉시 해적과 코르세어의 주요 기지로 부활했다.

오스만제국도 코르세어나 해적 들의 주요 거점을 소탕하기가 얼마나 어려운지 몸소 열심히 배워야 했다. 오스만제국의 문제는 로도스섬이었다. 로도스섬은 아나톨리아의 해안 바로 옆에 있었고, 명목상으로 비잔티움제국의 영토였지만, 1309년 8월 15일 이후로는 구호기사단의 수중에 있었다. 오스만제국이 예루살렘에서 이 완강한 적을 몰아낸 것이 겨우 20년 남짓 전이었다.[111] "새 정복자에게 훌륭한 배와 선원 들을 바친" 로도스섬 주민들의 도움을 받아 구호기사단은 십자군 원정을 바다로 확장했으며, 그들이 가진 권리를 활용해 금세 무시무시한 코르세어로 변신했다.[112] 구호기사단의 해양 순찰과 '무역 활동'은 이슬람 상선에만 나쁜 소식이 아니었다. 구호기사단의 지속적 공격은 "기독교 세력과 오스만제국 사이에 존재하는 취약한 평화조약을 위반하는 행위로 여겨졌다."[113] 1437년과 1454년에 기사단장은 로도스섬의 해역에서 코르세어와 해적의 활동을 금하겠다고 약속했지만, 상황은 달라지지 않았다. 오스만제국은 "옆구리에 박힌 지독하게 성가신 가시"를 힘으로 뽑아 버리기로 결심했다.[114]

오스만군은 로도스섬의 요새를 점령하기 위해 1480년 5월 23일 처음 공격했다. 전투는 석 달 가까이 이어지다 결국 8월 17일에 막을 내렸다. 오스만군은 배가 160척에 병력이 자그마치 7만 명에 달했다. 기사 300명과 하급기사 300명, 병사 3,000~4,000명 정도였던 구호기사단 병력을 크게 압도하는 숫자였지만, 상당히 큰 피해를 입고 철수해야만 했다. 방어선을 견고하게 구축한 기사단의 인명 손실은 겨우 몇십 명에 불과

나무 모형으로 복원한 구호기사단 갤리선

했지만, 오스만군은 병사 약 9,000명이 전사하고, 부상자도 1만 5,000명이
나 되었다. 40년 후인 1522년 6월 24일 오스만제국은 20만 병력을 이끌
고 되돌아왔다. 그런데도 수적으로 심각하게 열세인 기사단과 휘하 병력
을 마침내 굴복시키기까지 6개월이나 걸렸다. 기사단이 무자비한 포위
공격을 버티면서 보인 용맹함에 감탄한 술탄(황제) 술레이만은 살아남
은 기사들과 주민 5,000명을 해치지 않고 섬에서 내보냈다. 술탄의 병력
도 심각한 타격을 입었음을 생각하면 확실히 관대한 처분이었다.[115] 이
것이 구호기사단의 끝은 아니었다. 1530년 신성로마제국 황제 카를 5세
는 구호기사단에 몰타섬을 하사했다. 완벽한 입지 덕분에 몰타는 로도
스보다 훨씬 더 가공할 해적기지로 발전했다.[116]

북쪽 바다에서는 1395년 팔스터보 평화조약으로 발트해상에서의 전

쟁은 끝났지만, 상선들은 계속 위협을 받았다. 양식형제단은 여전히 해상 운송망을 약탈했다. 그들은 더 이상 사략선단이 아니라 그야말로 순수한 해적이었지만, 여전히 발트해 일부 지역에서는 후원을 받을 수 있었다. 여러 왕국, 공국, 항구도시 간의 정치적 분열과 끊임없는 적대감이 양식형제단에 안전한 피난처를 제공한 것이다. 더군다나 양식형제단은 전쟁이 끝나기 직전에 비스뷔시市를 포함한 고틀란드섬을 점령했고, 그 섬이 해적기지가 되면서 상황이 더욱 나빠졌다.[117] 1398년 초, 튜턴기사단국은 한자동맹과 이 사안을 두고 협의하다 합의에 이르지 못하자 행동을 개시했다. 튜턴기사단장 콘라트 폰 융깅겐은 선박 84척과 병사 5,000명, 말 400필, 튜턴 기사 50명으로 구성된 거대한 함대를 집결시켰다. 기사단군은 3월 21일 고틀란드섬에 성공적으로 상륙했다. 해적요새 세 개를 파괴한 후 비스뷔를 포위했고, 비스뷔는 재빨리 항복했다.[118] 근거지를 뺏겼다고 해서 양식형제단이 종말을 맞은 것은 아니었지만, 세력이 크게 위축된 것만은 사실이었다. 뤼베크 외교 사절단의 지원을 받게 된 튜턴기사단국은 외교로 상황을 풀어나갔고, 상황은 양식형제단에 점점 불리해졌다. 항구들, 도시국가들, 군주들은 차례차례 기사단국에 설득당했다. 과거의 위용과 대조적으로 이제 약 400명으로 줄어든 양식형제단은 재건을 도울 다른 후원자를 찾기 위해 마지막 노력을 기울였다. 하지만 잠재적인 후원자 중 한 명이었던 슈테틴(현재 슈체친)의 베르님 공작이 관심을 보이자 한자동맹은 재빨리 함대를 모아 슈테틴을 봉쇄했고, 상황은 그걸로 끝이었다. 발트해에서 모든 기지를 잃은 양식형제단은 북해로 철수해야 했다. 프리슬란트의 족장들이 처음에는 양식형제단을 즉각 지원했지만, 1400년에 한자동맹의 원정이 몇 차례 진행되자 그마저도 끊겼다. 양식형제단, 또는 그 무렵 그들의 또 다른 자칭인 '평등 공유단'은 역사 속으로 빠르게 사라져 갔다.

　동쪽 바다에도 '옆구리에 박힌 지독하게 성가신 가시' 같은 악명 높은 해적기지가 존재했다. 이들은 주로 해상 무역이 활발한 해안 지역에 자리를 삽았다. 가장 강력한 해적소굴은 쓰시마섬(대마도)이었다. 쓰시마섬은 한반도와 일본열도를 가르고 한국의 동해와 동중국해를 잇는, 폭이 102해리인 대한해협에 있다. 따라서 쓰시마섬을 지배하는 자는 해협과 인근 해안을 통과하는 해상 교통을 사실상 통째로 움켜쥘 수 있었다. 실제로 14세기 왜구는 쓰시마섬을 거점으로 삼고서 고려와 조선의 해안 마을을 무자비하게 약탈했다. 1389년(고려 창왕 1년) 조선 태조가 될 실력자 이성계는 대규모 함대를 파견해 쓰시마섬을 정벌했다. 왜구선 300척과 집 수백 채를 불태웠고, 포로로 잡혀있던 조선인 10명도 구했다.[119] 왜구는 잠시 숨을 죽이는가 싶더니, 조선 조정의 감시가 소홀해지자 다시 날뛰었다. 일본 소씨宗氏의 통제하에 쓰시마섬에서 왜구가 크게 설치자, 1419년 6월 19일 세종대왕은 군함 200척과 군사 1만 7,000명을 보내 쓰시마섬의 악명 높은 해적기지를 완전히 파괴하고 섬마저 점령했다.[120]

　한국사에서는 기해동정己亥東征으로, 일본에서는 '오에이의 침공(応永の外寇)'으로 알려진 이 작전은 처음에는 성공적이었다. 왜구선 대부분이 바다에 나가 있었기에 조선군은 섬을 쉽게 함락시켰다. 이후 이어진 토벌로 왜구 135명이 죽거나 생포당했고, 배 129척이 불탔으며, 가옥 약 2,000채가 파괴되었다. 조선군은 포로 131명과 노예 21명도 풀어주었다. 그러나 토벌이 시작되고 거의 4주만에, 원정이 끝났다고 여겨졌을

무렵, 쓰시마섬의 실질적 통치자이자 해적왕인 소 사다모리(宗貞盛)가 이끄는 민병단이 조선군을 기습했다. 일본에서 '누카다케 전쟁(糠岳戰争)'이라고 부르는 이 짧지만 격렬한 전투로 조선군은 병사 150명을 잃었으며, 더 이상의 손실을 피하기로 했다. 1419년 7월 3일 조선군은 소 사다모리와 휴전하고 섬을 떠났다. 아마도 큰 태풍이 오고 있다는 소 사다모리의 교묘한 주장을 믿었을지도 모른다.[121] 잠시 소강 상태를 보인 뒤, 왜구는 다시 날뛰었다. 결국 해적이 초래하는 재앙을 해결할 방법은 무력보다 외교였음이 드러났다. 1443년, 조선 조정은 소씨 일족에게 상당한 무역 특권을 주면서 "조선 해역에서 왜구가 날뛰지 못하게 하고, 조선 항구에서 무역하는 왜선들이 문서나 인장을 위조하지 못하게 감시하도록 했다."[122] 소씨 일가가 합법적인 무역으로 돈을 벌게 하면서 대한해협의 해상 치안과 밀수 근절 임무도 맡게 한 그 대책이야말로 지속 가능한 해결책이었다.

이쯤 되면 독자 여러분도 해적질을 영웅적 낭만주의나 모험과 짝짓지 않으리라 믿는다. 해적의 이면에는 탐욕과 불만, 그리고 둘의 조합에 신념이나 종교가 일정량 첨가되어있었다. 본질적으로 한 개인을 해적으로 만든 것은 현재 생활 여건, 해적질로 벌어들일 예상 수익, 도주 가능성 등을 꼼꼼히 따지는 합리적 선택 과정이었다. 여기에는 해적을 사회적으로 용인하거나 가능하게 해 준 환경, 즉 부패한 관리, '묻지도 따지지도 않고 환영'하는 항구, 묵인하는 정부 등도 확실히 한몫했다. 개인이나 집단 전체가 해적이 된 배경에는 종교가 크게 작용했다. 만일 주님(또는 알라)이 원하신다면 해상십자군이나 가지가 되어 바다로 나가는 것은 죄악이 아니라 신성한 의무이며, 약탈의 결과로 얻는 전리품은 그들이 보여 준 '무장한 경건함'에 따르는 신의 하사품으로 간주할 수 있었다. 이슬람의 막강한 적수였던 구호기사단이 바로 그런 사례다. 말로는 늘 순수한 종교적 열정을 표방했으나 수백 년이 흐르면서 번드르르한 수사로 전락하고 시들해져 버린 듯한 종교적 명분은, 어쨌든 수백 년 동안 코르세어들을 움직인 동력이었다.

해적행위는 종종 소설이나 영화에서 묘사되는 것처럼 '해상에서 이루어지는 선박 대 선박의 조우'에만 국한되지 않았다는 것 또한 명백하다. 바이킹과 왜구의 사례가 보여 주듯이, 대규모 습격은 종종 선박 수십 척이 등장하고, 해적 수백수천 명이 육지로 몰려와서 해안 마을과 도시를 약탈하는 형태로 이루어졌다. 정착지 공격은 다른 어떤 해적행위보다 가장 폭력적이고 잔인한 양상을 띠었다. 강간과 노략질, '살인과 약탈의 축제'[123]에서 침략자들은 마을을 뒤지고 빼앗고 불태웠으며, 주민들을 무참히 죽이고, 살아남은 이들을 노예로 삼았다. 이런 대규모 습격을 저지하려면 국가의 인력·물자 동원 능력과 의지가 필요했다. 하지만 종종 여러 이유로 그 두 가지를 확보하기가 쉽지 않았다. 첫 번째 이유는 내전이었고, 또 다른 이유는 정치 권력이 작은 공국 여러 개로 분할되었다는 점이다. 정치 권력이 이렇게 나뉘지 않았다면 저항이 한결 수월했을 것이다. 작은 국가들은 해군이 없다보니 소극적으로 방어하는 경우가 대부분이었다. 해적의 공격 대상인 국가가 필요한 해군을 동원할 수 있고 해적기지를 일소하려는 정치적 의지도 있을 때, 대개 해적에게 우호적인 해안 지역을 향한 포격과 요새를 공격하는 상륙작전으로 토벌이 절정에 달했다. 결과적으로 해안 마을은 초토화되곤 했다. 그곳 주민들이 해적을 지원한 죄가 있든 없든 마찬가지였다. 해적들의 습격 양상과 정확히 동일한 '살인과 약탈의 축제'가 벌어진 것이다.

　마지막으로 흥미로운 점은 우리가 이제까지 살펴 본 해적 중심지 세 곳, 즉 지중해와 북해, 동쪽(동아시아) 바다는 이때까지만 해도 서로 꽤 독립적으로 존재했는데도 이 세 지역 모두에서 가혹한 생활 여건, 비참한 가난, 고질적인 전쟁 같은 조건이 해적 발흥의 근본 원인으로 동일하게 작용했다는 사실이다. 몇 가지 예외도 있었다. 돈 페로 니뇨와 같은 일부 코르세어는 종종 주 무대인 지중해에서 북해까지 진출했고, 바이킹 함대도 가끔 북해에서 지중해로 진출했다. 또한 세 바다에서는 평소에는 어민이었다가 산발적으로 더 약한 배를 터는 임시직 시간제 해적부터, 지중해의 사라센인, 북쪽의 바이킹, 동쪽의 왜구와 같은 조직적인 해적 선단에 이르기까지 모든 가능한 형태의 해적들이 독자적으로 등장했다. 따라서 해적 자체는 이미 세계적 현상이었다고 주장할 수 있겠지만, 지역적인 기원을 가지고 있었다는 것도 사실이다. 이것은 다음 시기인 1500~1914년을 살펴볼 때 유념해야 하는 점이다. 이 시기 동안 우리는 해적행위, 특히 서구의 해적행위가 전 세계로 확산하는 모습을 보게 될 것이다.

제2부

대해적의 시대, 유럽 해상강국의 부상

1500년부터 1914년까지

얼큰히 취한 삶, 짧은 삶

해적이나 사략선 선원이 되는 것은 부자가 되는 것보다 목숨을 잃을 가능성이 훨씬 큰, 위험한 직업이었다는 사실을 기억하자. 털끝만큼이나마 영웅적 낭만주의나 모험심이 개입되었을 수도 있다. 하지만 해적이 되겠다고 결심하는 데는 대개 훨씬 더 평범한 '끌어당기는 요인(Pull Factor)'과 '밀어내는 요인(Push factor)'이 있었다. 이미 살펴본 바와 같이 이는 700~1500년에도 그랬고, 이 장에서 보게 될 그 이후 400년 동안에도 마찬가지다.

'끌어당기는 요인'은 분명하다. 단명하게 할 각종 위험이 있기는 해도 '떼돈을 벌지도 모른다는 희망'이었다. 물론 이 직업을 선택한 사람 중 대부분은 아마도 '검은 준남작(Black Bart)'이라는 별명을 가진 해적선장 바살러뮤 로버츠가 남긴 다음의 말에 고개를 끄덕일 것이다. "얼큰히 취한 삶, 짧은 삶. 그게 내 좌우명이다."[1] '검은 준남작'은 1682년 5월 17일 영국 웨일스의 카즈니드 바흐에서 태어나 1722년 2월 10일 가봉의 로페스곶에서 배가 난파해 사망했다. 미처 40세가 되기 전이었다. '밀어내는 요인'은 더 다양했지만, 보통 '가혹한 생활 여건'으로 요약할 수 있다. 태어날 때부터 계속된 참혹한 가난, 착취, 굴욕, 실업뿐만 아니라 전 사회를 고통으로 밀어 넣은 고질적인 전쟁도 문제였다. 지중해에서는 15세기 말과 16세기 전반에 걸쳐 무역 시스템 전체가 호황을 누렸다. 이 번영기에 많은 산업이 확장일로를 걸었고, 그 결과 장인들은 보수가 좋은 일자리를 찾아 온 유럽을 누비며 유동적인 노동력을 창출했다. 그러나 16세기 후반 동안 (크리스토퍼 콜럼버스가 1492년에 '발견'한) 신대륙의 스페인 영토에서 금과 은이 끝없이 유입되자 인플레이션이 일어나 물가가 가파르게 상승했고, 경제는 서서히 그리고 심각하게 위축됐다. 그리하여 다시 한 번 극빈층이 대거 양산되었다.[2] 절박한 시대에는 절박한 대책이 필요하다. 지중해 지역 경제가 침체하자 육지에서는 도적들이, 바다에서는 해적들이 다시 늘어났다.

비록 이유는 약간 달랐을지언정 17세기 영국 농민도 지중해 농민보다 처지가 나을 게 없었다. 봉건제하에서 농민은 소 같은 존재였다. 봉건 영주가 제멋대로 휘두르는 권력 앞에서 그들의 안위는 풍전등화와 같았다. 그러므로 농민(대개 남자였지만 가끔은 여자도)은 똑같은 질문을 두고 고민을 거듭했으리라. "이게 최선일까? 해적으로 성공하면 1년에 1,500~4,000파운드나 벌 텐데, 나는 왜 고작 1파운드를 벌자고 이렇게 고생해야 할까?[3] 법대로라면 다른 사람의 주머니에서 1파운드라도 훔치면 교수형을 당한다. 어차피 교수형을 당할 거라면 거하게 한몫 훔치는 게 낫지 않을까?"[4] 영국 농민뿐 아니라 네덜란드, 프랑스, 플랑드르, 독일 농민들도 적당히 위험을 무릅쓰고, 적당히 운이 따라 준다면 내 것이 될 수 있는 어마어마한 보물의 존재를 잘 알고 있었다. 이런 보물의 존재는 마을과 마을을 돌아다니는 이야기꾼들이 전해 주었고, 16세기 이후부터는 글을 읽을 줄 아는 소수에게 소책자나 서정가요를 팔았던 행상이 전하곤 했다. 다소 과장되었지만 이야기 속 용감한 해적들은 다이아몬드, 루비, 에메랄드, 진주 포대는 물론이요, 금과 은으로 꽉 찬 상자를 그득그득 실은 스페인, 포르투갈, 인도 보물선을 대담하게 털고 벼락부자가 되었다.[5] 심지어 해안 지역에 사는 사람들은 뱃사람들에게서 직접 이야기를 전해 듣기도 했다. 그러면 또다시 비슷한 질문이 고개를 들었다. "내가 마음을 먹고 순풍과 같은 운도 따라 준다면 일확천금이 지평선 너머에서 내 눈 앞에 펼쳐질 텐데, 왜 쥐꼬리 같은 푼돈을 벌자고 이 고생을 하는가?"

지구 반대편인 청나라에 살았던 소작농의 삶도 비참하긴 매한가지였다. 대지주의 땅을 일구던 소작농은 언제든 소작지를 뺏길 수 있었고, 소출의 극히 일부분만을 받았다. 생활비 또한 치솟았고, 인구가 급속히 증가하면서 일자리 경쟁마저 치열해졌다. 경제적으로 더이상 나빠질 게 없을 정도로 상황이 최악이었던 것이다.[6] 하루하루 생존을 위협받는 상황에서 늘 범죄의 유혹에 시달리지 않았을리 만무했다. 바닷가에 사는 사람들은 휴어기 한정이든, 가난에서 영원히 탈출할 꿈을 꾸며 전업하는 것이든 해적질을 종종 생각해 보곤 했다. 부유한 상인들이 부둣가를 활보하고, 바다를 오가는 배에서 사람들이 값나가는 화물을 싣거나 내리는 광경은 '약탈의 기회가 저기 있다'는 분명한 메시지를 주었다. 중국 해적여왕 정일수鄭一嫂가 걸어온 길이야말로 많은 저소득 노동자가 꿈꾸었던, 하루아침에 돈방석에 앉는 삶이었다. 정일수는 광동에서 성매매로 근근이 생계를 유지하다 1801년 해적단 두목 정일鄭一과 결혼했다. 정일수는 정일과 더불어 정크선 400척에 해적 4만~6만 명으로 구성된 강력한 해적 연맹을 만들었다.[7] 동시대 인물인 해적 두목 오석이烏石二도 해적이 되기 전에 좀도둑이었다. 1810년 오석이가 마침내 붙잡혔을 때, 그의 휘하에는 100척이 넘는 배가 있었다.[8]

정일수는 탐욕이나 생활 여건에 불만을 품어서가 아니라 우연히 해적이 되었던 경우다. 이런 예는 꽤 있다. 또 다른 여성 해적 앤 보니도 그랬다. 보니는 1698년 아일랜드 코크 카운티에서 태어나 '앤 코맥'이라는 이름을 받았고, 가족과 함께 카리브해로 이사 간 후 그곳에서 제임스 보니와 결혼했다. 제임스 보니는 선원이었고, 해적질에도 발을 조금 담갔지만 잘 나가지는 못했던 것 같다. "'젊은 바닷사람'이던 제임스 보니는 쓰잘데기 없던 놈으로 묘사되었다. 앤의 결혼에 격분한 아버지는 앤까지 집에서 쫓아냈다."[9]라고 전해진다. 불행의 서곡인 듯했지만, 이 결혼이야말로 앤 보니의 장래에 결정적인 영향을 끼친 사건이었다. 보니 부부는 바하마의 나소항으로 향했고, 그곳에서 앤 보니는 한층 더 잘나가는 해적을 만났다. '캘리코 잭Calico Jack'*으로 유명한 존 래컴 선장이었다. 해적 생활을 즐기던 앤 보니와 래컴 선장은 영국 국왕 조지 1세가 해적들에게 내린 사면령을 받고 일반인이 되었다. 하지만 금세 몸이 근질거렸던 래컴은 사면을 받고 얼마 뒤 다시 해적으로 돌아왔고, 이번엔 보니도 함께였다. 비슷한 시기를 살았던 매리 리드는 군함의 승조원으로 일하다 플랑드르에서 군인으로 복무하는 등 모험적인 이력을 가지고 있었다. 리드는 늘 남장을 한 것으로 유명했으며, 이후에 돈을 벌려고 서인도제도행 배에 올랐다. 영국 해적이 리드가 탄 배를 습격하자, 그녀는 곧장 해적이 되었다. 운명의 장난처럼 리드는 결국 보니와 래컴의 배에 합류했다.[10]

남부 독일 출신 제빵사였던 마르틴 빈테르게르스트도 우연이 딱딱 맞아떨어져 해적이 된 사례다. 조용함과는 거리가 먼 성격 탓에 빈테르게르스트는 떠돌이 직인**이 되어 1689년 베네치아에 도착했다. 독일인

---

* 옥양목(Calico)을 입고 다녀서 붙은 별명.
** 중세 길드에서 장인과 도제 사이의 직위를 가리킨다. 직인은 외국을 다니며 일을 배웠는데, 장인이 되려면 반드시 외국에서 수련해야 했다.

이 소유한 제빵소에서 금세 일자리를 얻었지만 일이 마음에 들지 않았던 그는, 뉘른베르크 출신 독일인이 하는 선술집으로 이직한 뒤, 그곳에서 이탈리아어를 제대로 배웠다. 하필 이때 네덜란드 사략선장의 눈에 띄었다. 선장은 자신의 배에 포 46문과 선원 180명이 있다며, 그더러 통역원으로 합류하라고 했다. 이렇게 빈테르게르스트의 찬란한 해적 생활이 막을 열었다. 빈테르게르스트는 사략선, 해적선, 군선, 상선을 두루 섭렵했고, 20년이 넘는 기간 동안 이 소속 저 소속으로 지중해 각지를 종횡무진 누볐다. 그는 북해에도 진출했으며, 마침내 네덜란드 동인도회사(VOC) 소속 무역선*을 타고 남중국해까지 항해했다. 아무튼 위험천만하게 살았던 그는 갖은 풍파를 헤쳐냈을 뿐만 아니라 심지어 고향으로 돌아와 회고록을 쓰며 말년을 보냈다. 이는 평민에겐 드문 일이었는데, 보통 회고록은 지위가 높은 사람들이 직접 쓰거나 남을 시켜 쓰게 했다.[11]

스페인 코르세어였던 알론소 데 콘트레라스도 우연이 겹쳐 해적이 된 경우다. 만약 그가 어머니의 충고를 따랐다면 마드리드에서 은 세공인이 되었을 것이다. 그러나 콘트레라스는 열너댓 살쯤 되었을 무렵에 모욕을 당하자 격분하여 상대 소년을 칼로 찔러 죽였다. 그 후 기소를 피하기 위해 스페인 보병대에 도망치듯 입대했다. 얼마 지나지 않아 콘트레라스는 팔레르모에서 카탈루냐 보병 대위의 당번병이 되었다. 자신이 속한 중대가 상륙작전에 참여하라는 명령을 받자, 콘트레라스는 시칠리아 함대의 기함에 올라 해상 전투를 난생 처음 경험했다. "나는 대위의 방패와 금세공이 된 창을 들고 그의 앞에 서있었다. 그곳에서 처음

---

* 유럽 여러 나라의 동인도회사에서 사용한 중무장 대형 범선을 통칭하는 용어.

으로 귓전을 스치는 대포알을 느꼈다."[12] 이듬해에 콘트레라스는 구호기사단 갤리선에 승선한 병사가 되어 레반트 해역을 두 차례 순항했다. 그러는 동안 항해사의 어깨너머로 배우고 또 열심히 묻기도 하며 항해술을 배웠다.[13] 그는 점차 능숙한 뱃사람으로 변모했다. 아울러 병사로 시작해 동시대에서 가장 성공한 코르세어가 되려고 노력했다.

어린 시절 고향에서 일으킨 문제 때문에 해적이 된 사람이 한 명 더 있다. 프랑스 출신 버커니어Buccaneer* 루이 르 골리프다. '외궁둥이 (Borgnefesse, 총에 맞아 한쪽 엉덩이를 잃었다)'라는 별명으로 유명한 르 골리프는 콘트레라스처럼 배경이 평범했다. 그의 부모는 아들을 신학교에 넣었지만, 르 골리프는 왕성한 성욕 때문에 금세 곤경에 처했다. 결국 성직자가 제 길이 아님을 깨달았다. 그는 이른 나이에 가족과 완전히 이별했고, 고국마저 등지고서 프랑스 서인도회사의 3년짜리 계약 노동자 (Indentured labourer)**가 되어 서인도제도의 토르투가섬으로 향했다. 그가 일하게 된 농장의 주인은 "잔인하기 이를 데 없고, 욕심도 많은 사람"[14] 이었다. 르 골리프는 그 섬에서 8개월 동안 노예처럼 일하다 결국 도망쳐 버커니어가 되었다.[15]

알렉상드르 엑스크믈랭도 계약 노동자로 일하다 우연히 버커니어의 길에 뛰어든 사례다. 엑스크믈랭은 훗날 남긴 저서에서 1666년에 포 28문을 탑재한 프랑스 배 생장Saint-Jean을 타고 서인도제도의 토르투가섬으로

---

*   프랑스어로 부카니에Boucanier, 즉 '부카(육포를 말리는 나무틀)를 사용하는 사람'에서 유래했다. 17~18세기에 카리브해에서 스페인 선박과 스페인 식민지령을 주 무대로 삼아 활동한 프랑스·영국·네덜란드 해적과 사략단을 일컫는 용어다.
** 뱃삯을 내지 않는 대신 비용을 지불한 이주지 고용주에게 일정 기간 동안 노동력을 제공하고, 그 기간이 끝나면 자유를 얻었다.

항해할 당시 겪었던 다사다난한 경험과 농장에서 노예처럼 일했던 시절을 생생히 묘사했다.[16] 다행스럽게도 잔인했던 첫 농장주는 그를 한 외과의사에게 팔았고, 의사는 엑스크믈랭을 1년간 잘 치료해 준 뒤 풀어주었다. 1669년 즈음 엑스크믈랭은 향후 거취를 결정할 때의 상황을 이렇게 적었다. "벌거벗고 빈털터리에 온갖 인간적인 욕구를 가졌는데도 어떻게 먹고 살아야 할지 모른다. 나는 창조주에 의해 처음 만들어진 아담처럼 자유롭다. 이 자유로 나는 이제 해적, '바다의 도적단'에 가담하는 걸 선택한다."[17] 간단히 얘기하자면 그는 해적이 되었다. 엑스크믈랭은 1672년까지 해적단의 일원으로 살았고, 훗날 해적 세계에 관한 가장 권위 있는 통찰로 평가받는 유명한 책 《The Buccaneers of America》를 썼다. 이 모든 사례에서 우리가 확인할 수 있는 것은, 모든 일이 우연의 일치였지만 이들 모두 해적이 될 기회를 잡았다는 것이다. 다른 사람들이라면 아마도 다른 길을 택했으리라.

선원, 신사, 상인

'바다의 도적'이 된다는 점에 종종 초보 뱃사람도 솔깃할 정도였으니, 선원은 말할 것도 없었으리라. 16세기 말 영국에서 숙달된 선원이 3개월 동안 영국 해군 군함에서 일하면 1파운드 10실링을 벌었고, 사략선에서 일하면 자그마치 15파운드 이상을 벌 수 있었다.[18] '훌륭한' 육지 기반 사회에서 소외당하는 하층민으로 전락했던 노련한 뱃사람들이 사략단과 해적단의 신병 모집에 와글와글 줄을 선 것은 당연지사다. 17세기 초 영국 해적이자 코르세어였던 존 워드의 경력을 보자. 보잘것없는 신분으로 태어난 그는 사략선원이 되기 전에 켄트 해안에서 연안어민으로 활동했다. 워드는 점점 계급이 높아져 사략선 선장 자리까지 꿰찼다. 하지만 국왕 제임스 1세가 1603년에 모든 사략선 후원을 철회하기로 결정하자, 어쩔 수 없이 영국 해군에 들어가 하급 갑판원이 되어야 했다. 좋은 날이 끝났지만(당시 그의 나이는 50세 언저리였다) 해군의 혹독한 규율에 적응하기 어려웠던 그는 기회가 보이자 바로 해적으로 전향했다. 그는 마음 맞는 선원 몇몇과 함께 포츠머스항에 정박 중이던 배 중에서 사람이 없고 바로 출항할 수 있는 바지선* 하나를 훔쳤다.[19]

서기 1500년 이전에도 그랬던 것처럼 상대적인 가난에서 벗어나기 위해 해적이 되는 일은 '하층민'에만 국한되지 않았다. 엘리자베스 1세 시대의 '신사 탐험가'들은 호화롭고 사치스러운 궁정 생활에 자금을 조달하기 위해 해적질에 꼬여 들었다. 그중 일부는 1552년경에 태어나 1618년 10월 29일에 처형당한 월터 롤리 경처럼 왕실에 진 채무에서 벗어날 길이 없었고, 다른 이들도 탐험의 성공 여부에 따라 파산과 불명예의 나락으로 떨어질지 말지 판가름 나는 위기 속에서 살았다. 롤리와 동시대 인물이었던 마틴 프로비셔 경이 후자에 해당한다.[20] 한 전기작가는 다음과 같이 통렬한 문장으로 프로비셔 경을 까발렸다. "귀족 출신이었지만 반쯤 문맹에 무뚝뚝했다. 서투르고 벌이도 변변찮았던 초기 해적 경력은 … 차라리 교수대에서 끝나는 편이 나았다."[21] 그렇지만 프로비셔 경의 힘 있는 친구들과 변호인단은 그를 빼내는 데 성공했고, 그가 아일랜드

---

* 항구 내에서나 운하에서 주로 사용하는, 밑바닥이 편평한 화물운반선.

해에서 작은 소함대를 지휘하며 해적을 진압하는 임무를 맡게 했다(후술할 '해적에서 해적 사냥꾼이 된 여러 인물' 중 실패 사례에 해당한다). 이후 프로비셔 경은 북대서양에서 캐나다를 거쳐 태평양에 이르는 북서항로를 개척하는 임무도 맡았다. 프로비셔 경은 1576~1578년에 항해를 세 차례나 했지만 북서항로를 찾는 데 실패했다. 아울러 금광석이라며 대량으로 싣고 온 화물은 쓸모없는 황철광으로 밝혀졌다. 하지만 오늘날 캐나다에서 가장 큰 섬인 배핀섬 해안을 탐험하는 성과라도 거두었으며, 이섬 남서쪽의 만 중 하나는 훗날 그의 이름을 따 '프로비셔만'이라고 명명되었다. 여하튼 이러한 과학적 성과와 1588년 스페인 무적함대에 맞서 용감히 싸운 공로(이로 인해 기사 작위도 얻었다) 덕에 돈 문제나 항로개척에서 명백히 실패한 책임도 유야무야될 수 있었다. 물론 쓸모없는 황철광과 연관된 프로비셔의 은밀한 뒷거래도 덮었다. 1540년경에 태어나 1596년 1월 28일에 바다에서 사망한 프랜시스 드레이크 경*은 이와 달리 대표적 성공 사례였다. 몇 차례 탐험에 성공함으로써 드레이크는 역사상 두 번째로 높은 수입을 올린 해적이 되었다. 그가 벌어들인 금액은 현재 돈으로 약 9,000만 파운드(1억 1,500만 달러)에 달한다.[22] 무엇보다도 그는 하층민으로 태어났지만 여러 원정을 성공적으로 이끌었기에 신분 상승이 어렵던 봉건 사회에서 출세 가도를 걸었다. '시작은 미약하나, 끝은 창대하리라(Sic parvis magna)'라는 드레이크의 좌우명은 혜성과도 같았던 그의 입신양명을 가리키는 말인 셈이다.

영국 귀족뿐 아니라 무역상들도 해적질에 연루되곤 했다. 합법적 거

---

* 엘리자베스 1세 여왕 시기 군인이자 해적. '여왕의 해적' 중 가장 유명하고, 큰 성공을 거둔 인물이다.

래와 불법적 밀수를 겸하는 해적질은 경계가 불분명했다. 적당한 기회가 주어진다면 상인은 재빨리 해적으로 변신할 수 있었다. 일례로 1592년 런던에서 바르바리 해안으로 합법적 무역 거래를 마치고 귀환하던 상선의 선장 토머스 화이트는 선원들이 거세게 반대하는데도 개의치 않고 마주 오던 대형 스페인 선박 두 척을 나포했다. 수은, 포도주, 금박 입힌 기도서와 심지어 교황 칙서가 포함된 화물은 당시 돈으로 약 2만 파운드, 현재 가치로 환산하면 260만 파운드(340만 달러) 정도의 값어치가 있었다.[23] 먹잇감이 제 발로 굴러들어온 이런 경우를 제외하고, 더 적극적인 무역상이라면 해적단을 직접 꾸리는 일에도 혹할 만했다. 엘리자베스 1세 시기로 한정하면 사략단 또는 해적단에 관심을 가졌던 사회 집단 중 가장 중요한 사람들이 상인이라 해도 과언이 아니다. 특히 그들이 해상 원정에 돈을 댔다는 점을 생각하면 더욱 그랬다.[24] 거의 같은 시기에 지구 반대편에서는 명나라의 한 관리가 상인과 해적이 사실상 같다며 탄식했다. "무역이 허용되면 해적은 상인이 된다. 무역을 금지하면 상인은 해적으로 변한다."[25]

탐욕이나 불만이 아니라 모험심 때문에 신사들이 해적질에 나서기도 했다. 스테드 보닛이 그런 인물이었다. 교양인이었고 독서를 즐겼다고 전해지는 보닛은 바베이도스섬의 부유한 지주이자 지역 민병대의 소령이었다. 평화롭고 존경받는 삶을 살던 그는 단조로운 삶이 지겨웠는지 1717년 느닷없이 해적이 되기로 결심했다. 준비는 거창했다. 적당한 배를 구입한 뒤 '리벤지revenge호'라고 명명했고, 유능한 선원들도 고용하면서 급여도 두둑이 지급했다. 하지만 안타깝게도 그에게는 해적선장의 필수 덕목 중 하나가 없었다. 보닛은 타고난 리더십이 부족했다. 그래서 그의 선원들은 곧 보닛을 버리고 '검은 수염'이라는 별명으로 더 유명한 해적선장 에드워드 티치의 밑으로 들어갔다. 티치는 "보닛이 해적 일에 문외한임을 눈치채고 부하들의 동의를 얻더니 '리처드'라는 자를 보닛의 슬루프(외돛범선)에 선장으로 밀어 넣고, 보닛을 자기 배로 데려왔다."[26] 이제 '검은 수염이 관대하게 받아준 손님' 처지로 전락한 보닛은, 현명하게도 1718년 초에 사면을 받은 뒤 해적질에서 손을 뗄 참이었다. 그런데 그는 별안간 생각을 바꾸어 '토머스 선장'이라는 가명으로 다시 바다에 돌아왔다.[27] 결론적으로 이는 아주 나쁜 결정이었다. 1718년 8월 해적 사냥꾼 윌리엄 레트 대령이 짧지만 격렬한 전투 끝에 보닛이 탄 배를 나포했다. 보닛은 전투에서 살아남았지만, 신속하게 재판받고 교수형을 당했다.

다른 사람들은 이보다 더 잘해냈다. 오늘날에는 해적 활동보다 과학에 남긴 공헌으로 더 유명한 몇몇 인물들은 성과가 꽤 좋았다. 그중 한 사람인 윌리엄 댐피어를 보자. 댐피어는 오늘날 세계 일주를 세 차례 성공시킨 최초의 탐험가이자 찰스 다윈보다 약 150년 먼저 갈라파고스제도를 방문한 박물학자로 더 유명하다. 그는 자메이카 사탕수수 농장의 감독자로 시작하여 이후 버커니어로 변신해 중·남아메리카의 스페인 식민지였던 스패니시메인Spanish Main* 해안을 따라 여러 해적 활동에 참여했다. 비록 나중에 "나는 그들과 함께 있었을 뿐 그중 한 명은 아니었다"[28]며 선을 그었지만, 사회과학에서 말하는 '비참여 관찰자'를 표방하는 댐피어의 주장은 설득력이 별로 없다. 오히려 탐험가, 수계지리학자,

---

* 아메리카 대륙의 스페인 식민지 중 카리브해의 섬 지역을 제외한 중·남아메리카 대륙 연안 지역을 부르는 이름.

박물학자라는 댐피어의 경력은 항상 해적과 얽혀있었다. 댐피어도 과학에 문외한이던 동시대인들과 크게 다르지 않았다. 약탈과 갈취의 기회가 있다면 참여를 마다하지 않았으니까. 댐피어의 해상 경력이 끝나갈 무렵이던 1709년 12월, 우즈 로저 선장의 남해 원정에서 항해사이자 도선사로 일하던 댐피어는 꿈에 그리던 보물선을 발견했다. 마닐라에서 아카풀코로 가던 스페인 갈레온Galleon선*이 그것이었다. '누에스트라세뇨라데라엔까르나시온이디센가뇨Nuestra Señora de la Encarnacion y Disengaño'**라는 이름의 이 배는 가득 실은 귀중품을 포함해 환산하면 당시 돈으로 무려 15만 파운드, 현재 돈으로 약 2,000만 파운드(약 2,600만 달러)에 달하는 가치가 있던 보물선이었다. '시작은 미약하나, 끝은 창대하리라'는 댐피어의 좌우명으로도 사용될 뻔했다. 하지만 그는 찰스 다윈이나 제임스 쿡 선장과 비견되기 어려운 만큼이나 드레이크 경과도 공통점이 많지 않았다. 댐피어는 1699~1701년에 영국 군함 로벅Roebuck함의, 1703~1704년에 세인트조지St. George함의 지휘를 맡았는데, 두 번 모두 빈약한 리더십[29]이 불러온 '비참한 실패'를 맞이했다. 스테드 보닛처럼 그도 타고난 지휘관 재목은 아니었다.

---

*   돛대 서너 개를 갖춘 대형 범선. 16~18세기에 여러 해상강국들이 중무장상선 또는 군함 등으로 널리 사용했다.
** '현현하시며 진실하신 우리의 성모 마리아'라는 뜻이다.

해적질은 불명예가 아니다

바이킹의 해적행위가 불명예와는 상관없었던 것처럼, 18~19세기 말레이 해적도 해적질을 오명으로 생각하지 않았다. 오히려 해적은 사회에서 존경받는 사람들이었고, 그중 가장 잘나가는 해적은 용맹하게 활약했기에 전사, 즉 지역 영웅으로 칭송받았다. 이런 정서는 19세기 초 조호르와 싱가포르의 통치자였던 술탄 후세인 샤(재위 1819~1824)가 선언한 문장에 잘 드러난다. "해적질은 불명예가 아니다."[30] 영국 해군의 찰스 헌터 대위가 남긴 내용에서도 비슷한 생각이 엿보인다. 그가 19세기 중반 명망 높은 이라넌Iranun[31]* 지도자 다투 라웃Datu Laut('바다의 군주'라는 뜻)에 관하여 쓴 글을 보자.

> 그가 생각하기에 그 자신은 범죄자가 아니었다. 조상 때부터 대대로 해온 일이었을 뿐이다. 사실 이라넌에게 '항해'란 가장 명예로운 일, 신사와 우두머리가 추구할 수 있는 유일한 직업이었다. 만일 그들더러 그저 더 큰 도적단일 뿐이라고 한다면 큰 모욕을 받았다고 생각할 것이다. 해적이었지만 다투 라웃은 신사였다.[32]

어떤 관점을 채택하느냐에 따라 원주민 약탈자들은 '피에 굶주린 해적'일 수도 있었고, 합법적인 통치자를 대신하여 전쟁에 나서는 '명예로운 지역 영웅'일 수도 있었다. 서양의 관점으로 보자면 이들은 명백히 해

---

* 필리핀 민다나오섬 언어 기반 민족. 18~19세기에 해적으로 악명이 높았다.

적이었다. 영국, 네덜란드, 스페인과 같은 여러 유럽 식민제국이 차지한 바다에서 해를 끼쳤기 때문이다. 하지만 해당 지역 주민의 입장에서 보자면, 유럽인들이야 말로 해적이었다. 틀렸다고 보기는 어렵다. 유럽인들은 처음에 탐험을 하는 중이며 교역을 하자면서 접근한 뒤 금세 가는 곳마다 약탈과 노략질을 일삼는 침략자로 변했다. 그 과정에서 현지 문화를 무자비하게 말살하고, 그곳에 자신들의 문화를 이식했다.[33]

해적을 '올바른 일'이라고 생각하는 과정에 종교가 강력한 동기를 제공했다. 중세 시대에는 기독교도와 이슬람교도 사이에 존재했던 '우리 대 그들' 같은 이분법이 이슬람 세력과 기독교 세력이 대립하는 모든 곳에서 사략행위를 비롯해 해상에서의 모든 약탈행위를 정당화했다. 이후 유럽 여러 나라들이 부상해 세계를 지배하게 된 뒤에도 이러한 이분법은 여전히 존재했다. 새롭게 등장한 이분법은 종교 개혁이 시작하면서 생겨난 기독교 내부의 양자 대립이었다. 구체적으로 보자면 엘리자베스 1세 여왕 시대에 해상 정벌은 "애국적인" 신교주의와 빠르게 연계되었다.[34] 이는 적이었던 스페인 사람들이 구교도(가톨릭신자)들이자 '교황 옹호자(Papist)*'였기 때문이다. 프랜시스 드레이크 경은 확실히 스페인 사람들을 정말로 증오했다.[35] 한편 스페인 사람들의 눈에는 드레이크 경이 해적이자 영국의 '루터교 이단자'였다. 스페인과 가톨릭이라면 치를 떠는 드레이크 경의 끈질긴 혐오와 탁월한 해상 전투 능력이 결합하면서 사람들이 그를 "용맹하고 자그마한 영국"을 위해 싸우는 전형적인 개신교 영웅으로 묘사하기에 이르렀다. 드레이크 경은 스페인이라는 골리앗에

---

*   가톨릭신자를 가리키는 혐오 표현이다.

맞서는 바다의 다윗이었던 셈이다.[36] 드레이크 경 전기의 첫 작가였던 새뮤얼 존슨은 1681년에 확실히 그렇게 묘사했다. 해적이 되는 것은 심지어 자신이 속한 사회에서 경건하고 독실한 구성원이라는 명성을 얻게 할 수도 있었다.

하지만 반대의 경우도 성립했다. 17세기 영국처럼 신앙심이 강한 사회에서 '적(타자)'의 편에 서서 해적이 되겠다고 자기 종교를 배신하고, 더 나아가 조국마저 등지는 행위는 두말할 것 없이 가장 배덕한 짓이었다. 실제로 영국 코르세어 중 일부는 알제, 트리폴리, 튀니스를 다스리는 이슬람 통치자와 계약을 맺고 지중해에서 상선들을 공격했다. 그 배들 중에는 영국 배도 있었다. 이는 선을 크게 넘는 행동이었다. 그들이 나쁜 짓을 해서가 아니라 잘못된 대상을 위해서 일했기 때문이다. 동시대인들에 따르면, 결국 그들은 구교도와 신교도를 막론한 모든 기독교도의 '공공의 적'이었던 이슬람 세력을 위해 싸웠고, 종종 영국의 철천지원수이기도 했다. 이런 '배교자 해적'은 경감 사유가 없었고, 감히 귀향을 결심하더라도 사면을 받지 못하는 경우가 많았다.[37] 코르세어이자 배교자였던 존 워드도 1608년 이슬람으로 개종하면서 '대해적'이라는 악명을 확보했다. 이런 이유로 워드는 엄청난 금액을 기꺼이 바치려고 했는데도 국왕 제임스 1세에게서 사면을 받지 못했다.

순수한 종교적 열정이 존재하기는 했다. 하지만 앞서 말한 여러 갈등을 종교만으로 해석하는 것은 지나치게 단순하다. 강력한 경제적 동기 또한 중요한 역할을 했다. 그리고 좁힐 수 없어 보이는 종교적 거리는 정치적 동맹 관계에 따라 필요하다면 아무렇지도 않게 좁혀졌다. 필요에 따라 종교와 국적을 유연하게 다루는 태도는 알제, 트리폴리, 튀니스 등 바르바리 연안에 있던 이슬람군주국들의 관행에서 뚜렷이 나타난다. 이 군주국들은 멀리 떨어진 오스만제국의 이곳저곳에서 유입된 기독교·유대교 배교자들을 받아들였을 뿐 아니라, 외지에서도 꾸준히 코르세어 선장을 고용해왔다. 그들이 이슬람으로 개종하지 않아도 개의치 않았다. 바르바리 해안의 사략단을 일컫는 '바르바리 코르세어'는 일반적으로 이슬람교 신자가 이교도(기독교도)를 상대로 벌이는 '바다의 지하드'라 일컬어졌으므로, 이교도에게 하청을 주는 관행은 더욱 기막혀 보인다. 존 워드는 드문 사례가 아니었다. 1660년 알제에서 활동한 코르세어 22명 중 16명이 기독교 배교자였다.[38] 지중해에서의 해적행위는 "뒤죽박죽인 정체성의 가장 특이한 사례 일부를 보여 준다. 멀리 스코틀랜드와 잉글랜드에서 온 코르세어들이 외견상으로나마 이슬람으로 개종한 뒤 자신들의 고국에서 온 배를 먹잇감으로 삼았다."[39] 종교적으로 경건한 척하던 지중해 코르세어를 움직인 주 동력은 탐욕이었다. 그렇지만 이러한 사략행위를 종교적 행위로 규정하고, 그에 따라 정치적·경제적 이해관계를 '선과 악의 초월적 투쟁'으로 격상시키는 것은 통치자들이 도덕적 우위를 쉽게 점할 수 있도록 큰 도움을 주었다. 그렇게 하면 적을 비난하면서 자신의 행위는 방어하기 쉬웠다.

식민주의와 제국주의가 가동되자 다른 요소도 추가되었다. 기독교를 믿던 식민주의자들은 자신들이 곧 정복할 원주민들이 '후진적'이고 '문명화되지 않은' 사람들이며, 이에 반해 자신들은 '근대적'이고 '문명화'되었다고 생각하는 문화적 우월감에 젖었다. 따라서 당대의 서구 자료들을 검토할 때는 주의가 필요하다. 그러한 자료의 작성자들은 종종 종교를 '타자화' 과정의 한 요소로 간주하며, 아울러 서구 식민주의자들의 정복과 통치를 정당화하는 데 이용하려고 종교를 지나치게 강조했다. 앞서 보았던 '우리(정직한 유럽 무역상들)' 대 '그들(피에 굶주리고 야만적인 말레이 해적들)'이라는 서사가 그러하다. 이런 관점은 조지프 콘래드의 소설 《구조》[40]에서도 나타났다. "콘래드는 이슬람교도의 종교적 열정과 광신을 과도하게 강조해 부정적인 이미지를 덧씌움으로써, '이라넌'을 한층 더 위험한 존재로 인식시켰다. 호전적인 이슬람 세계가 서구의 발전에 직면해 상호 적대감을 지속하고 강화하는 것으로 그렸기 때문이다."[41] 이라넌을 그런 식으로 묘사하면 그들을 해적으로 정형화하기도 쉬웠다. 그 결과 원래 말레이제도의 소위 '해적'이라 불리는 자들 중 많은 이들이 실제로 통치자를 대리하는 지방관의 자격을 가졌음에도 그들을 적법한 대표로 대우하지 않았던 것이다. 1970년대까지 《옥스퍼드 영어 사전》에 등장했던 다음과 같은 '해적'의 정의는 '우리(문명화) 대 그들(문명되지 않은)' 식의 편견을 명확하게 보여 준다. 여기에서 해적행위는 "문명화된 국가로부터 위임을 받지 않은 사람들에 의한, 바다나 운항이 가능한 하천 위에서 또는 배를 타고 와 육지에 내린 후 일어나는 [갈취와] 약탈"로 정의되었다.[42] 이 자격 사항 때문에 영국계 튀니지 코르세어 존 워드와 같이 비서구 국가에서 보수를 받는 서양 항해자, 그리고 인도 해적(해군 제독) 칸호지 앙그레(174쪽의 10번째 줄을 보라)와 같은 비서구 항해자는 해적과 범죄자로 간주되었다. 하지만 해당 지역에서 그들은 사략선 선장이나 해군 장교와 다를 바 없었다.

손쉬운 돈벌이의 유혹

해적이 정말로 창궐하려면, 즉 큰 수익을 보장하는 사업으로 성장해 무역상이나 귀족까지 혹할 정도가 되려면, 사회 전반적으로 해적을 용인하는 분위기 그 이상이 필요했다. 해적 사업이 번창하기 위해서는 국가까지는 아니더라도 부패한 관리의 '협조'가 필수적이었다. 우리는 중세 시대에서도 이런 현상을 확인했다. 하지만 중세와 달리 이 시기에는 스페인, 포르투갈, 영국, 네덜란드, 프랑스 등 여러 식민제국(열강)이 급속히 팽창하고 있었으므로 반半공식적 묵인이 더 쉽게 일어났다. 이유는 주로 두 가지였다. 첫째, 약탈물의 값어치가 어마어마했다. 갑판에 금, 은, 보석, 비단, 향료가 산더미처럼 쌓인 스페인이나 포르투갈 선박이라든지, 인도와 홍해를 오가는 메카 순례 보물선, 동중국해나 남중국해의 중국 정크선을 상상해 보라. 둘째, 제국 본토가 식민지 주변부에서 너무 멀리 떨어져있었다는 점이다. 먼바다에서 얻을 수 있는 귀중품은 북쪽 바다에 흔한 생선, 생햄, 포도주, 설탕 같은 약탈물과는 천양지차였다. 심지어 엘리자베스 1세도 우리가 이제 살펴볼 '손쉬운 돈벌이의 유혹'에 굴복했다. 하물며 그 아래 공직자들은 말해 무엇하랴. 또한 영국 관료들만 이랬던 것도 아니다. 네덜란드·프랑스 관리들은 뇌물 받는 데 도가 텄고, 많은 스페인·포르투갈 관리들은 식민지에서 부자가 되어 본국으로 돌아갔다. 하급 관리들은 상관이 뒤를 얼마나 봐 주느냐에 따라 크게 재미를 보기도 했다. 하지만 뒷배인 상관이 갑자기 왕실의 신임을 잃는다든가 하는 여러 이유로 더 이상 꿀을 빨지 못할 수도 있었다. 식민지 총독과 같은 고위 관리에게는 해적의 약탈품을 한 뭉텅이 챙겨 부를 쌓는 일쯤은 어린아이 장난과 같았다. 권력의 중심부에서 식민지(주변부)들까지의 거리가 너무 멀었고 연락망도 부실했다는 점은 그들에게 유리한 조건이었다. 런던, 파리, 마드리드, 리스본, 헤이그와 같은 멀리 떨어진 수도에서 온 행정명령과 식민지 관리들이 실제로 한 일 사이에는 엄청난 괴리가 있었다.

지역 관리들이 무슨 선택을 하고 어떤 태도를 보이는지가 해적업 종사자의 주요 관심사였다. 지역 정부가 해적에게 호의적이면 해적업은 호황을 맞이했다. 부임한 지역 관리가 해적질과 관련해 나름의 음습한 역할을 맡는 이유는 다양했다. 개인적인 욕심으로만 치부하기가 어려울 정도다. 태만한 자라면 자기 관할 구역 안에서 무슨 일이 일어나는지 개의치 않았다. 하지만 많은 지역 관리는 멀리 떨어진 중앙정부의 분노보다 해적의 실질적인 위협을 더 경계했다. 지역 관리들이 동원할 수 있는 정

헨리 모건 선장의 1671년 파나마 습격

규군이나 민병대, 군함 같은 군사력은 보통 모자랐고(아예 전무한 곳도 있었다), 때로는 그 지역 해적과 대적하기에도 턱없이 부족했다. 그들에게 상황은 '은 아니면 총알(Plata o plomo)'이었다. 돈을 받든지, 총알받이가 되든지 선택해야 했다. 게다가 외딴 식민지의 많은 총독들은 전직 해적이었다. 일례로 헨리 모건 경은 자신의 화려하고 다채로운 버커니어 경력을 17세기 후반 자메이카 부총독 신분으로 마무리했다.[43] 해적이었다가 해적 사냥꾼이 된 이런 지방관들은 대개 자신의 전 동료들에게 묻지도 따지지도 않고 기꺼이 사략 허가장을 발급해 주었다. 수수료만 받을 수 있다면 누구든 상관없었다. 히스파니올라섬에 있던 프랑스령 프티고아브의 총독은 "마음에 드는 누구에게든 줄 수 있는"[44] 백지 허가장을 측근인 선장들에게 뿌리는 버릇이 있었다. 당시 덴마크령 서인도제도 총독은 일설에 따르면 휘황찬란한 '사략 허가장'을 발급했다지만, 사실 그 허가장은 히스파니올라섬의 염소와 돼지를 사냥할 수 있는 허가증이었다고 한다.[45]

심지어 유럽 열강 통치자들의 지척에 있던 북해에서도 작은 해안공국을 다스리던 지방 총독이나 봉건 영주들은 효력이 석연찮은 허가장을 발급하여 뒷돈을 벌었다. 사학자 버지니아 런스퍼드포에 따르면 아일랜드 남부 오먼드 지역의 공작 '그레이브Grave'가 1649년 네덜란드 사략선장 얀 코르넬리스존 크놀러에게 발행한 문서가 그 예다. 크놀러는 네덜란드의 사략단 소속이었으므로 그가 공격하고 나포할 수 있는 배는 네덜란드 적국 소유로 한정되었다. 하지만 오먼드 공작의 허가증으로 크놀러는 네덜란드의 제일란트 해안을 오가는 선박을 공격할 권한을 얻었고,[46] 실제로 즉각 공격에 착수해 로테르담에서 온 배 한 척을 덮치고 나포했다. 꼬치꼬치 캐묻지 않는 다른 고객과 새로운 사략 계약을 맺어 상황을 유리하게 만든 사략단장은 크놀러 말고도 많았다. 허가증을 많이 가지고 있을수록 합법적으로 공격할 수 있는 배도 많아졌다. 더욱이 해적들도 법적 세부 조항에 나름 관심을 기울이기는 했지만, 해적과 사략단 들은 대부분 문맹이었던지라 허가증에 적힌 조건과 제한 사항을 읽을 수 없었다. 이것이 프티고아브의 덴마크인 총독이 쓸모도 없는 사냥 허가증을 그렇듯 신나게 팔 수 있었던 배경이다. 심지어 히스파니올라섬은 덴마크인 총독의 관할도 아니었다. 글을 모르는 고객들은 문서의 화려한 외양만 보고 사략 허가장으로 착각했다.[47]

엉터리 허가증을 남발할 능력도 없는 일부 관리들은 해적에게서 확실한 이익을 얻기 위해 보다 명백한 수법으로 선을 넘었다. 부패가 만연한 당시 시대상을 고려하면 놀라울 것도 없다. 이들은 대개 해적들을 직접 돕고 부추겼다. 현대 법률용어로 말하자면 '방조죄'를 저지른 셈이다. 17세기 아일랜드 볼티모어항의 치안판사이자 최고 책임자였던, 이름도 적절한 토머스 크룩Thomas Crook*은 해적선에 공공연히 식량 등 보급품을 제공했고, 심지어 해적선원들을 집으로 초대해 대접하기도 했다. 이 광경을 목격한 다른 항구 주민들은 자신들도 내키는 대로 해적과 거래할 권리가 있다고 생각했을 것이다.[48] 이 경우에도 다른 많은 사례와 마찬가지로 해적과 조력자는 사회에서 환영받았으며, 이는 사람들이 해적을 완전히 정상적이고 정직한 직업을 가진 자들로까지 보았다는 사실을 증언한다. 심지어 자기 지역 사안에 간섭하는, 외부인이나 마찬가지

---

* 크룩Crook에는 '범죄자'라는 뜻이 있다.

인 군주나 정부를 섬기는 일보다 더 낫다고 생각했을 수도 있다. 제임스 1세의 해적 사냥꾼이 되기 전에도 잘나가는 해적이었던 헨리 메인웨어링 경은 아일랜드를 심지어 "해적 양성소이자 저장소"라고 불렀다.[49] 동시대인이자 1622~1629년에 아일랜드 부총독이었던 헨리 케리 포클랜드 경은 해적들이 아일랜드 해안을 선호하는 이유는 "식량 등 보급품 조달 비용이 훨씬 저렴했고, 조수 간만 차가 심하지 않은 데다 수로가 까다롭지도 않은데, 입구가 트여있어 바다로 나가기도 육지 쪽으로 들어오기도 쉬웠기 때문"이라고 말했다.[50]

해적항 港

다른 지역에도 비슷한 역할을 하는 항구가 많았다. 지중해 바르바리 해안의 항구도시인 알제, 트리폴리, 튀니스의 시민들은 번영을 누리기 위해서만이 아니라 도시의 독립적 생존을 위해 해적과 사략단에 의존했다. 대서양에서 스페인과 포르투갈 선박을 약탈하던 영국 해적들에게 반독립적인 모로코 항구인 라마모라(현재 메흐디아)와 살레는 약탈물을 처분하기 좋고, 배를 수리하거나 보급을 받기도 좋은 완벽한 해적기지였다. 대서양 건너편에서는 찰스턴이나 필라델피아, 뉴욕 같은 북미 항구가 해적에게 안전한 피난처를 제공했다. '캡틴 키드'로 유명한 윌리엄 키드*와 같은 카리브해의 '진짜' 해적들은 이 항구들을 작전기지이자 약탈

---

* 17세기 영국 해적. 인도양에서 해적을 진압하다가 자신도 해적이 되었다.

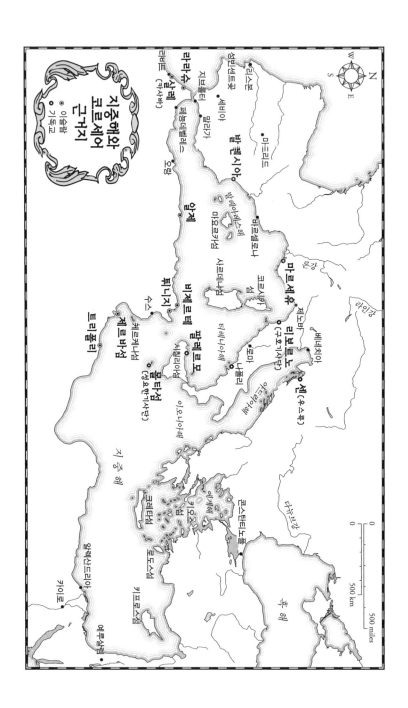

물 처분 장소로 애용했다.

자메이카의 포르루아얄은 역사상 가장 유명한 해적항이며, 그래서 온갖 해적 이야기와 영화, 컴퓨터게임의 배경이 되는 곳이다. 1655년 건설된 후 1692년 대지진으로 무너질 때까지 40년도 안 되는 기간 동안 포르루아얄은 현대판 소돔과 고모라, 즉 "세계에서 가장 타락한 도시"[51]로 위세를 떨쳤다. 독실한 동시대 기독교도들은 포르루아얄의 붕괴를 가르키며 "그곳에서 벌어진 죄를 주님께서 벌하신 것"이라고 주장할 듯하다. 포르루아얄은 카리브해와 중앙아메리카의 스페인 정착촌 그리고 보물을 운반하는 스페인 선단이 오가는 뱃길에 인접해서 해적과 사략단에 더할 나위 없는 곳이었다. 수수료만 내면 항구 지사가 누구에게든 묻지도 따지지도 않고 사략 허가증을 발급했기 때문에 면허가 있든 없든 온갖 프리부터들이 더욱더 이곳으로 몰려들었다.[52] 당연하게도 이로써 많은 사략단이 자연스레 포르루아얄을 자신들의 근거지로 삼았다. 1670년에는 포르루아얄에서 사략선장 20명이 선원 2만 명[53]을 거느리고서 활동했고, 허가증 없는 수많은 해적선은 한층 더 뒤가 구린 거래를 하면서 항구를 드나들었다. 약탈물을 이용한 상거래가 성행하고 돈이 흘러넘치자 포르루아얄 주민들은 주로 해적의 필요에 부응하는 일로 먹고 살았다. 해적선의 무기고를 보충해 줄 무기 상인들과 갑옷 상인들, 배의 창고를 다시 채울 술장수들 등이 상시 대기 중이었으며, 노련한 조선공 및 뱃일과 관련된 각종 장인이 너덜너덜해진 배를 척척 고쳐 다음 원정을 대비했다. 게다가 이 모든 서비스는 터무니없이 비싸서 해적의 약탈품을 신속히 현금으로 바꿔 주는 장물아비들도 등장했다. 그렇게 바뀐 현금은 곧장 항구에 널린 여관, 선술집, 도박장, 사창가의 금고로 흘러

들어갔다.

해적 친화적인 항구는 해적이 창궐한 다른 모든 해역에도 존재했다. 16~19세기 중국과 일본 연안에는 해적과 관련된 일로 생계를 유지하는 마을이 많았다. 특히 해상 무역이 공식적으로 금지되었던 시절에는 더 심했다. 예를 들면 복건성과 절강성 해안의 마을들은 지역 해적에게 필요한 모든 것들을 제공했다. 심지어 탄환, 화약, 총, 칼, 갑주 등을 생산·공급하는 등 적극적으로 해적들을 보조하며 살았다.[54] 광동성에서도 특히 주강 하구의 많은 도시와 마을이 해적들에게 안전한 피난처를 제공하는 등 비슷한 역할을 했다. 심지어 이 지역은 핵심 항구도시인 광주로 가는 길목이었기 때문에 방어시설이 튼튼했고 관군 또한 많았는데도 말이다.[55] 많은 주민이 적당한 기회가 생기거나 어업만으로는 입에 풀칠하기가 힘들 때 적어도 가끔 해적질에 나섰다. 일본에는 규슈섬이 이와 비슷했다. 규슈섬의 다이묘들은 해적을 두 팔 벌려 환영했을 뿐 아니라[56] 해상 무역을 지키기 위해 그들을 고용했다. 규슈섬과 혼슈섬 사이의 세토 내해 항구들은 일본 출신뿐 아니라 중국 해적단과도 거래했고, 수출입 금지품을 밀무역하며 큰돈을 벌었다. 주로 유황을 수출하고 초석을 수입했는데, 특히 초석은 고급 화약의 재료였기에 다이묘들과 휘하 무사들에게 꼭 필요한 물품이었다.[57]

남중국해에서는 술루군도의 홀로섬이 해적 소굴로 악명이 자자했다. 술루술탄국의 수도이자 주요 항구였던 홀로섬은 무기와 탄약뿐 아니라 수출입 금지품을 거래하는 중개소 역할도 했다. 항만의 공무원들은 해적들에게 값을 매길 수 없는 고급 정보도 전달했다. 지역의 전반적인 운항 정보는 물론이고 16세기 후반부터 이 지역에 자리를 잡은 식민지 보유 국가인 스페인과 네덜란드, 영국 해군이 해적 진압을 위해 이따금 실시하던 순찰 관련 정보도 누설했다. 게다가 홀로섬에서는 지역에서 가장 큰 노예시장도 열렸다. 필리핀에서 시암(태국)에 이르는 남중국해 연안의 여러 지역에서 납치된 사람들이 이곳에서 매매되거나 몸값이 올 때까지 붙잡혀있었다.

서쪽에서는 싱가포르와 인근의 리아우제도가 비슷한 역할을 했다. 1836년 리아우제도의 갈랑섬[58]에 포로로 잡혀있었던 영국인 관찰자들 및 말레이 상인들(적어도 한 명)의 목격담에 따르면 어떤 '물품'이 거래되었는지는 의심의 여지가 없다. 대부분 무기, 탄약이나 노예, 그리고 노략질로 획득한 물품들이었다. 경작과 농업을 한 흔적이 전혀 관찰되지 않았으므로 영국인 관찰자들은 섬 인구 4,000명 중 남성들이 모두 전업 해적이라고 결론을 내렸다.[59]

싱가포르와 리아우제도는 영국과 네덜란드의 제국주의가 대립하는, 소속이 불분명한 회색지대였다. 이것이 해적에게는 유리한 환경이었다. 스페인, 네덜란드, 영국이 각축을 벌인 홀로섬도 사정이 비슷했다. 어떤 의미에서 이런 곳의 해적들은 제국주의 열강들의 식민주의가 낳은 균열, 즉 상호 불신과 연합순찰의 부재가 만든 틈새에 숨어서 존재했다.

하지만 규모나 유명세를 고려할 때 동쪽 바다에서 포르루아얄과 비견할 만한 해적소굴은 한 곳밖에 없었다. 바로 마카오항이다. 홍콩 근처의 주강 하구에 있는 반도인 마카오는 1557년 이래 포르투갈이 점유했고, 중국·일본과의 무역에서 중요한 기지 역할을 했다. 이 항구가 그토록 중요한 해적소굴이 될 수 있었던 이유는 다음과 같이 독특하게 합의된 관할권 때문이었다. 실질적으로는 포르투갈의 관할지였지만, 마카오

항과 중국인 거주민들은 여전히 중국법의 지배를 받았다. 포르투갈인들이 애초에 마카오를 정복하지 않았고, 처음에는 명나라 그리고 이후에는 청나라에서 임대했을 뿐이기 때문이다. 더군다나 포르투갈인들은 수도 적었다. 1640년에 마카오 인구 2만 6,000명 중 1,200명만이 포르투갈인이었다.[60] 마침 포르투갈인 항구 관리들의 주요 관심사는 자신들의 사적 무역이었으므로 항구에 있기 마련인 고질적 범죄를 줄이는 노력만 했으며, 그마저도 대충했다. 이것이 범죄자들에게 마카오가 더욱 매력적이었던 이유다. 독특한 이중 체제와 포르투갈 사법 당국의 적당주의 때문에, 그리고 범죄자들은 포르투갈 정부에 처벌받을 상황에 부닥치면 중국 본토로 건너가든지 란터우 같은 인근 섬으로 도망치면 그만이었기 때문에, 마카오는 '동쪽 바다의 포르루아얄'이라는 지위를 군혔다. 카리브해 지역처럼 마카오에도 여관, 선술집, 사창가, 도박장이 있었을 뿐 아니라 아편굴도 있었다(포르루아얄에는 아편굴이 없었다. 해적들은 마약보다 럼주 그리고 럼주에 물을 섞은 그로그Grog를 더 좋아했다[61]). 당연히 '묻지마 시장'도 있었다. 해적들은 그곳에서 훔친 물건을 팔아 무기와 탄약을 샀으며, 항행 정보를 얻고, 새 선원도 구했다.[62] 게다가 마카오는 해적 두목 정일수가 이끄는 해적단 같은 대형 해적연합이 버젓이 '세무국'[63]을 운영하던 곳 중 하나였다. 세무국은 해적단이 자신들의 '구역'을 항해하는 뱃사람들에게서 보호금을 징수하고, 운이 나빠서 잡힌 부유한 이들의 친척들이 몸값을 들고 찾아오는 곳이었다.[64]

해적여왕과 신하들

하지만 다양한 제국이나 그 제국이 보유했던 전 세계의 항구들에서 하급 관리들이 해적질을 눈감아주고 뒷돈을 착복했기 때문에 해적이 판쳤다고 보는 것은 지나치게 단순한 시각이다. 제1부에서 살펴본 기간에 그랬던 것처럼 국가는 필요하다면 해적행위를 묵인하기까지 했다. 이런 이유로 고위 귀족들조차 해적질이나 사략을 종용받는다고 느꼈다. 프랜시스 드레이크 선장이 1577년부터 1580년까지 세계 일주를 하고 영국에 돌아왔을 때 엘리자베스 1세 여왕이 보였던 태도가 좋은 예다. 드레이크 선장은 세계를 일주하는 동안 스페인 보물선 몇 척을 사로잡았다. 여왕은 드레이크 선장이 바친 전리품이 "한 해 동안 거둬들인 세금과 왕실 영지에서 나오는 수입을 합친 것에 맞먹거나 상회할 정도"[65]라는 것을 보고받자 드레이크 선장을 '여왕의 해적'이라 부르며 환대했다. 이에 따라 드레이크 선장이 적법한 허가 없이 했던 이전의 다른 활동까지 소급하여 승인해 주었다. 이 문제적 조치를 두고 당시 베네치아 대사는 다음과 같이 통렬하게 비판했다.

> 엘리자베스 여왕 시대에 영국인들이 큰 부자가 되었다는 소문이 자자하다. 스페인과의 전쟁이 단연 일등공신이다. 모든 사람이 사략 허가를 받았으며, 사략선은 스페인 배뿐 아니라 다른 나라의 배들도 아무렇지 않게 약탈했다. 그들은 줄지어 들어오는 전리품으로 부를 쌓았다.[66]

몇몇 역사가는 이 베네치아 대사와 뜻을 같이한다. 그들은 엘리자베스 여왕 치세에 영국이 '해적이 많은 국가'에서 '해적국가'로, 심지어 '해적정치(Piratocracy)를 하는 국가'로 변했고, 엘리자베스 여왕은 '해적여왕'이 되어 이 상황을 이끌었다고 주장한다.[67]

물론 성공한 해적들을 편들었던 여왕에게 선택권이 많았던 것은 아니다. 엘리자베스 1세가 1558년 11월 17일 왕위에 올랐을 때 유명한 선대왕들(헨리 8세, 에드워드 6세, 메리 1세)의 흥청망청으로 국고는 텅 비어 있었다. 다만 순전히 운과 시의적절함에 따라 여왕의 '신사 모험가들'의 운명이 크게 바뀌었다는 사실도 강조해야 할 듯하다. '국가의 허가'를 받은 사략선 선장이 바다에 나가 있는 동안 국내 정치 판도가 언제든 그에게 불리한 쪽으로 변할 수 있었다. 제아무리 엄청난 전리품을 손에 쥐었더라도 정치적 환경이 불분명한 상황에서 국내로 들어오는 것은 큰 도박이었다. 누군가에게는 군주의 총애가, 다른 누군가에게는 교수대가 기다리고 있었다. 프랜시스 드레이크는 항상 옳았다. 정치적으로 대세인 쪽을 확인한 후 궁정에 신중하게 등장하는 센스를 발휘했기 때문이다. 하지만 궁정에서 주류 세력이 교체되고 암투가 한창이던 때에 잘못 등장해 결국 '해적'이라는 죄명으로 교수형이나 참수형을 당한 희생양들도 있었다. 드레이크와 같은 시대를 살았던 월터 롤리가 그런 경우였다. 드레이크와는 달리 롤리는 정치 감각이 없었고, 큰돈을 벌긴커녕 늘 파산 위기에 시달렸다. 성격이 매력적인 것도 아니어서 궁정에 그를 비호하는 세력이 없었다.[68] 아니나 다를까 엘리자베스 1세는 롤리를 런던탑에 감금했고(여왕의 허락 없이 궁녀와 결혼한 죄로 1592년 6월부터 8월까지 두 달 동안만 있었다), 다음 왕이었던 제임스 1세도 그에게 반역음모죄를 물어 1603년에서 1616년까지 13년 동안 런던탑에 집어넣었다. 이 죄명은 보통 사형 판결을 받는다. 롤리는 1618년 10월 29일 런던 주재 스페인 대사 곤도마르 백작의 요구로 마침내 참수되었다. 곤도마르 백작은 롤리가 1617~1618년에 황금도시 엘도라도를 찾기 위한 두 번째 원정 중 남아메리카의 산토토메데가이아나Santo Tome de Guyana를 포함한 스페인 정착촌들을 공격했다는 죄목을 들며 사형을 요구했다. 애초에 런던 탑에 갇혀있던 롤리를 풀어 준 이유가 성공만 한다면 일확천금이 들어올 원정을 위해서였으니 얄궂은 일이 아닐 수 없었다.[69] 마찬가지로 적법한 허가 없이 스페인 정착촌과 보물선을 털었지만, 적어도 산더미 같은 전리품을 가지고 돌아온 드레이크와는 달리, 불운한 롤리는 엘도라도도 황금도 찾지 못해서 정상참작이 이루어질 여지가 없었다.

약탈을 통한 부가 끊임없이 유입되자, 높은 수입을 가져오는 바로 그 환경을 눈감아 주는 관행이 더욱 만연했다. 항만의 관리와 지방 공무원부터 왕실에 이르기까지 말이다. 예외 사례는 겨우 몇 건에 불과해 박수라도 쳐 줘야 할 지경이다. 의심스럽지만 두둑한 약탈물을 합법적으로 세탁하기 위해 법을 이리저리 왜곡하자 사략단과 해적의 구분은 더욱 모호해졌다. 이미 벌어진 해적질에 '소급허가'를 발행하는 관행도 불분명한 회색지대를 더 넓혔다. 네덜란드공화국 정부가 유리할 때마다 사략단과 해적 사이의 법적 차이를 기꺼이 무시했던 이유도, 둘을 극단적으로 다른 것이 아니라 "연속선의 어느 지점"[70]에 자리 잡은 개념으로 간주했던 이유도 흘러들어오는 약탈물이 필요했기 때문이었다. 비슷한 맥락에서 그리고 본질적으로는 동일한 논리로 엘리자베스 1세 여왕은 국익에 부합하기만 하면 "자유분방한 외교 수단인 사략단"[71]을 이용하는 데

도덕적으로 거리낌이 없었다. 동맹이 시시각각 변하는 탓에 국익의 맥락도 그때그때 달랐다. 나라들은 필요하면 언제든 사략 허가를 거둬들일 수 있었고, '저 사략선들은 우리 나라의 정책과 무관하다'면서 부인할 수도 있었다. '합리적 부인(Plausible deniability)'이라는 이 원칙은 오늘날에도 국제 정치 무대에서 쓰이고 있다.

자유분방한 외교 수단

여차하면 '합리적 부인'을 해 버릴 수 있는 '자유분방한 외교 수단' 인 해적과 사략선은 적에게 상당히 끔찍한 타격을 줄 수 있었다. 일례로 1568~1648년에 벌어진 네덜란드 독립전쟁(더 넓은 의미로는 '80년 전쟁') 동안 네덜란드공화국은 스페인·포르투갈 해적과 사략선에 심하게 약탈당했다. 특히 됭케르크에 본거지를 둔 해적과 사략선이 지독했다. 됭케르크는 1646년까지 여전히 스페인령 네덜란드에 속해있었고, 스페인인들은 이곳을 네덜란드의 상선과 어선을 괴롭히는 전진기지로 사용했다. 이들에게 얼마나 시달렸던지 피폐해진 네덜란드인들은 됭케르크에 '북방의 알제와 튀니스'라는 별명을 붙였다. 네덜란드의 해상 경제에 끼친 악영향이 바르바리 코르세어에 비견될 정도라는 뜻이다. 1629~1638년에 됭케르크에서 활동한 정규 군함과 사략선 들은 선박 1,880척(총 20만 9,448톤) 정도를 나포했는데, 이 중 대부분이 네덜란드 소유였고, 1625~1637년에는 네덜란드 어선 533척을 침몰시켰다.[72] 그러나 네덜란드의 문제는 됭케르크 사략선만이 아니었다. 영국 사략선도

프랑스 라로셸 앞바다에서 영국 사략선의 공격을 받는 네덜란드 상선

1652~1654년, 1665~1667년, 1781~1784년 등 세 차례에 걸쳐 영국–
네덜란드 전쟁이 일어나는 동안 네덜란드에 심각한 선박 손실을 입혔다.
숫자가 상황을 말해 준다. 1차 전쟁에는 1,000~1,700척에 달하는 영국
사략선이 참전했고, 2차와 3차 전쟁에는 각각 522척, 500여 척이 참전
했다.[73] 심지어 2차 전쟁 기간에 영국 사략선들은 네덜란드령 카리브해
의 사바섬, 신트외스타티위스섬, 토바고섬을 일시 점령하기도 했다. 사
략선은 그저 성가신 수준이 아니라 실재하는 위협이었다.

바다에서의 경제적 소모전은 전시에 잘 확립된 정식 해군뿐만 아니
라 사략선과 해적선도 수행하는 간단한 훈련이나 다름없었다. 전쟁이
끝나면 해군은 공식적으로 주목을 받지 못했다. 하지만 국가들이 사략
선을 이용해 적이었던 비공식적으로 공격하는 관행이 있었다. 이는 공격
받은 상대국이 전쟁을 재개할 명분으로 쓰기가 어려웠다. 따라서 사략선
이 끊임없이 공격해도 무시로 일관하곤 했다. 결국 국가 간 전쟁이 평시

에는 "바다 위의 게릴라전"으로 지속된 것이다.[74] 풀어둔 사략선과 해적선은 줄기차게 적국을 공격했다. 이렇듯 옛 적에게 사략선과 해적선으로 끊임없이 공격을 가하는 행위는 근대 프로이센의 군사 이론가 클라우제비츠의 표현을 빌리면 "다른 수단으로 전쟁을 이어가는 것"이었다. 엘리자베스 1세가 드레이크나 롤리 같은 선장들을 시켜 스패니시메인을 공격했을 때(처음부터 아주 얄팍하게 위장된 해적 습격 임무였다), 여왕은 스페인이 전쟁을 선포할 수 없을 것이며, 기껏해야 해당 지역에서의 무장저항이나 외교적 항의에 그칠 것이라고 확신했을 것이다.

> 드레이크나 롤리 같은 용병은 이상적인 무기였다. 우선 유연한 대처가 가능했다. 그들이 귀중품을 약탈해오면 여왕의 금고는 채워지고, 스페인제국의 전쟁용 금고에는 빈 공간이 생겼다. 약탈에 실패하고 대치가 시작되면 그들은 평범한 범죄자로 돌변해 누구의 지휘도 받지 않는 듯이 굴었다. 용병의 적대적 태도는 영국과 스페인의 관계에 따라 스위치를 켜고 끄듯 그때그때 달라졌다.[75]

남중국해와 동중국해에서도 비슷한 게릴라전이 나타났다. 이 지역에서는 유럽 열강 사이에서의 분쟁이 끊이지 않았던 만큼이나 유럽 국가들의 내정 간섭도 계속되었다. 그래서 유럽의 간섭에 저항하는 방식으로 대규모 해적행위가 등장했다. 남중국해에서 무역했던 유럽 제국주의 국가들의 탐욕은 이라넌을 역사상 가장 무서운 해적 집단 중 하나로 만들었다.

말레이제도와의 상거래는 태곳적부터 중국인들이 장악했다. … 그러다 포르투갈인들이 등장했고, 이후 새로 나타난 네덜란드인들은 교역을 독점하려고 독점 체제를 만들었다. 이들은 말레이 통치자들과 협약을 체결해 자신들이 원하는 가격으로 생산품을 장악했고, 중국인들보다 경쟁력 있는 가격으로 물건을 팔게 되었다. 결국 중국 상인들은 경쟁력을 잃었기에 더이상 찾아오지 않았다.[76]

지역 정치 사안에 외부 세력이 개입한 게 대규모 해적이 발흥한 주요 원인이었음은 분명하다. 예를 들어 남중국해의 여러 소규모 술탄국과 부족국가에서는 사업 수완이 있는 서양인 선장들이 와서 제일 높은 가격을 제시한 입찰자에게 최신식 유럽 무기를 대담하게 위탁판매했다. 이것만으로도 지역의 세력 균형이 깨지고, 새로운 해상 습격의 물결이 시작되었다.[77]

당시 남중국해의 몇몇 지역 강대국 군주들은 유럽에서 온 모험가들을 주로 군인(특히 포수)으로, 심지어 장관이나 지사, 항만 관리 등으로 고용하는 경향이 있었는데, 이것이 지역 문제를 더 꼬이게 했다. 한 예로 시암(현재 태국)의 왕 나라이(재위 1656~1688)는 1675년경 그리스인 탐험가이자 영국 동인도회사(EIC)의 직원이었던 콘스턴틴 파울콘을 수석 고문으로 임명했다. 파울콘은 유럽 출신과 연대를 맺는 것을 좋아했으므로 동인도회사에서 연이 닿은 오랜 지인 몇몇을 고위직에 앉혔다. 메르귀항(현재 미얀마 메르귀항으로, 당시 시암의 대인도 무역에서 가장 핵심적이던 항구)의 항만 관리장이었던 영국인 새뮤얼 화이트, 시암 해군 제독이 된 새뮤얼의 동생 조지 화이트, 메르귀 지사 리처드 버너비 등이 여기에 포함된다.[78] 새뮤얼 화이트와 리처드 버너비는 자신들의 지위로 얻을 수 있는 모든 이익을 챙겼을 뿐 아니라 해적질도 했다. 그들은 왕이 허가한 사략가인 양 행세했지만, 나라이 왕은 이 사실을 알지 못했다. 또한 왕은 그들이 한 짓 때문에 시암과 강력한 동인도회사(당시 인도 마드라스의 벵골만에 동인도회사 본부인 세인트조지 요새가 있었다)가 전쟁을 할 뻔했다는 사실도 전혀 몰랐다. 새뮤얼 화이트가 무장한 프리깃Frigate* 레졸루션Resolution호로 포획한 화물 대부분이 사실은 동인도회사 소유였고, 이것이 개전 사유가 되었다. 1687년 6월 동인도회사의 수장 엘리후 예일은 마드라스에서 프리깃과 코르벳Corvette**을 각각 한 척씩 파견해 소환장과 최후통첩을 전달했다. 소환장의 내용은 새뮤얼 화이트에게 마드라스로 와서 소명하라는 것이었으며, 최후통첩의 내용은 나라이 왕에게 도난당한 화물값을 60일 내에 지불하라는 것이었다(왕은 자신의 왕국 한 귀퉁이에 닥칠 위기를 전혀 알지 못했고, 최후통첩도 받지 못했다). 동인도회사 측의 요구대로 행동하는 대신 화이트는 동인도회사 소함대를 이끌었던 앤서니 웰든 함장을 접대하며 몇 주를 흘려보냈다. 하지만 시암 현지 귀족들은 동인도회사의 영국인들이 항구를 점령하는 것을 두려워한 나머지, 최후통첩 기한이 끝나기 전에 선제공격을 감행했다. 1687년 7월 24일에 발생한 이 습격은 훗날 '메르귀 학살'로 불렸으며, 리처드 버너비를 포함해 영국 선원 60명 이상이 살해당했고, 웰든은 중상을 입었다. 습격에서 살아남은 사람들은 배를 타고 서둘러 도망쳤다. 화이트도 레졸루션호를 타고 무사히 빠져나갔으며, 재산 대부분도 영국으로 가져갔

---

* 소형 군함. 범선 시대에는 주로 정찰·호위 용도로 사용하였다.
** 프리깃보다 작고, 주로 해안 경비에 사용된 군함.

다. 그는 2년 후인 1689년 1월에 영국에서 사망했다.[79]

이 경우 어쨌든 전쟁을 피할 수는 있었다. 하지만 식민지 관료나 서구 탐험가 들이 개입해 지역 문제가 꼬이는 일은 지속되었다. 뒤에서 다룰 말레이제도의 경우처럼 말이다.

적당한 배 획득하기

해적 대부분은 이미 존재하는 해적단에 가입함으로써 경력을 시작했다. 적당한 장소에서 적당한 사람들을 만나 이야기를 나누어야 했다는 말이다. 적당한 장소는 보통 항구 근처의 선술집이었다. 그런데 새 해적단을 만들 생각이라 타고 나갈 배를 이런저런 방법으로 마련해야 하는 경우에는 어떨까? 절도가 한 방법이었다. 17세기 영국·아일랜드 해적들에게는 이 방법이 일반적인 관행이었던 듯하다. 항구의 많은 선박 중에는 선원은 없지만 항해 준비가 된 배도 있었고, 선원이 있더라도 머릿수가 적고 경계가 느슨한 경우도 많았다. 따라서 배를 하나 골라 훔치는 것이 가장 쉬운 해적질 시작 방법이었다.[80] 해적으로 살다 해적 사냥꾼으로 전향한 헨리 메인웨어링 경은 1618년에 이렇게 말했다. "소형선 선주들은 부주의했다. 경비할 인력이 없어 감시도 부실했고, 돛도 배에 실려있었다."[81] 만약 선박을 훔치는 것이 불가능하다면 위장·기만 전술로 괜찮은 배에 접근한 후 무력으로 탈취하는 방법도 있었다. 존 워드는 두 방법을 모두 사용해 해적 경력을 시작했다. 워드는 의기투합한 몇몇 동료들과 함께 포츠머스항에 정박하던 선박 하나를 골라잡았다. 선적은 끝났지만 선원은 타지 않은 바크Barque*선이었다. 그들은 그 배를 훔쳐 타고 바다로 나갔다. 배의 주인은 다음 날까지도 눈치채지 못했다. 콘월 해안에서 조금 떨어진 곳에서 워드 일행은 프랑스 국적 선박과 마주쳤다. 혹시 모를 해적 공격에 대비해 대포 여섯 문을 탑재한 약 70톤짜리 플라이보트Flyboat**였다. 워드 일당이 보기에는 해석질에 안성맞춤인 배가 등장한 것이다. 탐나는 목표물이었지만 쉬운 상대가 아니었다. 프랑스 측 선원들은 머릿수도 무기도 더 많았다. 하지만 워드 일행 역시 사략단 경험이 있었다. 그들은 잡히면 즉결처분에 따라 교수대행이라는 점도 알고 있었다. 워드는 볼품없는 외관을 최대한 활용하는 교활한 계획을 세웠다. 워드의 배는 작았고, 몇 명뿐인 동료들은 대부분 사각지대에 숨을 수 있었다. 프랑스 함장의 눈에는 워드와 삭구(배에서 쓰는 로프나 쇠사슬)에 매달린 남자 네 명만 보였을 뿐이다.[82] 워드는 또한 배를 지그재그로 마구 움직여 프랑스인들이 자신을 '배를 직진시키지도 못하는 어설픈 항해사'라고 여기게 했다. 그러는 내내 워드는 프랑스인들을 즐겁게 해 주려고 머리에 떠오르는 대로 고래고래 실없는 말을 그들에게 건네며 대화를 이어갔다. 그렇게 방심한 프랑스 선원들은 워드의 작은 바크선이 자신들의 배에 다가오고 있다는 사실을 눈치채지 못했다. "최근 체포된 영국의 거물 선장 월터 롤리 경을 소재로 한 발라드를 반절쯤 낭송했을까, 워드는 느닷없이 '이제, 나리들, 우리가!'라고 힘차게 소리를 질렀다." 이것을 신호로 워드의 부하들은 갑판 아래에서 뛰쳐나와 프랑스 배에 올라탔고, 프랑스 선원들은 깜짝 놀랐다. "몇 분 전까지만 해

---

*　돛대가 세 개 이상인 범선.
**　16~17세기에 사용된, 가볍고 흘수가 얕은 화물용 평저선. 최대 200톤 정도의 경량선이다.

도 수준 미달의 무골충 같았던 자가 실체를 드러냈다. 악명 높은 존 워드 선장의 첫 발걸음이었다."[83]

신참 해적이었던 워드가 적당한 첫 배를 고를 때 선택의 여지가 많지는 않았다. 아무 배나 고를 수 있었다면 그가 바크선이나 플라이보트를 선택했을 것 같지는 않다. 워드는 그저 상황이 허락하는 범위에서 가장 나은 선택을 했다. 하지만 그는 금세 튼튼하고 실용적인 플라이보트형 상선을 선호하게 되었다. 그런 배는 물에 잠기는 흘수가 얕고, 갑판이 하나이며, 돛대가 세 개인, 어느 해군역사가의 말을 빌리면 "집집마다 널린 석탄통(Coal scuttle)처럼 무시무시하게 평범한"[84] 배였다. 하지만 평범한 외관이야말로 공개전투보다 허를 찌르는 기습공격을 선호하는 워드 같은 해적들이 플라이보트를 선택한 이유였다. 구체적인 설명은 이렇다.

전투선이 포를 겨누고 전투용 그물을 꺼내든 채 다가온다면, 의도가 무엇인지 바로 알아차릴 수 있었다. 하지만 무역용 플라이보트가 호송선단을 이룰 배를 구한다며 파도 위를 까딱거리면서 다가온다면, 의심을 살 일은 거의 없었다.[85]

게다가 플라이보트는 매우 견고해서 해적들이 놀라울 정도로 많은 병기를 실을 수 있었다. 워드만 하더라도 약탈을 몇 번 성공시켰더니 배에 실린 주철 대포는 32문이나 되었고, 선원도 100명에 이르렀다.[86] 새로운 약탈품을 실을 공간도 여전히 충분했다.

또 다른 방법은 반란을 일으켜 첫 배를 얻는 것이다. 역사상 가장 성공적인 해적 중 한 명이자 1714년경에 사망한 헨리 '롱벤Long Ben'에

이버리도 그렇게 첫 배를 구했다. 영국 데번셔에서 1659년 8월 20일에 태어난 에이버리는 어린 나이에 선원이 되었고, 점차 서열을 높여 갔다. 1694년 초 그는 브리스틀에서 출발한 중무장 함선 두 척 중 한 척에서 일등항해사로 있었다. 두 배는 스페인에 사략 허가를 받아 카리브해에서 스페인 선박을 괴롭히던 프랑스 해적을 공격하기로 했다. 두 배에는 각 각 포 30문가량과 선원 120명이 있었다.[87] 에이버리가 탄 배 찰스2세호[88]의 선장 깁슨은 늘 술에 취해있는 데다 선장으로서 통솔력도 변변치 않았다.[89] 부하들은 선장을 싫어했고, 설상가상 선장이 약속했던 급여도 전혀 받지 못했다. 따라서 에이버리가 불만에 찬 선원들을 앉혀놓고 "중무장한 프랑스 사략선과 목숨 걸고 싸워 손에 푼돈만 쥐고 영화는 스페인이 누리게 하느니, 그냥 해적이 되자"라고 제안했을 때, 선원들은 솔깃해했다. 배를 라코루냐항에 정박시키고 스페인 해군 장교들이 합류하기를 기다리는 동안 기회가 찾아왔다. 밤 10시가 지나 선장이 선실에서 술에 취해 곯아떨어지고, 모의에 가담하지 않은 선원들도 해먹(그물침대)에서 잠들자 에이버리는 닻을 올리고 항해를 시작했다. 배가 움직이자 깁슨 선장이 잠에서 깼다. 에이버리는 선장에게 배에 남아 해적단에 합류하든지, 해적이 되기 싫은 다른 선원들과 함께 부속선을 타고 떠나든지 선택하라고 시원하게 제의했다. 선원들이 자신을 얼마나 싫어하는지 아주 잘 알고 있던 깁슨은 현명하게도 두 번째 선택지를 골랐다. 이제 '전형적인' 해적선 같은 모습을 갖춘 훨씬 더 강력한 배의 선장이 된 에이버리는 곧 해적으로 악명을 떨치게 됐다.

사략선처럼 '허가받은' 해적들에게는 극복해야 할 다른 애로 사항들이 있었다. 그들의 생존을 가장 크게 위협하는 것은 탐험이나 항해를 위한 자금 조달이었다. 우선 갤리선이나 갈레온선처럼 목적이 분명한 사략용 선박은 비쌌다. 게다가 예비 선장은 나포 허가장을 얻어야 하는데, 이것 또한 돈이 들었다. 적절한 선원을 구하는 데에도 상당한 비용이 들 터였다. 많은 선원과 병사 들이 '약탈로 임금 충당' 조건을 받아들이기는 했지만, 프랑스·몰타 코르세어는 두둑한 급여를 별도로 요구하기도 했다. 단일 사략선이 아니라 사략선단을 장만하려고 한다면 훨씬 더 큰 돈이 들었다. 따라서 사략선단에는 대부분 많은 투자자가 얽혀있었다. 국가 같은 공적 투자자는 물론 지분을 소유한 상인과 같은 개인 투자자도 있었는데, 이들 모두 사략행위가 성공하면 정당한 몫을 받기를 기대했다. 따라서 임무를 성공시키고 이윤도 창출해야 한다는 압박감에 시달린 사략선장이, 사략 허가증에 기재된 '허용된 공격'이 어디까지인지를 고무줄처럼 해석하는 경향마저 있었다. 이는 또한 왜 이 책의 주인공들이 사략선원과 해적의 경계를 이리저리 태연하게 넘나들었는지를 설명하기도 한다. 그러니까 때로는 선원들이 그러길 원했고, 그리고 겉으로는 아닌 척했지만 투자자들도 그렇게 하기를 부추겼기 때문이다.

추격과 사냥

일단 항구를 벗어나면 다음 단계는 사략선이나 해적선이나 똑같았다. 먹잇감을 찾고 가로막고서 올라타는 일이었다. 목표물을 찾는 과정에서 붐비는 해로상에 있는 적당한 장소에 매복하는 전략이 여전히 일반적이었다. 이 전략이 수반하는 위험도 이전 세기의 것들과 동일했다. 예

스페인 갤리선

를 들면 더 강한 상대가 깜짝 등장하는 것이었다. 앞서 나온 스페인 코
르세어 알론소 데 콘트레라스가 그런 일을 겪고 기록을 남겼다. 콘트레
라스는 자신의 프리깃을 에게해 어딘가에 있던 작은 섬의 만에 정박시키
고 있다가 고속으로 항해하던 터키 갤리선 두 척과 느닷없이 마주쳤다.
두 갤리선 선장들도 놀라기는 마찬가지여서 전열을 가다듬지 않고 허둥
지둥 공격에 나섰다. 그리고 이것이 콘트레라스를 구했다. 노련한 선장
이었던 콘트레라스는 이들을 "무너진 기강", "서투른 뱃사람들", "심한
무질서" 등으로 표현하며 비웃었지만, 덕분에 "위기일발"을 간신히 넘
겼다는 사실도 인정했다.[90] 두 터키 갤리선들은 한참이 지나서야 콘트레
라스의 프리깃을 따라잡았다. 마침내 가까이 왔을 때 행운은 터키인들의

편이었다. 잘 조준한 포 몇 문이 프리깃에 포탄을 명중시켜 삭구를 산산조각냈고, 주돛 활대(돛 위에 가로로 댄 나무) 또한 무너져 내렸다. 콘트레라스의 재빠른 기지가 다시 한 번 자신을 살렸다. 그는 사모스섬 쪽으로 내빼면서 선원 한 명에게 화약을 지고 돛대 위에 올라가 불을 피우라고 명령했다. 사모스섬의 작은 항구는 몰타 갤리선들이 자주 드나드는 곳이었기 때문이다. 다른 몰타 코르세어들이 자신들을 덮치고자 숨어있다고 잘못 판단한 터키 갤리선들은 곧장 달아났다.[91]

매복은 콘트레라스가 사용한 많은 전술 중 하나에 불과했다. 다른 코르세어들도 대개 그랬듯이 콘트레라스는 사냥감을 적극적으로 찾아다니는 것을 선호했다. 이 방법도 나름 위험했다. 웨일스 해적선장 바살러뮤 로버츠의 사례를 보자. 1720년 로버츠와 그의 선원들은 9주 동안 성과 없이 브라질 해안을 순항하다 마침내 운이 트여 포르투갈 보물선 한 척과 마주쳤다. 활대가 넉넉히 42개쯤 돼 보이는 범선이었다.[92] 이와 마찬가지로 1693년 프랑스 코르세어 르네 뒤게 트루앵은 아무 소득도 없이 사냥감을 찾아 3개월간 순항하다가 그의 배를 해적선으로 착각한 스웨덴 군함을 만나 거의 격침당할 뻔했다. 그 스웨덴 군함에 탑재된 포만 40문이었다.[93] 유능한 콘트레라스조차 레반트와 북아프리카 해안에서 여러 차례 순항을 감행하고도 허탕을 쳤던 일화를 남겼다.

해안에서 아무것도 발견하지 못했기 때문에 나는 나일강 삼각주에 있는 다미에타로 향했다. 나일강을 거슬러 올라가며 계속 사냥감을 찾았지만 보이는 배는 없었다. 다시 뒤로 돌아 이번에는 시리아 방면으로 200킬로미터 넘게 항해했다. 성지의 기슭이 눈에 들어왔다. 예루살렘(성지)에서 55킬로미터밖에 떨어지지 않은 곳이었다. 나는 계속 배를 몰아 야파항으로 들어섰다. 몇 척 남짓한 배에 타고 있던 선원들이 우리 배가 가까이 다가가자 모두 뭍으로 내뺐다.[94]

그의 맞수인 바르바리 코르세어의 형편도 나을 것이 없었다. 1684년 7월 트리폴리 주재 영국 총영사 토머스 베이커는 열두 번이나 항해하고도 성과가 단 한 번도 없었던 불운한 선장 무스타파 카디르를 천연덕스레 언급했다. 카디르 선장은 심지어 열세 번째 항해에 나섰을 때에는 "누더기한 장 사지 못하고" 쪼들리다 귀환했다.[95] 이렇게 순항에서 빈손으로 귀환한 사례들을 보면서 우리는 왜 여러 시대에 걸쳐 해적선과 사략선이 자신만 있다면 해안 마을을 줄기차게 습격했는지 이해할 수 있다. 바다에서 배를 찾기는 어려웠지만, 육지의 마을은 늘 그 자리에 있었으니까 말이다.

배를 덮치는 것, 그리고 그 배에 올라타는 위험한 일은 어땠을까? 이 시기에 활동한 해적선과 사략선 대부분은 선배들과 마찬가지로(45쪽 참조) 백병전에 따르는 위험을 가급적 피하고 싶어 했다. 대개 단순히 검은 깃발(또는 그 지역에서 통용되는 해적기)을 걸어 올리기만 해도 상대 배의 선원들은 겁에 질려 항복했다. 한 예로 1721년 아프리카 베냉의 우이다 항구에서 영국, 프랑스, 포르투갈 배 11척은 악명 높은 해적 바살러뮤 로버츠의 깃발을 보자마자 포격 한 번 하지 않고 항복했다. 심지어 "프랑스 배 세 척은 각각 포 30문에 선원이 100명이나 타고 있던 튼튼한 함선이었다."[96] 일단 항복한 배에 올라타면 로버츠 일당은 선원과 승객 들을 옴짝달싹 못 하게 통제하면서 약탈물을 싹 털어내기 위해 충격과 공포 전술을 사용했다. 이런 행태를 다른 해적들도 일반적으로 써먹었다. 1720년 로버츠가 나포한 런던발 새뮤얼Samuel호의 사례에서 실상을 확인할 수 있다.

새뮤얼호는 호화로운 배였고, 승객 여러 명이 배에 타고 있었다. 해적은 이 승객들이 숨긴 돈을 찾으려고 그들을 거칠게 다루었다. 가진 것을 전부 내놓지 않으면 죽여 버리겠다고 시종일관 협박한 것이다. 해적들은 문을 거칠게 뜯고 죄인을 찾아온 복수의 불길처럼 짐칸으로 밀고 들어가 도끼며 단검을 휘둘러 손에 닿는 대로 짐짝, 함, 상자를 부수었다. 갑판에 물건들을 올려놓고, 자신들의 배에 싣지 않을 물건은 다시 짐칸에 넣지 않고 배 밖으로 던져 버렸다. 그러는 내내 입에서는 거친 욕설이 끊이지 않았다. 그들은 인간이 아니라 악마처럼 보였다.[97]

선원들이 느꼈을 심리적 압박이 얼마나 파괴적이었을지 생각해 보라. '저항은 헛수고'라는 메시지가 그렇게 재차 각인되었다.

만약 목표물이 해적선보다 크고 선원도 많았다면 노골적인 전투보다 위장과 기만 전술 같은 속임수를 쓰는 것이 나았다. 해적기를 게양했다가는 왁자지껄한 비웃음과 쏟아지는 포화를 얻어맞았을 테니까 말이다. 대개 이때 사용했던 '기만 전술'은 죄 없는 무역선인 척해서 상대방의 경계를 허무는 식이었다. 존 워드가 프랑스 국적 플라이보트를 '획득'했던 방법이 이러하다(124쪽 참조). 카리브해에서는 스페인과 포르투갈, 영국, 프랑스, 네덜란드 선박들이 서로 수도 없이 맞붙었고, 많은 교전 상황에서 유사한 기만 전술(상대 입장에서는 배신 행위)이 보고되었다. 적어도 한 번은 쫓기던 배가 반대로 속임수를 쓰기까지 했다. 1589년 5월, 멕시코만에서 귀중품을 운반하던 스페인 군함은 작은 영국 갈레온선이 자신을 추격하고 있다는 것을 알아챘다. 영국 배는 70톤짜리 사략선 도그Dog 호였다. 이 불쾌한 습격자에게 3일간 시달렸지만 여전히 전투의 위험은 피하고 싶었던(도그호는 그 지역에서 이미 다른 스페인 배 세 척을 나포한 전적이 있었다) 스페인 함선은 휴전·협상 요청을 보냈고, 영국인들은 수락했다. 우선 스페인 장교들이 도그호로 건너와 우호적인 회의를 한 후, 이번에는 영국 측이 답방을 위해 스페인 배로 건너갔다. 영국인들이 배에 들어서자 스페인 선원들이 일제히 달려들었다. 영국 항해사 로저 킹스노드는 칼에 찔려 죽었고, "다른 이들도 비슷한 일을 당했다. 윌리엄 메이스 선장을 비롯한 몇몇 선원들만이 스페인 측의 함정을 모두 피하고 바다로 뛰어들어 도그호로 귀환할 수 있었다."[98] 천만다행히 목숨을 건진 영국 선원들은 추격을 포기하고 플리머스로 돌아갔다.[99]

　해적이든 사략선원이든 조건만 괜찮으면 남의 배로 몰래 잠입하기도 했다. 제빵 일을 하다 사략선원이 된 독일 출신 마르틴 빈테르게르스트가 1689년에 자신이 겪은 그런 일화를 기록으로 남겼다. 당시 빈테르게르스트는 포 46문과 병력 180명으로 이루어진 네덜란드 사략선에 막 합류한 신참이었다. 빈테르게르스트가 탄 배는 아드리아해에서 막 베네치아공화국의 자라(현재 크로아티아의 자다르)항으로 들어가던 프랑스 배를 발견하고 공격하기로 했다. 그에게는 첫 교전 상황이었다. 빈테르게르스트 일당은 일부러 중립국인 리보르노의 깃발을 걸어 올리고 항구로 배를 몰았다. 그들은 관례대로 예포를 한 발 쏜 후 작은 보트를 몰고 항구로 들어가 항만 관리인들과 화기애애하게 대화를 나누었다. 외국어에 능통했던 빈테르게르스트는 프랑스 선박이 갓 건조된 배였으며, 값나가는 화물을 많이 실었다는 사실도 알아냈다. 유감스럽게도 프랑스 선박은 요새의 포열 바로 아래에 정박했고, 따라서 공개적인 공격은 불가능했다. 남은 선택지는 어둠을 틈타 그 배로 잠입한 뒤, 바라건대 잠들어있을 선원들이 깨어나 저항하기 전에 그들을 제압하는 것뿐이었다. 빈테르게르스트의 기록에 따르면 한밤중에 그들은 보트 두 척을 타고 조용히 프랑스 배에 접근했다. 한 척은 선장이, 다른 한 척은 부관이 지휘했다. 유감스럽게도 그들이 배에 다 오르기 전에 프랑스 보초들이 그들을 목격했다. 프랑스 선원들은 전투 태세에 돌입했고, 격렬한 싸움이 뒤따랐다. 선장을 포함해 선원 14명을 잃고 나서야 나머지 프랑스 선원 13명도 항복했다. 전투 때문에 시끌시끌해지자 항구의 요새도 상황을 알아차렸다. 포를 배치하고, 민병대도 모여들었다. 네덜란드 사략선은 곧 개시될 반격을 피해 나포한 프랑스 배를 끌고 항구를 떠난 뒤 멀리 떨어진 곳에서 전리품을 살폈다. 금화 5,000두카트*, 유황 75톤, 모피 4,000장, 낙타털 및 여타 직물뭉치, 튀르크식 장화 200켤레가 있었다. 빈테르게르스트 일당도 동료 세 명을 잃었지만, 성과는 만족스러웠다.[100]

이 교활한 전략이 더 큰 성공을 거둔 사례도 있다. 카리브해의 버커니어 선장 피에르 르 그랑은 이 방식을 사용해 약탈 건당 기준으로 개인 최고 기록을 세웠다. 1665년에 르 그랑은 전장이 10미터 정도인 피라과Piragua선**을 타고 출항해 바하마 해협을 오르내리며 사냥감을 찾

---

*　베네치아의 금·은화 단위.
**　'피로그Pirogue'로도 쓴다. 카누나 통나무배처럼 작고 빠르며 흘수가 얕은 배.

았지만 헛수고였고, 행운의 여신도 그의 편이 아니었다. 식량은 거의 바닥났고, 선원 28명의 사기도 마찬가지였다. 바로 그때 판도가 바뀌는 순간이 찾아왔다. 그들의 눈앞에 단독으로 항해하는 거대한 스페인 갈레온선이 나타난 것이다. 그 배에 비하면 르 그랑의 배는 난쟁이 같아서 공격이 터무니없을 것 같았지만, 르 그랑에게는 '하든가 죽든가'의 순간이었다. 선원들도 공감했다. 이것은 그들에게 꼭 붙잡아야만 하는 기회였다. 결의를 다지기 위해 르 그랑은 배에 타고 있던 외과의사더러 선체에 구멍을 내게 했고, 배는 천천히 가라앉았다. 이제 돌아갈 수단은 없었다. "무기라고는 양손에 한 자루씩 쥔 총과 칼이 전부인 채로 그들은 곧장 갈레온선의 뱃전으로 올라가 선실로 쳐들어갔다. 갈레온선의 선장은 선원 몇 명과 함께 카드놀이를 하던 중이었다."[101] 희미한 등불 아래 어렴풋이 보이는 사나운 외양의 해적들이 자신들을 둘러싸고 총부리를 겨누자 경악한 스페인 사람들이 소리쳤다. "하느님 맙소사! 이 악마 같은 놈들은 어디서 나타났어?"[102] 그 와중에 다른 인원들은 무기고를 장악해 총기류를 확보했고, 저항하려는 낌새가 보이면 누구든 죽였다. 르 그랑이 성공한 데는 배의 작은 크기가 결정적이었다. 알고 보니 스페인 선원들이 르 그랑의 배를 발견하고 해적선이 틀림없다고 선장에게 보고했으나, 선장이 무시했던 것이다. "그래서 뭐? 저따위 초라한 배를 겁내란 말이냐?"[103] 이런 일화는 스페인 사람들을 묘사하는 당대의 상투적인 서사를 뒷받침하는 면이 있다. 스페인 사람은 거만하고 경솔한데(물론 대개 사실과 다르다), 그들에게 맞서는 용감한 인물이 지략을 발휘해 결국 승리하고 큰 부자가 된다는 식의 이야기다. 실제로 약탈물의 양이 엄청나서 르 그랑은 곧장 프랑스로 돌아가 해적질에서 완전히 손을 떼고 부유하게 살았다. 르 그랑의 성공 요인은 작은 배였다. 작은 크기 덕분에 르 그랑은 눈에 띄지 않은 데다 위협적으로 보이지도 않아서 가까이 다가 갈 수 있었던 것이다. 그의 배가 피라과선보다 더 컸다면 스페인 선장은 경계를 늦추지 않았을 것이다.

이것이 바로 프랜시스 드레이크 경이 1579년 3월 1일 스페인 갈레온선 누에스트라세뇨라데라콘셉시온Nuestra Señora de la Concepción* 호를 덮칠 때 극복해야 했던 문제였다. 어떻게 하면 저 스페인 갈레온선과 같은 거함인 골든하인드Golden Hind호를 타고서 의심을 받지 않고 다가갈 수 있을까? 드레이크 선장은 남아메리카의 태평양 연안을 따라 순항하는 동안 여러 항구를 습격하며 축적한 정보를 참고해 마닐라에서 파나마로 가는 갈레온선을 조심스레 추격했다. 이 사건이 있기 전까지 태평양은 스페인이 독점하는 '스페인의 호수'나 다름없었으므로 누에스트라세뇨라호는 태평하게 '비무장' 상태로 운항했다. 표면적으로는 무기를 싣지 않았다는 말이지만, 더 정확하게 말하자면 무기는 갑판 아래에 바닥짐처럼 안전하게 넣어 둔 채 귀중품을 싣기 위한 공간을 더 확보했다는 뜻일 테다. 어쨌든 누에스트라세뇨라호는 쾌속선이기도 했으므로 선장 산 후안 데 안톤[104]은 위협이 될 만한 대형선이 나타나더라도 따돌릴 수 있으리라 예상했을 것이다. 스페인 배가 돛을 모두 올리자 드레이크 선장은 항구로 달아나는 것을 막기 위해 계략을 썼다. 그는 케이블과 매트리스로 드로그Drogue**를 만들어 일부러 속도를 늦췄고, 그게 배의 전속력인 척했다. 그러자 골든하인드호는 교역품을 너무 많이

---

* '원죄 없이 잉태하신 우리의 성모 마리아'라는 뜻이다.
** 배의 속도를 줄이려고 고깔 모양이나 우산 모양으로 만들어 선미에 달아두는 인공물.

실어서 돛을 전부 올리고도 속도를 낼 수 없는 스페인 상선처럼 전혀 위협적이지 않아 보였다. 게다가 드레이크 선장은 스페인 배에 점차 접근하면서 그 배에서는 보이지 않는 골든하인드호의 측면에 부속선을 묶어 공격을 준비했다. 밤이 되자 드레이크는 드로그를 걷고 부속선을 풀면서 공격을 개시했다. 스페인 선장은 처음에 항복

프랜시스 드레이크 경의 '골든하인드'

하기를 거부했지만, 골든하인드호가 일제히 포격해 뒤쪽 돛대가 무너지고 자신도 머스킷총탄에 다치자 마침내 항복했다. "배에 실린 화물의 가치는 드레이크 선장의 원정 비용을 몇 번이나 충당할 정도였다. 은괴가 어찌나 많은지 골든하인드호의 바닥짐*을 모조리 대체할 정도였고, 은화와 금화가 든 상자가 14개나 됐다."[105] 흡족한 엘리자베스 1세 여왕이 이후 그를 '짐의 해적'이라고 선언한 것도 무리가 아니다.

동아시아 해역에서도 해적은 자신들이 목표로 하는 중무장 대양 정크선을 압도하기 위해 위장·기만 전술을 썼다. 하지만 그들은 바다 위를 범상히 오가는 상선을 흉내내는 정도에 그치지 않았다. 동아시아 해적은 항구에 정박한 배도 공격했고, 중국의 주요 수로를 따라 돌아다니

---

* 배에 실은 화물의 양이 적어 배의 균형을 유지하기 어려울 때 안전을 위하여 배의 바닥에 싣는 물건.

며 먹잇감을 물색하기도 했다. 심지어 정부 관리, 민병, 나룻배 사공이나 떠돌이 행상 등으로 가장하고 경계가 느슨한 강변 마을을 노략질하는 일도 잦았다. 이렇듯 뻔뻔한 기만 전술은 완벽히 성공하곤 했다. 해적이 수로교통망이나 강변 마을을 기습하면 사람들이 미처 저항할 틈도 없이 순식간에 약탈이 끝났다.[106] 남중국해에서 민다나오 출신인 이라넌 해적은 속임수의 달인이자 피해자들이 눈 뜨고도 당하는 위장술의 달인으로 이름이 높았다. 이라넌 해적은 지역 어민처럼 입고 어선을 타는 것처럼 행동했다. 총을 바닥 거적 밑에 숨기고, 해적 일당 대부분은 공격 순간까지 몸을 숨기고서 코빼기도 비치지 않았다.[107] 스페인령 식민지의 장교였던 이바네즈 이 가르시아 중령은 자신이 1857년에 겪은 일을 다음과 같이 생생하게 기록했다.

바다는 잔잔했다. 배의 용골이 검푸른 보홀해협을 부드럽게 가르자 은빛 잔물결만 찰랑였다. 눈 앞에 펼쳐진 광대한 공간을 채운 갈매기들이 여느 때처럼 공중곡예를 하다가 이따금 바닷속으로 급강하해 별미를 낚아챘다. … 갑자기 일이 터졌다. 하늘에서 뚝 떨어지기라도 한 듯 배 두 척이 갑자기 나타나 빠르게 다가왔다. "잡은 고기를 팔려는 어민인가보다." [우리는] 그렇게 생각했다. 하지만 우리의 안일함은 곧 산산조각이 났다. 번개 치듯 순식간에 커다란 널빤지 두 개가 보트의 난간에 걸쳐지더니 민첩하게 … 피부색이 어두운 남자들이 칼을 휘두르며 쑥 올라왔다. 나와 내 일행들은 궁지에 몰렸다. 동시에 그중 일부가 선체에 불을 질렀다.[108]

그렇게 중령과 그의 수행원은 붙잡혔고, 몸값을 지불한 후 풀려났다. 중령이 처음도 아니었고, 마지막도 아닐 터였다. 평범한 어선처럼 행동하다 갑자기 달려드는 뻔뻔한 위장행위는 현대 해적들도 여전히 사용하는 전술이다.

바다 위에서 벌어지는 필사적인 전투

위장·기만 전술이 항상 가능하지는 않았다. 목표물인 배가 이미 경계·방어 태세에 돌입했다면 전투를 피할 수 없었다. 제1부에서 다루었던 기간과 마찬가지로 이 시기에도 해상 전투는 하염없이 늘어지고 피가 흩뿌려지는 양상을 보였다. 특히 함포가 등장하면서 상황은 더 나빠졌다. 해적은 상대 배를 가라앉히는 데 포를 쓰지는 않았다. 그 배가 움직이는 것을 막고 승선을 준비하기 위해 선원들을 살상하는 데 썼다. 따라서 30킬로그램짜리 탄환을 발사하는 대구경포를 사용하는 대신(이러면 목조 선체가 완전히 부서질 수도 있었다), 컬버린포*나 반半컬버린포, 또는 탄환 무게가 2.4킬로그램 정도인 세이커포를 즐겨 썼다. 이런 다양한 경량포는 대구경포에 비해 더 멀리 더 빨리 쏠 수 있었다. 2~7킬로그램짜리 탄환은 장애물이나 사람은 물론 선체도 관통하지만 배를 가라앉힐 정도로 큰 손상을 입히지는 않았다.[109] 군함의 포병과 달리 훈련을 제대로 받지 못한 해적들이 선체 측면의 함포를 어설프게 다뤄서 상황이 예

---

* 15~17세기 유럽에서 주로 사용한 대포. 약 10센티미터 구경에 약 7킬로그램짜리 탄환을 쓴다. 반半컬버린포는 탄환 무게가 절반이다.

상대로 흘러가지 않을 때도 있었다. 일례로 해적선장 로버트 컬리포드는 1697년 그의 배 모카프리깃Mocha Frigate이 동인도회사 무역선 도릴 Dorrill호를 추격할 때 해상 포격전이 얼마나 비효율적으로 지지부진하게 이어질 수 있는지를 호되게 배웠다. 여러 날에 걸쳐 도릴호를 추격하는 동안 그들은 몇 시간씩 지속되는 포격전을 여러 번 반복했으나 도릴호에 치명상을 입히지도 못했고, 그 배에 올라탈 수 있을 정도로 접근하는 데도 실패했다.

그러나 일반적으로 산탄포탄과 머스킷총탄 사격이 제대로 먹혀 상대 배가 멈추고 그 배의 선원들이 대거 쓰러지면 해적들은 그 배에 올라탈 수 있었고, 곧 필사적인 백병전이 펼쳐졌다. 이 단계에서 해적은 대개 권총, 단검, 도끼 또는 날이 넓적하게 휜 커틀러스 같은 짧은 무기를 선호했다. 좁은 공간에서 벌어지는 백병전에 적합했기 때문이다. 반면 수비하는 측은 작살형 창(Lance), 장창(Pike), 끝이 도끼 모양인 미늘창(Halberd)과 같은 길쭉한 무기를 잘 활용했다(적어도 전투 초기에는 그런 무기로 잘 막아보려 애썼다). 어쨌든 "배의 측면에서 휙 날아오르거나 심지어 기어오르려는 적들은 팔 길이보다 더 긴 거리에서 막는 것이 가장 효과적이었다."[110] 당시 신식 무기였던 권총(16세기 이래), 화승총(17세기 말까지), 머스킷총(17세기 이래)과 더불어 활과 화살 같은 구식 무기도 여전히 널리 애용되었다. 높은 정확성과 신뢰성 때문이었다. 아울러 더 나중에 등장한 근대식 화기와 달리 구식 무기는 건조함을 유지해야 하는 화약과 점화가 필요하지 않았다. 이 두 가지는 특히 바다 한가운데서 제 기능을 발휘하기 어려울 때가 많았다.[111]

하염없이 늘어지기도 하는 이런 피비린내 나는 전투가 바다에서 반복되었다. 1607년 4월 존 워드는 튀니지 코르세어선 두 척을 지휘하며 목표물을 찾아 튀르크 해안을 항해하고 있었다. 그의 눈에 1,500톤은 될 법한 베네치아 대형 상선 레니에라에소데리나Reniera e Soderina호가 들어왔다.[112] 500톤만 되어도 큰 배라고 생각하던 시대에 베네치아가 만든 아르고시argosy급 대형 상선은 그야말로 물 위를 떠다니는 거대한 요새였다. 아르고시는 워드가 소유한 두 배(한 척은 갤리선이었고, 다른 한 척은 플라이보트였다)보다 훨씬 더 컸으므로 그의 작은 선단은 아르고시가 항복하기를 바라며 세 시간 동안 포화를 퍼부었다.[113] 그러나 베네치아 함선은 두들겨 맞고도 항복하지 않았다. 항복은커녕 선원들이 이물과 고물의 누각에 모여 자기네 배로 아무도 올라오지 못하게 하려고 했다. 베네치아 선원들이 막 누각에 모였을 때 워드의 두 배가 최후의 사슬탄(Chain shot)* 일격을 퍼부었다.[114] 베네치아의 공식 사건 보고서는 그 결과를 다음과 같이 묘사했다.

공포를 주려던 그들의 작전은 훌륭하게 성공했다. 해적이 쏜 사슬탄 한 발에 선미 갑판을 지키던 선원 중 두 명이 맞았다. 두 선원이 말 그대로 산산조각이 나자 나머지 선원들은 무기를 선미 갑판에 두고서 모두 도망쳤다. 심지어 두 해적선들이 옆으로 나란히 다가오는 동안에도 저마다 자기 소지품을 향해 내빼기 바빴다.[115]

공포를 잠재우고 지휘 체계를 바로 세울 도리가 없었던 베네치아인

---

* 범선 시대의 전장식 포에 사용된 특수 탄환. 대개 반구 두 개를 사슬로 연결한 형태로, 표적 선박의 삭구와 돛을 부수고 적에게 상해를 극대화하여 입힐 목적으로 사용했다.

선장은 결국 항복했다. 베네치아 선박은 나포되어 전리품이 되었고, 살아남은 선원과 승객 들은 튀니스 노예시장에서 거래될 처지로 전락했다. 워드 개인적으로 이 사건은 그의 적수들에게 '대해적'이라는 워드의 악명을 공고히 하는 계기가 되었다.

수십 년 후 '롱벤' 에이버리도 활동에 착수했다. 팬시Fancy호로 개명한 찰스2세호를 탈취한 후 에이버리는 곧장 아라비아해로 향했다. 인도 서해안의 수라트에서 아덴만을 거쳐 홍해의 제다로 향하는 메카 순례 경로를 오가는 인도 선박을 털겠다는 심산이었다. 순례자 수백 명뿐만 아니라 비단과 향료를 거래하는 상인들을 태운 이 배들은 그야말로 보물창고라는 소문이 자자했다.

> 동양인들은 극도로 화려하게 여행한다고 알려져있다. 그들은 노예와 수행원을 전부 거느리고, 풍부한 약물과 장신구, 금과 은으로 만든 그릇, 육로 여행에서 경비로 쓸 많은 현금도 가지고 있었다. 약탈물의 총액을 쉽게 계산할 수 없을 정도다.[116]

현장에 도착한 에이버리는 이미 다른 해적선 다섯 척이 같은 목표를 가지고 어슬렁거리는 것을 발견했다(그중 하나는 유명한 해적선장 토머스 튜가 지휘하는 애머티Amity호였다). 1695년 7월, 해적 선단은 돛대가 25개에 달하는 순례자 호송선 한 척과 맞붙었다. 해적들이 첫 목표물로 고른 이 거대한 배는 수라트의 가장 부유한 상인 중 한 명인 압둘 가파르가 소유한 파테모하메드Fateh Mohammed호였다. 에이버리는 팬시호를 안전할 정도로 멀리 두고 그곳에서 포를 쏘아 무굴 선원들이 고개도

들지 못하게 했다. 그러는 사이에 다른 해적선 두 척이 쓸어 버리듯이 공격했다. 순식간에 수많은 험악한 해적들에게 둘러싸인 파테모하메드호의 선장은 항복을 선언했다. 배에서 나온 금과 은의 가치는 5만 파운드, 현재 가치로는 850만 달러에 달했다. 비록 약탈품을 다른 배들의 선원들과 나누어야 했지만(여기에 토머스 튜는 포함되지 않았다. 그는 작전 중에 사망했다), 하루치 일당으로는 나쁘지 않았다. 그리고 더 큰 수확물이 오고 있었다. 이튿날 이른 아침 에이버리는 홀로 작전을 펼쳤고(다른 배들은 팬시호의 속도를 따라잡을 수 없었다), 팬시호는 선단의 위풍당당한 기함인 간지이사와이Ganj i-Sawai호를 낚아채는 데 성공했다. 간지이사와이는 '넘치는 보물'이라는 뜻으로, 무굴제국 황제 아우랑제브가 소유한 배에 딱 어울리는 이름이었다.

간지이사와이호는 쉬운 먹잇감이 아니었다. 배에 실린 보물과 고위급 승객들을 보호하기 위해 대략 포 50문과 머스킷총으로 무장한 병사 400명이 타고 있었다. 그들은 호락호락하게 항복하지 않았다. 무굴 함선과의 전투는 두세 시간 동안 격렬히 이어졌고, 마침내 에이버리에게 행운이 왔다. 에이버리의 함포 중 하나가 간지이사와이호의 주 돛대를 무너뜨린 것이다. 주 돛대와 함께 달려있던 돛이며 밧줄, 돛과 돛대를 잇는 하부 고정쇠까지 모두 부서지면서 수많은 선원과 병사가 거기에 깔렸다. 포 하나가 폭발해 가까이 있던 사람들이 다치고 죽자 혼란은 더 극심해졌다. 거세게 항전하던 방어군은 무굴 선장 이브라힘 칸이 겁에 질려 갑판 아래로 도망치자 비로소 사기가 꺾였고, 마침내 해적들은 배에 올라탈 수 있었다.[117] 에이버리 일당은 배의 장대한 갑판을 착착 점령해 나갔다. 재미로든, 숨긴 귀중품을 내놓게 하려는 목적이든 모든 승객과 선원을 무자비하게 고문했고, 여성 승객들을 집단 강간했다. 약탈물은 어마어마해서 해적 선원 한 명이 제 몫으로 자그마치 1,000파운드씩 챙길 수 있을 정도였다. 현재 가치로 최소 17만 5,000달러에 달하는 금액이다.[118]

'우선 포격으로 죄 날려 버리고, 이후 승선 및 도륙, 필요 시 후퇴하고 다시 반복'을 특징으로 하는 해적 공격 방식이 가끔 변형되기도 했다는 점을 짚고 넘어가자. 이런 변형의 대표 사례가 1587년 11월 4일 영국 사략선장 토머스 캐번디시가 남태평양에서 스페인 갈레온선 산타아나Santa Ana호를 공격했을 때의 일이다. 700톤급이던 산타아나호는 평범한 선박이 아니라 '마닐라 갈레온선'으로, 이는 중국과의 무역으로 벌어들인 재화를 필리핀을 거쳐 멕시코의 아카풀코로 운송하기 위해 특수 제작된 거대한 함선이었다. 마닐라 갈레온선은 보통 1년에 한 번 금은으로 배를 가득 채우고 항해한다.[119] 포 18문을 탑재한 120톤짜리 갈레온선 디자이어Desire호와 포 10문을 탑재한 60톤짜리 갈레온선 컨텐트Content호를 이끌던 캐번디시가 산타아나호를 발견했을 땐, 이 스페인 부유요새는 10년 전 누에스트라세뇨라호가 프랜시스 드레이크 선장의 골든하인드호에 기습당했던 일을 까맣게 잊은 양 무방비하게 항해 중이었다. 보아하니 그 사건에서 배운 것도 없는 듯했다. 정확히 그때처럼 스페인 함선의 포는 화물을 싣기 위한 공간을 더 확보하기 위해 갑판 아래에 보관되었고, 선원들은 전투에 대비하고 있지 않았다. 포격을 당할 위험이 없었으므로 캐번디시는 포격으로 적을 무력화하는 단계를 생략하고 바로 산타아나호에 올라타기로 했다. 하지만 이것은 값비싼 실수였다. 스페인 선원들은 이물 누각과 고물 누각에 빽빽이 서서 영국인들이 몸을 들이밀 때 창, 미늘창, 장검으로 찌르고 내려쳤다. 그러는 동안 잘 방비된 후퇴지에서 스페인 배보다 높이가 낮은 영국 배들을 향해 육중한 바닥짐용 돌을 던져댔다. 부하 두 명이 사망하고 네댓 명이 다치자 캐번디시는 승선을 포기하고 퇴각해야만 했다. 그제야 그는 산타아나호에 포화를 퍼붓기도 결심한다. 그의 표현에 따르면 "놈들을 속속들이 훑어내 죽이고 불구로 만들려고 영국의 장대한 포와 작은 총기"들을 사용하기로 한 것이었다.[120] 마닐라 갈레온선은 장장 여섯 시간 동안 포화에 시달리고 나서야 마침내 항복했다. 선원 다수가 고깃조각들이 되었으며, 한때 위용을 자랑했던 바다 위의 요새는 난파선이나 다름없는 몰골이 되었다.

토머스 캐번디시는 스페인 보물선 선원들의 용감함을 크게 칭찬했다. 물론 캐번디시뿐만이 아니었다. 이와 같은 전투를 직접 목격한 많은 영국인들은 포르투갈·스페인 출신 적들이 숭고하고 용감하게 싸웠음을 대거 증언한다. 예를 들어 영국인 버커니어이자 작가였던 배질 링로즈는 1680년 4월에 벌어진, 선원이 60명 정도였던 버커니어 피라과선 두 척과 작은 스페인 군함 세 척으로 이루어진 선단 사이의 잔혹했던 전투를 세세히 묘사하면서 다음과 같이 끝맺었다. "그리고 사실 그들은 이런 평가를 받을 자격이 있다. 어느 누구도 이 스페인 사람들만큼 용감하게 싸우지는 못했을 것이다."[121] 이 모든 목격담은 포르투갈이나 스페인 군함에 탑승한 병사들이 곧바로 항복했다거나, 아니면 오합지졸이라 포를 몇 번 쏘는 둥 마는 둥 하다 항복해 버렸다는 둥 그들을 오만하고 비겁한 병사들로 간주하는 관행을 깨는 데 도움이 되었다. 역사가 배너선 리틀은 이렇게 말했다. "스페인 전함을 조종하는 사람들은 현대의 해적 동

스페인 갈레온선

화나 영화에서 코르셋으로 허리를 졸라매고 우스꽝스러운 투구를 쓴 광대 같은 스페인 병사들과 같은 자들이 아니었다. 버커니어들은 이미 용맹한 스페인 지휘관들과 다양한 인종으로 이루어진 스페인 군대를 상대로 필사적이고 피비린내 나는 전투를 치러왔으므로 자신들이 마주하는 것이 무엇인지 잘 알고 있었다."[122] 그러나 늘 예외는 있었다. 앞서 피에르 르 그랑의 기습 사례에서 보았듯이 일부 스페인 뱃사람들은 부주의했으며, 확실히 오만했다.

최신식 해적 기술

더 크고 더 중무장한 선박들을 모아 함께 움직이는 '이리 떼 전술'도 자주 사용되었다. 17세기 카리브해에서 활동했던 초기(그리고 여전히 주로 프랑스인이던) 버커니어가 기만 전술 또는 살 고른 상소에 매복 우 기습하는 작전을 펼 때 곧잘 채택한 방법이다. 이들은 통나무를 파서 만든 카누나 그것보다 조금 더 큰 피라과선을 주로 사용했으며, 상대 배를 에워싼 뒤 이름난 사격술로 선원을 한 명씩 쓰러트렸다. 특히 갑판에 있던 장교와 키잡이를 겨냥해 지휘 체계를 망가뜨리고 배를 조종할 수 없게 했다.[123] 동쪽 바다의 해적도 이러한 협공을 선호했다. 당시 동남아시아 해적선들은 적수인 중국 배나 서양 배보다 크기가 작고 화력도 약했다. 민다나오섬의 이라넌, 술루제도의 발랑잉이Balangingi*, 보르네오섬의 바다 다야크(Sea Dayak)**와 같은 말레이 해양 부족들은 일단 기만 전술이 먹히지 않으면 마주치는 거의 모든 배들을 떼거지로 무자비하게 공격하고, 배에서 서양인들을 발견하면 저항 없이 항복해도 전멸시켜 버리는 것으로 유명했다. '거의 모든' 배라고 표현한 이유는, 그들이 대형 정크선과 18세기 말에서 19세기에 중국으로 아편을 실어 날랐던 중무장한 동인도회사 무역선은 대개 피했기 때문이다.[124] 영국의 항해자이자 작가인 조지 윈저 얼은 아마도 이런 이유로 당시의 전형적인 제국주의적 오만함이 느껴지는 태도로 말레이 해적을 표현했으리라. 그는 1832~1834

---

*   18~19세기에 해적행위로 악명이 높았던 필리핀 술루제도의 민족.

**   이반Iban이라고도 알려져있다. 보르네오(칼리만탄)섬 다야크족의 한 분파로, 18~19세기에 해적행위로 악명이 높았다.

말레이 프라우선에 공격당하는 정크선

년에 동남아시아에서 항해할 때 싱가포르 근처에서 말레이 해적들과 마주쳤던 경험을 두고 이렇게 썼다.[125] "잔인한 만큼이나 비겁하다." 이 해역을 항해하는 모든 배들은 날렵한 범노선인 프라우Prahus 선*을 타고 30~40척씩 떼지어 활동하는 말레이 해적을 경계해야 했다. 보통 각 배에는 대포와 선회포가 탑재되었고, 무장한 전사 100~150명도 탔다.[126]

말레이 해적들은 대개 배 수십 척으로 목표물을 향해 사방에서 돌진하며 포격을 퍼부으면서 공격을 개시한다. 키를 부수거나 삭구를 통째로 무너뜨려 목표물을 오도가도 못하게 잡아두기 위해서다.[127] 가끔 운좋게 바람 방향이 적당하면 피습 선박은 추격자를 따돌리고 도망칠 수

---

* 말레이 지역의 다선체형 쾌속선. 동력으로 노나 돛 또는 둘 다 사용하기도 한다.

전형적인 중국 정크선

있었다. 또는 마침 근처에 있던 군함이 구조하러 오기도 했다. 다음이 그런 사례다. 1838년 5월, 중국 정크선이 이라넌의 대형 프라우선 여섯 척에 쫓기고 있었다. 정크선이 방어용 포를 쏘았는데도 거리는 순식간에 좁혀졌다. 바로 그때 천재일우로 영국 해군 슬루프인 울프Wolf 함과 동인도회사 소속 외륜증기선 다이애나Diana호가 등장해 정크선을 구조했다(다이애나호는 증기선 시대가 오고 있음을 보여 주었다). 바람과 상관없이 움직일 수 있었던 다이애나는 프라우선을 농락하면서 순식간에 해적선단 전부와 수많은 해적을 바다에 빠트렸다.[128] 하지만 이렇게 운 좋은 경우가 흔한 것은 아니었다. 대개 말레이 해적선은 도망치는 배를 따라잡았다. 애석하게도 배가 따라잡히고 나면 이라넌 해적들은 머스킷총탄을 갑판 위와 삭구를 향해 퍼부었으며, 상대 배에 갈고리를 던져 자신들의 배로 당겨 붙였다. 상대 배에 올라타면서 해적들은 선원들을 창과 캄필란Kampilan (외날 장검)으로 도륙했다. 그러는 내내 다음과 같은 상황이 전개되었다.

> 그들은 무아지경 상태에서 폐를 쥐어짜는 듯한 고함과 비명을 질렀다. 무시무시한 소음이었다. … 그들이 교전 중에 높고 새된 소리로 울부짖으면 전투에 서투르고 경험도 없던 계약직 상선 선원들은 공포로 새파랗게 질려 배는 물론이고 자신들도 방어할 수 없었다.[129]

때때로 해적들의 승선을 앞둔 배의 선원들은 해적들에게 산 채로 잡히면 처해질 운명을 잘 알았기 때문에 극단적인 방법을 선택했다. 1806년 방카해협에서 프라우선 40척이 협공해오자 네덜란드 상선 선주들은 저항이 무의미하며, 죽음이 확실하다는 것을 깨달았다. 그들은 해적 수십 명이 배에 오르는 것을 냉담하게 지켜보다 배를 폭파해 버렸다. 아마도 화약고에서 총을 쏘았으리라.[130] 이렇게 극단적인 자살 행위는 간간이 일어났던 듯하다. 17세기 페르시아어 필사본인 《The Ship of Sulaimán》의 저자들은 서양인(당시 '프랑크족'이라고 불렸다)들이 해적에게 항복하느니 배와 함께 불타 죽는 것을 택한다고 공공연히 칭찬했다. 비록 저자들은 그 프랑크인들이 왕의 명령을 받아 그렇게 했다고 오해한 듯하지만….[131]

해안 습격에 관한 한 바이킹과 왜구가 사용하던 '파괴·강탈형' 습격은 여전히 애용되었다. 지중해에서는 이전 몇백 년간 그랬듯이 기독교 코르세어와 이슬람 코르세어가 각각 서로의 해안을 습격했다. 몇몇 예외를 제외하면 기독교 코르세어는 대개 지중해에 남아있었지만, 더 저돌적인 일부 이슬람 바르바리 코르세어는 지중해를 벗어나 영국, 아일랜드, 심지어 먼 아이슬란드 해안까지 쳐들어갔다. 그중 하나가 '후대 무라트 리스Murat Reis the Younger'라는 자였다. 1570년경 네덜란드 하를럼에서 '얀 얀스존'이라는 이름으로 태어난 리스는, 1600년 네덜란드 사략선에서 뱃일을 시작했다. 리스는 1618년 대서양의 란사로테섬 앞바다에서 알제리인 코르세어에 붙잡힌 후 이슬람교로 개종(보통 서쪽 기독교권에서는 이들을 '변절 튀르크인'이라고 불렀다)하고 무라트 리스라는 이름으로 활동을 이어나갔다. 북해 해상 환경에 상당히 익숙했던 그는 북해 연

바르바리 코르세어와의 해전

안에서 주로 활약했다. 1627년부터 1632년까지 5년 넘게 브리스틀해협에 있는 런디섬을 전진기지로 삼기도 했다. 리스가 일으킨 가장 유명한 습격 사건은 1631년 6월 20일 아일랜드의 항구도시인 볼티모어를 약탈한 것이었다. 이전에는 악명 높은 해적 소굴(108~109쪽 참조)이었지만, 이 시기 볼티모어는 영국 정착민들이 사는 그저 그런 어촌에 불과했다. 영국 해군의 해적 진압용 군함 피프스웰프Fifth Whelp함이 하필 이 중요한 순간에 항해가 불가능했는지 리스 일당을 내버려 둘 수밖에 없었고, 리스는 불운한 마을 사람 107명까지 끌고 가 노예로 팔았다.[132]

1550년대 이래 카리브해에서 활동한 초기 프랑스 사략선이나 17세기 버커니어들의 상륙작전 또한 '파괴·강탈형' 공격에 속한다. 그들이 가한 습격의 충격도 국지적이었다. 따라서 해안 거주민들은 고통스러웠고, 일부 주민들은 목숨도 잃었지만, 고작 몇 킬로미터 떨어진 이웃 지역에서는 평온한 일상이 이어졌다. 대체로 사람들이 느끼는 공포는 린디스판섬 습격 사건처럼 이야기로 전해지는 '살 떨리는 간접 체험'이나 다름이 없었다(54~55쪽 참조). 알렉상드르 엑스크믈랭은 카리브해에서 일어난 몇몇 소규모 버커니어들의 작전들을 기록했다. 그중 하나는 17세기 중반 버커니어 존 데이비스 선장이 피라과선 일고여덟 척을 지휘한 작전이다. 데이비스의 선단은 은을 실어 나르는 스페인 함대를 용의주도하게 덮치고 싶었다. 쿠바의 북쪽 해안을 오르내려도 소득이 없자 데이비스의 선단은 마침내 플로리다 북동부 대서양 연안의 작은 마을인 산아구스틴(지금의 세인트오거스틴)으로 쳐들어갔다. 습격당한 주민들은 간신히 요새로 도망쳤으며, 자신들의 집이 털리고 불타는 것을 볼품없는 수비대와 함께 무력하게 지켜볼 뿐이었다.[133] 엑스크믈랭은 약탈물의 양을 명시하지는 않았지만, 그렇게 많을 리는 없었다. 작은 해안 마을은 대개 형편이 넉넉하지 않았다. 더욱이 주민들에게는 버커니어들이 쳐들어오는 동안 소지품을 챙겨 언덕이나 정글로 도망칠 시간이 충분했다. "버커니어의 전형"[134]으로 여겨지는 헨리 모건 경이 그의 명성을 드높인 1671년 파나마 습격에서 생각만큼 큰 수확을 얻지 못한 이유도 여기에 있다. 이 습격은 모건의 선공으로 시작된 공방전이었다. 스페인 수비병들은 몇 번이나 거세게 반격했고, 모건은 이를 물리쳐야 했다. 잘 배치된 포대들과 저격수들이 쏟아붓는 포화와 총탄도 막아 내야 했다. 모건의 부하들이 쏜 포에 "마지막 남은 스페인 포병들이 산산조각"나기는 했지만, 그때는 이미 모건 부대가 "한 걸음 내디딜 때마다 병력을 잃"은 상황이었다.[135] 원통하게도 모건은 자신이 노렸던 금과 은 대부분이 이 고전 동안 재빨리 도시에서 어디론가로 실려갔다는 사실을 알게 되었다. 반면 비슷한 공격을 하고도 더 수지맞았던 사례도 있다. 1683년 5월 네덜란드 버커니어 로랑스 더흐라프가 니홀라스 판 호른 및 미셸 더흐라몬트와 함께 멕시코 만의 베라크루스를 공격한 작전이 그것이다. 대형 선박 다섯 척과 소형 선박 여덟 척에서 하선한 해적 1,200여 명이 재빨리 마을의 방어선을 뚫고 허둥지둥 모여든 민병대를 물리쳤기 때문에 주민들은 재물을 숨기거나 빼돌릴 시간이 부족했다. 전리품 액수가 상당해서 해적 개개인이 800스페인달러(현재 가치로 약 2만 1,000파운드 또는 2만 8,000달러)나 받았다. 이 시기 카리브해 해적들이 원정에 성공했을 때 기대할 수 있던 수입이 대략 30~60스페인달러였으니 수지맞은 셈이었다.[136]

그로부터 약 1세기 후 동쪽 바다에서 활동한 정일수의 해적단 또한 마을과 소읍을 줄기차게 약탈했다. 1809년 가을에 그들이 어떻게 한 마을을 공격했는지를 주강 하구에서 엘리후작(Marquis of Ely)호를 타고 항해하다 해적단에 납치되었던 영국인 선원 리처드 글래스풀이 숨 가쁘도록 생생하게 기록했다. 글래스풀에 따르면 해적단은 어느 날 밤 목표지 마을 근처에 정박했다가 다음 날 아침 일찍 눈 뜨기가 무섭게 공격을 개시했다.

> 해적들이 칼을 들고 고함을 치며 마을로 돌진했다. 주민들은 인접한
> 언덕으로 도망쳤다. … 도망칠 수도 저항할 수도 없던 늙고 병든 자
> 들은 포로가 되거나 가장 비인간적으로 도살당했다! 보트는 끊임없
> 이 신속하게 바다 위 정크선과 육지를 오가며 약탈품을 실어날랐다.
> 해적들은 온통 피칠갑을 했다! 여성 250명과 아이 몇 명이 잡혔다. …
> 마을은 모든 귀중품을 약탈당한 후 불태워졌다. 불은 밤새 타올라
> 아침이 되자 잿더미만 남았다.[137]

앞서 언급한 이라넌, 발랑잉이, 바다 다야크(146쪽 참조)와 부기Bugi*
등 남중국해의 다양한 전사·해적들도 해안 정착지를 비슷한 방식으로 약탈했다. 그들의 동시대인이자 해적들이 치를 떠는 적수였던 보르네오섬 사라왁의 라자Rajah(왕) 제임스 브룩 경(재위 1842~1868년)은 해적들의 작전 지역이 북쪽으로는 필리핀에서 남동쪽의 파푸아, 서쪽의 몰루카해협과 타이만灣에 이르는 남중국해 전체를 뒤덮었다고 언급했다.[138] 브룩 경은 해적의 습격으로 보르네오섬에서 발생한 인명 피해도 언급했다.

---

* 　말레이반도와 수마트라섬의 민족. 18~19세기에 해적행위로 악명이 높았다.

"보르네오섬에서만 매년 노예로 끌려가는 주민 수가 상당하다. 여섯에서 여덟 척으로 이루어진 선단이 늘 라부안섬을 배회하며 무역선을 약탈하고 도시 주민들을 납치한다." [139] 이 해안의 주민들은 해적을 그들의 해안으로 이끄는 동쪽 계절풍을 이 기막힌 이름으로 부른다. 바로 '해적풍'이나.

매춘, 음주, 도박

해적들의 극심한 폭력 성향이나, 심지어 전투의 열기가 식은 지 오래되었는데도 무자비한 살인을 저지르는 것에 관한 신빙성 있는 기록들이 많다. 그러나 여기에서 소름 끼치는 일화를 더 늘어놓지는 않겠다. 해적 행위의 실상과 해적이 되는 이유를 심층적으로 이해하려는 우리의 노력에는 별 도움이 되지 않기 때문이다. 해적이 되는 이유는 대개 약탈물을 향한 욕심 때문이었고, 또 모든 해적의 꿈인 '흥청망청 얼큰히 취하는 즐거운 삶' 때문이었다.

약탈물의 정확한 범주는 해적의 사업모델에 달려있었다. 예를 들어 지중해의 코르세어, 동남아시아의 이라넌, 발랑잉이는 배에 실린 화물은 물론 승객과 선원까지 납치해 몸값을 요구하거나 노예시장에 내다 팔았다. 카리브해의 버커니어들은 주로 배의 화물에 관심이 있었고, 몸값을 많이 지불할 가족이 있을 듯한 좋은 가문 출신 장교들과 승객들만 포로로 삼았다. 화물은 일반적으로 설탕, 소금, 향료, 포도주, 럼주, 비단, 옥양목, 티크, 돼지고기, 치즈, 생선, 담배 등이 가장 많이 포함되었다. 어느 지역을 지나다 공격받은 배인지, 또 무슨 목적으로 운항하는 배인지에 따라 품목은 달라졌다. 아시아 해역에서 약탈품 대부분은 쌀이었고, 아프리카 해안에서는 팔려 나가는 노예가 포함되었을 것이다. 해적에게 붙잡힌 노예들은 화물과 똑같이 취급되었고, 적당한 항구에서 거래되었다. 해적단에 합류시키는 경우는 거의 없었던 것 같다. 해적들은 자신들이 속한 시대의 편견을 그대로 답습했다. 일부 낭만주의 작가들 또는 수정주의 작가들이 주장하는 '바다의 로빈 후드'가 결코 아니었다. 심지어 해적은 일반적으로 포획한 배에서 항해에 필요한 도구들, 예를 들면 총, 무기, 탄환, 화약, 고리와 밧줄, 여분의 돛과 널빤지 등 떼 갈 수 있는 모든 것들을 빼앗았다. 일부 해적선은 우호적인 항구나 해안 마을에서 멀리 떨어진 바다를 오랫동안 항해하기도 했다. 이것은 그들이 물품을 알아서 보충하고, 간단한 선박 수선도 힘닿는 대로 직접 해야 한다는 것을 의미했다. 특히 맞붙은 배가 즉시 항복하지 않고 전투를 벌여 해적선이 심하게 손상되었다면 두말할 것도 없었다.

많은 화물이 일상품에 가까웠다는 점을 고려할 때, 해적 대부분이 희망이나 기대와는 달리 해적질로 큰 부자가 되지는 못했으리라 짐작할 수 있다. 앞서 보았듯이 17세기 카리브해에서 활동한 해적의 평균 기대 수입은 한 번 출정에 약 10~20파운드 정도였다.[140] 영국 해군 소속 경력 선원은 3개월당 약 2파운드를 받았다. 즉, 순항 기간에 따라 평균적인 해적이 정직한 선원보다 다섯 배 이상 벌었던 셈이다. 나쁜 수치는 아니다. 하지만 포르루아얄이나 토르투가, 마카오 같은 해적항에서 물가가 고공행진을 하던 시기에 해적들이 선망하던 '얼큰히 취한 삶'을 즐기기에는 터무니없이 적은 금액이었다. 다시 말하면 짧고 행복한 인생을 흥청망청 누리려면 금, 은, 다이아몬드, 에메랄드, 루비 그리고 여타 보석으로 가득 찬 상자를 실어나르는 보물선쯤을 포획하는 행운이 필요했다는 뜻이다. 하지만 그런 대박은 드물었다. 대표적으로 에이버리의 간지이사와이 약탈(141~143쪽 참조)이 대박에 해당한다. 다른 사례로 1720년 8월 18일 파이어리드래곤Fiery Dragon호 선장이었던 영국 해적 크리스토퍼 콘덴트가 또 다른 제다행 보물선을 포획한 사건이 있었다. 입이 떡 벌어질 만큼 대단한 화물이 실린 배였다. 금화, 보석, 향료, 약물은 물론 당시 돈으로 15만 파운드, 현재 가치로 3억 7,500만 달러 상당의 고급 도자기, 유리 제품, 비단 등도 실려있었던 것이다.[141] 콘덴트와 운좋은 그의 부하들은 마침내 '얼큰히 취한 삶'을 획득했다. 그런 삶을 성취하기는 했는데, 오래 지속시키지 못한 경우도 있다. 스페인 보물선을 포획해 그야말로 노다지를 캤던 버커니어 로슈 브라질리아노 선장 휘하의 선원들 이야기다. 엑스크믈랭은 이렇게 묘사했다.

> 늘 그랬던 것처럼 선원들은 선술집과 사창가에서 매춘부를 끼고 포도주를 들이켜면서 온갖 방탕한 짓거리를 해대다 불과 며칠만에 가진 돈을 모두 탕진했다. 다음 날 아침에 걸칠 괜찮은 셔츠 하나 남기지 않고 하룻밤에 2,000~3,000스페인달러를 써댔다. … 나는 선원 중 한 명이 평범한 매춘부에게 홀딱 벗은 모습을 보여 달라면서 500스페인달러를 쥐여 주는 것도 보았다.[142]

3,000스페인달러는 대략 오늘날의 8만 파운드(10만 4,000달러)와 맞먹는다. 하룻밤에 날려 버리기에는 엄청나게 큰 금액이다. 매춘부의 벌

거벗은 모습을 보겠다고 500스페인달러, 즉 1만 8,000파운드(2만 3,500 달러)를 쓰는 것도 마찬가지다. 엑스크믈랭은 이렇게 덧붙였다. "우리 선장은 이런 경우에 포도주통 하나를 고스란히 사서 길바닥에 놓고 지나가는 모든 사람에게 같이 마시자고 강요하다가 누구든 거절하면 권총으로 쏘겠다고 위협할 것이다. 어떤 때는 에일*통이, 또 어떤 때는 맥주통이 그 자리를 대신한다."[143]

포르루아얄이나 바하마의 토르투가, 나소와 같은 카리브해 해적항구만이 휴식과 유흥을 위한 장소였던 것은 아니다. 해적과 사략단의 요구를 만족시킬 항구는 어디든 있었다. 최소한의 조건이라면 돈줄이 될 만한 해상 통행량과 배경이 의심스러운 사람들이 가져온 물건의 출처를 캐묻지 않는 지방 당국이 있어야 한다는 점이다. 해적들이 즐겨 찾은 여러 지중해 항구도 '묻지도 따지지도 않고 환영' 정책을 내걸었고, 자메이카 해적들 및 사략단들과 마찬가지로 코르세어들도 얼큰히 취해서 행복한 삶을 누리기 위해 대책 없는 소비에 뛰어들었다. 코르세어 알론소 데 콘트레라스는 자신이 해적질로 번 돈이 "모두 내 정부情夫에게 갔다"라고 탄식한 바 있다.[144] 18세기에 중국 항구들, 특히 중국의 포르루아얄이자 토르투가인 마카오를 찾던 해적들은 "종종 아편굴, 도박장, 사창가를 전전하며 시간을 낭비하곤 했다. 그들은 격투며 매춘, 도박, 그리고 술과 아편에 빠져서 돈을 버는 족족 다 써 버렸다."[145] 약탈에 성공해 부자가 된 운 좋은 해적들은 이곳에서도 전형적인 흥청망청 취한 삶을 누릴 수 있었다. 이곳에서는 아편이라는 지역 특산 서비스도 추가되었다.

---

* 상면 효모를 사용해 고온에서 발효시켜 만든 맥주.

하지만 이 항구들이 마냥 천국은 아니었다. 선술집이며 사창가, 도박장이 드센 범죄자들로 들끓는 해적항은 위험한 장소가 될 수 있었다. 더군다나 그들은 짧게는 며칠에서 길게는 몇 주 동안 머물렀다. 버커니어며 프리부터까지 즐겨 찾은 해적항인 토르투가에서 루이 르 골리프는 본인이 직접 연루되었던 수많은 결투의 취기 속에서 벌어지던 칼싸움으로 목숨이 왔다갔다 했던 상황을 증언했다. 그는 무기를 소지해야 한다고 판단했다.

> 그 시기[1678년 혹은 1679년]에 무기 일습을 갖추지 않고 걸어 다니는 짓은 가장 바람직하지 않은 짓이었다. 나는 늘 차는 칼은 물론이고 언제나 장검과 단도 몇 자루, 그리고 장전된 권총 네 자루를 가지고 다녔다. 이런 땅에 머무는 것은 언제나 '선의를 가진 사람'이 되려고 노력하는 나에게는 즐거운 일이 아니라는 점을 인정해야겠다.[146]

르 골리프는 그 원인으로 버커니어들과 프리부터들 내부에서 일어난 점진적 변화를 탓했다.

> 이 모든 것으로 생각건대 해적들은 더이상 예전 같지 않다. 남녀를 막론하고 많은 악당들이 세계 각지에서 이곳으로 몰려들어 우리와 섞였다. 용감하고 정직한 사람들이 대거 토르투가를 떠나 본토에서 살고 있다. … 반면 이 섬에 남은 사람들은 질이 좋지 않다.[147]

이렇듯 '안전한 피난처'가 사회의 질 나쁜 구성원들을 끌어들일 만한 매력을 지녔다는 사실은 크게 놀라운 일도 아니다. 하지만 토르투가와 비슷하게 마카오에도 도박장과 아편굴이 넘쳐나게 되면서 법을 준수하는 시민들이 범죄 피해에 더 노출되는 결과가 생겼다.

해적의 최후

해적 경력은 얼마나 오래 지속할 수 있었을까? 그리고 어떻게 끝났을까? 여하간 모든 해적이 교전 중에 사망하는 최후를 맞이한 것은 아님이 분명하다. 일부는 해적질을 접고 정직한 시민으로 되돌아갔다. '정직'에 정도의 차이는 있지만, 여하튼 그렇다. 이 장에서 다루는 근대 시기에 보통 해적 경력은 길지 않았다. 간지이사와이호를 포획한 헨리 에이버리는 약 2년간(1694~1696년)만 해적으로 살았는데, 이렇게 짧은 경력은 흔했다. '검은 수염'으로 유명한 대해적 에드워드 티치도 2년(1716~1718년)간 해적으로 살다 죽었고, 웨일스 해적 바살러뮤 로버츠는 총 3년(1719~1722년) 동안 해적이었는데, 다음의 영국 해적인 토머스 튜(1692~1695년), 에드워드 로(1721~1724년), 존 래컴과 앤 보니, 매리 리드(이상 1717~1720년)와 포르투갈 출신인 바르톨로메우 포르투게스(1666~1669년)도 마찬가지로 3년이라는 짧은 경력을 자랑한다. 위더 Whydah호의 선장 '블랙 샘Black Sam' 새뮤얼 벨러미가 해적으로 지낸 기간은 고작 1년 반(1716년 초~1717년 4월)이다. 물론 10년 이상 바다를 누빈 해적도 많다. 중국 해적여왕 정일수는 약 10년(1801~1810년) 동안 활동했고, 해적왕 오석이 또한 1810년에 붙잡히기 전까지 약 10년 동안 활동했다. 경력이 긴 다른 해적들로는 1823년까지 약 10년 동안 활동한 쿠바 해적 '디아볼리토Diabolito('작은 악마'라는 뜻)'와 아프리카 해적 블랙 시저Black Caesar(1700년대~1710년대)가 있다. 하지만 서양 출신 버커니어 스타일 해적들의 전반적으로 짧은 경력만 봐도 왜 그들의 좌우명이 바살러뮤 로버츠가 읊은 '얼큰히 취한 삶, 짧은 삶'이었는지를 알 수 있다.

서양 해적의 평균 경력이 상대적으로 짧았던 이유는 다양하다. 에이버리를 포함한 일부 해적은 일찍이 한탕에 성공한 후 호시절의 절정에서 현명하게 해적 무대를 떠났다. 헨리 메인웨어링 경이나 헨리 모건 경처럼 특별사면을 받아서 해적을 관두고 해적 사냥꾼으로 전향한 경우도 있다. 일반 사면장을 받은 해적도 수십 명이나 된다. 비록 사면을 받고 나서도 다시 범죄에 연루되는 비율이 높았지만 말이다. 실제로 존 래컴, 우즈 로저스, 스테드 보닛을 포함한 많은 해적은 돈이 바닥나자 해적으로 돌아갔다. 하지만 어쨌든 많은 해적이 이 황금 같은 기회를 붙잡아 적법한 시민으로 변신했다. 그중 상당수는 해적의 잔혹한 현실은 그들이 꿈꿔왔던 '얼큰히 취한 삶'과는 한참 동떨어져있다는 사실을 깨달았던 것이다. 사면에는 대개 해적들이 이미 얻은 약탈물을 환수하지 않는다는 조건이 붙어있었고, 전직 해적들은 법망이 목줄을 죄어오는 두려움에서 해방된 채 여생을 당당하게 보낼 수 있었다. 동쪽 바다에도 사면 사례가 있다. 1810년 남중국해 해적여왕 정일수와 그녀의 연인 장보자張保仔는 청나라 관리와 사면 협상 후 부하 수백 명을 거느리고 투항했다. 정일수는 투항 후 '악명 높은 도박장을 운영하는 데 만족하는 평온한 여생'을 보내다 60세였던 1844년에 사망했다.[148] 정일수가 해적으로 활동한 기간은 거의 10년이다. 그녀는 매춘부로 일하다가 해적단장 정일의 아내가 되었고, 1807년에 남편이 죽자 그의 뒤를 성공적으로 계승하여 해적단의 명실상부한 지도자로서 휘하에 해적 4만~6만 명을 거느리고 정크선 400척을 지휘했다.[149]

적절한 권한을 가진 '승인받은 해적'이던 버커니어 선장 루이 르 골리프는 1678~1679년에 프랑스 왕 루이 14세가 스페인 왕 카를로스 2세와 네이메헌 평화조약을 체결하자 자신의 경력을 끝내려고 했다. 동료였던 버커니어나 프리부터는 느닷없이 찾아온 평화를 인정하지 않고서 더 이상 나포 허가장 없이 활동하는 '진짜 해적'이 되었지만, 르 골리프는 그들과 같은 길을 걷지 않았다. 다만 약탈물의 분배를 놓고 동료 사략선원들과 자주 다툼이 일어났다. 르 골리프는 결투에서 늘 이겼지만, 독살 시도를 당해 몸져눕기도 했다. 이렇듯 불안정한 시대에는 평화가 으레 그렇듯 오래 지속되지 않았고, 남태평양의 스페인 식민지를 약탈할 사략단이 다시 꾸려졌다. 르 골리프도 다시 정식 사략선원이 되어 로랑 드그라프 장군 휘하로 들어올 것을 종용받았다. 하지만 그는 다음과 같은 사유로 불복했다.

첫째로 [드그라프가] 지휘를 맡겠다고 하는데, 내가 지휘를 맡지 못하는 이유를 납득할 수 없었다. 둘째로 그 프로젝트는 내가 보기에 문제가 있는 주장에 근거해서 계획되었고, 해적질로 치달을 위험도 컸다. 셋째로 나는 이미 엄청난 부자이므로 더 큰 부를 얻자고 목숨은 물론이고 가진 재산마저 잃을 위험마저 감수하고 싶지 않다.[150]

이제 토르투가가 자신에게 안전한 곳이 아니라고 생각한 르 골리프는 프랑스로 돌아갔고, 그렇게 역사에서 사라졌다. 그가 쓴 자서전의 마지막 페이지들은 화재로 소실되었다.

많은 해적들이 무역선을 탔던 셀 수 없이 많은 뱃사람들과 운명을 같이했다. 배가 난파할 때 쇠후를 맞은 것이다. '블랙 샘' 벨러미와 부하 145명이 북동풍을 등지고 북미 동부 연안으로 불어오는 사이클론인 노르이스터nor'easter를 만나 1717년 4월 26일 코드곶 앞바다에서 단 두 명을 제외하고 모두 바다에 빠져 죽었던 사건도 한 사례다. 사망 당시 고작 28세였던 벨러미는 해적으로 활동한 15개월 동안 선박을 50척 이상 나포하고, 현재 돈으로 약 9,200만 파운드(1억 2,000만 달러)를 벌어들였다. 그는 사후에 역사상 가장 성공적이고 가장 많은 수입을 올린 해적이 되는 영광을 누렸다.[151] 난파에서 살아남은 또 다른 선원들은 붙잡히거나 살해당하기도 했다. 1662년경 프랑스 해적 프랑수아 롤로네의 해적 경력 초기에 그의 동료 선원들이 겪은 일이다. 롤로네 일당이 탄 배는 멕시코만의 캄페체 근처에서 좌초됐다. 다행히 목숨을 건진 선원들이 물살을 헤치며 해변으로 걸어나가던 중이었는데, 바로 그때 스페인 중대가 그들을 공격했다. 선원들은 모두 사망하고, 죽은 척한 롤로네만 살아남았다.[152] 이 외에 '캡틴 키드'나 '캘리코 잭' 래컴 같이 교수대에서 생을 마감하거나(각각 1701년과 1720년), 오석이처럼 참수형을 당할 수도 있었고(1810년), 토머스 튜와 '검은 수염' 티치처럼 교전 중에 사망하는 경우도 있었다(각각 1695년과 1718년). 얄궂게도 사망 당시 추정 재산이 현재 가치로 7,800만 파운드(1억 200만 달러)였던, 사상 세 번째로 많은 돈을 번 해적인 튜는[153] 에이버리와 그의 부하들을 이전에는 꿈도 꾸지 못하던 수준으로 부유하게 만든 바로 그 사건 때문에 죽었다(142쪽 참조). 튜는 파테모하메드호와 싸우다 상대가 쏜 총에 맞아 배가 찢어졌다. 필사적으로 배를 부여잡아 내장이 쏟아지는 것을 막았지만, 튜는 이 끔찍한 부상으로 금세 쓰러졌다. 롤로네 또한 1669년에 끔찍하게 죽었는데, 전투가 원인이 아니었다. 파나마의 다리엔 해안에서 또 한 번 배가 좌초되고도 살아남은 그는 스페인 식민지 개척자와 버커니어 모두를 자신들의 적으로 간주했던 지역 부족 사람들에게 붙잡혔다. 엑스크믈랭은 이 무시무시한 버커니어의 최후를 다음과 같이 묘사했다. "부족 사람들은 그를 산 채로 조각조각 찢고, 팔다리부터 하나씩 불 속에 집어 던졌다. 롤로네의 유골 가루는 바람에 날려 버렸다. 이 악명 높고 비인간적인 존재의 흔적이나 기억이 일체 남아 있지 못하게 하려는 것 같았다."[154]

면허가 있는 해적인 사략선과 코르세어는 일반 해적에 비하면 생존할 확률이 조금 더 높았다. 물론 교전 중에 죽거나 배가 난파해 죽을 위험이 있다는 점에서 해적과 다를 바 없었지만, 그들에게는 나포 허가장이 있었기 때문에 적에게 사로잡혔을 때 대개 처형 위험을 피할 수는 있었다. 사략선원은 전쟁 포로 취급을 받고 구금되거나, 잡힌 곳이 지중해라면 갤리선에서 노를 젓다가 얼마(때로는 수년) 후에 몸값을 지불하거나 포로 교환으로 풀려날 가능성이 더 높았다. 만약 그들이 이 위험한 직업에서 살아남는다면 명예로운 은퇴 후 사회 지도층으로서, 또 존경받는 사회 구성원으로서 평온한 여생을 기대해 볼 수 있었다. 스페인 코르세어 알론소 데 콘트레라스는 1641년(59세), 프랑스 코르세어 르네 뒤게트루앵은 1736년(63세), 또 다른 프랑스 코르세어 로베르트 쉬르쿠프는 1823년(50세)에 침대에서 평화롭게 숨을 거두었다. 엘리자베스 1세 여왕의 가장 성공적인 사략선장이었던 프랜시스 드레이크 경은 55세가 되던 해에 파나마의 포르토벨로 앞바다에 정박하던 중 이질에 걸려 사망했다. 드레이크 경이 해적으로 산 기간은 1563년부터 1596년 1월 28일까지 자그마치 33년이었다. 코르세어이자 '대해적'이었던 존 워드는 바다 위에서 온갖 모험을 겪었고, 거친 파도 위에서 뱃사람으로 사는 것에 깊은 애정을 가지고도 살아남았다. 1608년에 그를 본 한 영국 선원이 남긴 기록이 있다. "워드는 말이 거의 없었고, 거의 항상 욕을 입에 달고 있었으며, 아침부터 밤까지 술 냄새를 풍겼다. … 완벽주의가 몸에 붙은 뱃사람. 하지만 자기 일 외의 것에 관해서는 그런 바보·천치가 없다."[155] 워드는 1612년경 은퇴하고 제2의 고향인 튀니스에서 1622년에 전염병으로 사망할 때까지 호화롭게 살았다. 그와 마찬가지로 '변절 튀르크인'이었던 몇몇 전직 선장들과 함께였다.

전직 해적 동원의 문제점

특정 상황에서 사략선은 물론이고 때로는 해적선도 비공식 게릴라 해전을 위한 '자유분방한 외교 수단'으로 이용됐다(118~120쪽 참조). 따라서 해적선과 사략선의 활동이 국익에 도움이 될 때는 해적 반대 성명에 미온적이었으며, 굳이 그들의 활동에 재갈을 물리려고 하지도 않았다. 그러나 가끔 강력한 해적 진압 정책이 시도될 때가 있었다. 영국 제임스 1세처럼 새로 즉위한 군주의 의지에 따른 것이거나, 또는 별로 성가실 게 없는데다 오히려 방치함으로써 얻는 이익이 더 컸던 해적이 어떤 계기로 국가에 중대한 위협이 되었기 때문이었다. 1670년 7월 영국과 스페인이 마드리드 조약을 체결했다. 이로써 스페인이 카리브해에서 영국의 식민지 소유권을 모두 인정하는 대신, 영국의 모든 나포 허가가 철회되었다. 이후 벌어진 상황이 그런 사례다. 그런 시기에 해적 진압 정책은 '당근과 채찍'을 모두 사용했다. 대사면과 특별사면으로 해적들이 사회로 돌아오게끔 격려하는 유화책을 쓰는 한편, 일단 붙잡힌 해적에게는 법의 가혹한 잣대를 들이댔다. 후자의 '채찍'으로 말할 것 같으면, 정부는 항상 악명 높은 해적을 공개처형했다(당시 정부는 처형을 공개하는 경향이 있기는 했다). 일반 대중, 특히 뱃사람들에게 공포감을 심어 주어 해적질에 나설 꿈도 꾸지 못하게 하기 위해서였다. 어찌 보면 해적이 그들의 피해자에게 일으킨 공포를 국가가 공권력의 공포로 되갚아 주는 셈이었다.[156] 하지만 국가가 이렇게 되갚음을 하려면 일단 해적을 붙잡아야 했는데, 그것부터 쉽지 않았다.

이 지점에서 악명과 더불어 명성도 높은 몇몇 해적선장들에게 선사됐던 또 다른 '당근'이 모습을 드러낸다. 제임스 1세 치하에서 헨리 메인웨어링 경에게 그랬던 것처럼 '해적 사냥꾼으로 변신해 왕국의 해안과 영해를 수호할 기회'를 제공한 것이다. 제임스 1세가 즉위하기 전 영국 왕실은 해적행위를 실질적으로 소탕하는 데 미온적이었다. 앞서 살펴본 대로 해적 소탕 업무를 맡은 공무원들은 해적질을 눈감아 주고서 사리사욕을 채우는 경우가 잦았다(32~35쪽 참조). 왕실은 왕실대로 해적행위가 먼바다에서 일어나고, 영국의 경쟁국들을 겨냥했다면 굳이 말릴 이유가 없었다.[157] 이렇게 해적질을 못 본 척하는 상황은 제임스 1세의 통치 기간에 점차 종식되었다. 왕은 영국 해군 제독과 총독 들이 해적과 싸우는 것을 좋아하지 않는다는 점을 잘 알았기 때문에 해적 중에서 해적 사냥꾼을 찾았다. 그러던 중 곧 우연히 헨리 메인웨어링이 왕의 눈에 들어왔다. 가방끈이 길었던 메인웨어링은 옥스퍼드 대학교의 명망 높은 브래스노스 칼리지에 다녔고, 런던의 4대 법학원(Inns of Court) 중 하나인 이너템플Inner Temple에서 법을 공부한 후 25세였던 1612년에 해적 생활을 시작했다.[158] 그는 두 가지 면에서 엘리자베스 1세 시대 해적선장들과는 크게 달랐다. 첫째로 드레이크나 롤리와는 달리 메인웨어링은 '국가의 승인을 받고서' 군주를 위해 사략선을 몬 것이 아니라, 해적으로서 오직 자신을 위해 해적질을 했다. 둘째로 메인웨어링이 근거지로 삼은 항구는 영국 항구들이 아니라 지브롤터해협 바로 바깥의 대서양에 면한 모로코 기지인 라마모라였다. 그곳에서 메인웨어링은 네덜란드, 프랑스, 포르투갈, 스페인 배들을 털었다. 제임스 1세에게 상신한 사면 청원서에서 그는 자신이 영국 선박을 공격하는 것만은 주도면밀하게 피했으며, 만약 자신이 영국 선박도 가리지 않고 약탈했다면 10만 파운드 이상 더 벌었을 것이라고 주장했다.[159] 영국 선박을 공격하지 않았다는 점은 제임스 1세가 사면을 결정할 때 분명 긍정적인 영향을 미쳤다. 메인웨어링은 1616년 6월 9일에 제임스 1세에게서 특별 사면을 받았다.

비록 해적 사냥꾼 역할을 하는 조건으로 사면받은 게 아니었지만, 메인웨어링은 보은의 의미로 기꺼이 해적 사냥꾼이 되겠다고 했다. 그는 사면을 받자마자 '길을 막는 모든 해적을 무찌르는 일'에 착수했다. 그 중에는 "템스강 상류"에 정박해있다가 메인웨어링에게 발견된 리Leigh와 같은 "튀르크 해적"도 있었다.[160] 그러나 "폐하의 새 사람(Majesty's new Creature, 메인웨어링이 사면 청원서 말미에 이렇게 사인했다)"인 그가 해적 사냥 과정에서 했던 주된 공헌은 다른 곳에 있다. 1618년 초, 메인웨어링은 〈On the Beginnings, Practices, and Suppression of Pirates〉라는 논문을 써 왕에게 제출했다. 1616년 한 해 동안 메인웨어링이 해적 사냥꾼으로서 거둔 성과보다 훨씬 항구적인 영향을 미쳤던 이 논문 덕분에 그는 승승장구해 기사 작위를 얻고, 부제독으로 진급했으며, 마침내 의회에까지 입성한다.

5장으로 구성된 이 논문은 먼저 영국 해적이 보통 어떻게 해적 경력을 시작했는지(앞서 40, 123쪽에서 살펴보았듯이 '배를 훔치는 방법'이었다), 어떻게 해적질을 배웠는지, 그리고 해적 활동을 용이하게 하는 환경이 여기에 어떤 영향을 미쳤는지 기술한다. 아일랜드가 구체적인 예로 등장했지만, 메인웨어링은 "항구와 선박이 더 많고, 선원들도 더 풍족하다"라는 점에서 영국이 해적행위에 더 큰 역할을 했다고 꼬집는다.[161] 2장은 평범한 해적들이 가진 사고방식을 흥미롭게 통찰했다. 메인웨어링이 말하기를, 일반 해적들은 해적질을 하다 붙잡히면 교수형을 당하는 것은 대개 선장뿐이고 자신들은 "감옥에서 적당히 시간을 때우다 빠져나갈 수 있다는 사실을 알고 있었습니다"라며, "이런 감금은 폐하께서 상상하시기에는 큰 고통이겠지만, 이들에게는 그렇지 않습니다. 왜냐하면 해적은 어차피 인생의 대부분을 움직이는 감옥(배를 뜻한다)에서 보내는 자들이니까요"라고 주장했다. 따라서 메인웨어링은 붙잡은 해적을 여름에는 갤리선 노잡이로, 겨울에는 성곽과 해안요새를 수리하는 일꾼으로 노역시키라고 권고했다.[162] 이런 처벌은 당시 지중해에서 일반적이었다. 그는 또한 협박받아 어쩔 수 없이 해적질했다고 주장하는 이들을 다룰 방안도 조언했다.

이 경우에 무고한 사람을 처벌할 위험과 범죄자를 놓칠 위험을 둘 다 피하려면 (단언컨대) 무죄를 스스로 입증할 때까지 일단 감금해 노역시켜야 합니다. … 생필품이나 옷가지 외에 이익을 분배받거나 노획물을 받았는지 확인하고, 만약 그랬다면 두말할 나위 없이 그들도 지휘관과 마찬가지로 유죄 평결을 받아야 합니다.[163]

3장은 해적 전술을 다루었고, 짧았다. 위장용 깃발을 사용하거나 돛을 모두 펼친 후 몰래 드로그를 내려 최고 속도를 가장하는 식의 비교적 유명한 기초 전술을 피상적으로 서술했다. 이 부분은 전직 해적이었던 메인웨어링이 너무 많은 정보를 누설하지 않기 위해 손에 여러 카드를 쥐고 만지작거리며 노력했다는 인상을 준다. 아마도 그가 마음을 고쳐먹고 다시 해적질에 나선다면 그에게 불리하게 쓰일 정보이기 때문이 아니었을까? 4장은 16쪽으로 더 길었는데, 해적항구·항만 관련 정보가 자세히 담겨있었다. 여러 항구도시들(튀니스, 트리폴리, 알제, 모로코의 살레 등)은 물론이고, 지중해 서부와 대서양 연안(아조레스제도, 카나리제도, 뉴펀들랜드 등), 잉글랜드, 스코틀랜드, 아일랜드 연안의 인적 드문 해안 지역을 망라하며 해적들이 좋아하는 강과 크고 작은 조용한 만의 면면 등을 자세히 소개한 것이다. 마지막 5장에서는 해적을 진압할 방안을 제시했다. 메인웨어링은 "자신이 성공적으로 타고 오른 사다리를 치워 버리려는 듯"[164] 자신은 왕실 대사면의 수혜를 입었지만, 그런 관대한 처분은 절대 허용되어서는 안 된다고 주장했다. "이제 그들에게서 희망과 용기를 뺏기 위해 폐하께서는 '절대로 어떠한 사면도 내리지 않을 것이며, 이미 붙잡혔거나 앞으로 붙잡힐 해적들을 모두 처형하거나 노예로 만들겠다'고 굳게 결심하셔야 합니다."[165] 제임스 1세가 메인웨어링의 제안을 글자 그대로 따르지 않은 것은, 훗날 왕의 사면을 받아 교수대행을 피했던 수많은 해적에게는 고마운 일이다.

또 다른 해적 출신 해적 사냥꾼은 헨리 모건 경이다. 버커니어 경력이 끝나갈 즈음 모건은 파나마에서 실직(152쪽 참조)한 후 1671년에 잠시 수감되었다. 마드리드 조약이 체결된 지 6개월이 지났을 무렵이었다. 그러나 모건은 파나마로 출항할 때 평화조약 관련 소식을 못 들었다고 재판부를 설득해 요행히 기소를 피했다. 재판에 회부되는 대신 그는 1674년 1월 자메이카의 부총독으로 임명되었고, 같은 해 11월에는 기사 작위를 받았다. 그러나 모건의 이직은 메인웨어링에 비해 훨씬 덜 성공적이었다. 분명 모건이 맡은 임무는 해적행위를 진압하는 것이었지만, 모건은 상부의 지시를 무시하기로 했다. 모건은 돈만 내면 누구에게나 나포 허가장을 발급해 주었다. 수지맞는 부업이었다. 흥미롭게도 모건은 엑스크믈랭의 책을 출판하는 출판사들을 상대로 명예 훼손 소송을 걸어 자신을 부패하고 피에 굶주린 해적이라고 비판하는 많은 비평가의 입에 자물쇠를 채우려고 했다. 엑스크믈랭이 아메리카 버커니어를 주제로 저술한 그 책이 당시 대단히 유명했고 또 널리 읽혔기에 일어난 일이다. 소송은 엇갈린 결과를 낳았다. 모건은 손해배상금 200파운드와 출판 철회 확약을 받았지만, 결국 받은 것은 배상금뿐이었다. 어쨌거나 해적 사냥꾼으로서 모건은 해적을 잡는 시늉만 했다. 황금알을 낳는 거위를 죽이는 것보다 눈 감아 주는 편이 훨씬 더 이득이었으니까.

이 지점에서 우리는 해적 진압 작전에 해적을 동원하는 또 다른 시도를 살펴볼 필요가 있다. 앞서 살펴보았듯 중국 해안에서 최초로 해적이 창궐한 사례는 명나라 때 왜구였다(27쪽 참조). 왜구 선단이 바다에서 판을 치자 명나라는 14~15세기에 '해금'을 단행했고, 이 때문에 극심한 후유증을 겪었다(34, 62~64쪽 참조). 두 번째로 해적이 창궐한 때는 17세기 중반 명·청 전환기였다.[166] 명나라 군대는 무자비하게 진격해오는 만주족을 내륙에서 필사적으로 막고 있었다. 그 결과 중국 남해안에는 조정의 통제력이 미치지 못했다. 1662년 명나라 영력제가 살해되어 황조의 명운이 끝나기 훨씬 이전부터 극단적인 조치 없이는 최소한의 치안도 유지하기 어려웠다. 극단적인 조치의 일환이 1628년에 가장 성공한 해적단장 중 하나였던 정지룡을 장군으로 임명하는 것이었다(서양에서는 그가 유년기에 가톨릭교회에서 영세를 받고 얻은 이름인 '니컬러스 가스파르 이콴'으로 더 잘 알려져있다). '장군'이라는 높은 직함과 재물을 합법적으로 축적할 기회를 제공하면 명나라 황실에 충성을 바치리라고 기대해서였다.[167] 초기에는 궁지에 몰린 황조에 꽤 효과적인 조치인 듯했다. 1637년까지 정지룡은 명나라 수군의 일부가 된 자기 해적선단을 지휘하여 명나라 남해안을 평정하는 데 성공했다. 그 과정에서 그의 재산과 그를 따르는 추종자들도 늘었다. 하지만 1636년부터 정지룡은 더 독립적으로 움직였다. 마침내 1645년경 그가 비공식적인 '남중국의 왕' 또는 '해협의 군주'로 자리를 잡았을 때, 쇠퇴일로에 있던 명나라 황실은 이 해적 왕을 몰아내기 위해 할 수 있는 일이 아무것도 없었다. 정지룡의 재산과 정치적 영향력이 이제 명나라 조정의 것을 능가했고, 조정은 '그가 황실을 버릴 수는 있어도, 황실은 그를 버릴 수 없다'는 사실을 깨달았다. 조정은 그에게 훨씬 더 높은 직급과 직함을 안겼고, 이후 얼마간 정지룡은 자신의 재산과 배와 병사를 동원해 명나라를 지켰다. 하지만 1650년경

정지룡은 자신의 공식 지위를 최대한 악용하여 그 당시 이미 승세가 완연했던 만주족 편에 섰다.[168]

정지룡의 장남 정성공은 명나라에 끝까지 충성을 바치기로 결심했다. 정성공은 해적사海賊史에서 아버지보다 훨씬 유명한데, 중국식 이름보다는 '콕싱가Coxinga*'라는 이름으로 알려져있다. 그가 일부 자료에 적힌 것처럼 명나라에 충심을 다 바쳤는지, 아니면 그저 정치적 입장을 영리하게 취한 것인지에 관해서는 논란의 여지가 있다. 심지어 그의 동시대인들조차 정성공을 어떤 인물로 여겨야 할지, 그를 뭐라고 불러야 할지 확신하지 못한 것 같다. "만주족과 네덜란드인들은 그를 해적이라 불렀고, 영국인과 스페인인은 왕이라 일컬었으며, 정성공의 동포들은 마음내키는 대로 그를 이 이름, 저 이름으로 불렀다."[169] 확실한 것은 그가 1650~1651년에 반청복명反淸復明의 기치를 내세우고 광동성에서 청나라 군대에 맞서 싸웠다는 사실이다. 이로써 정성공은 중국 남해안 지역과 대만에서 해적제국을 일으키기에 충분한 지지층을 확보할 수 있었다. 청나라는 칙령을 하나 내렸다. 해안으로부터 50킬로미터 이내에 사람이 거주하는 것을 금지한다는 칙령이었다. 척박하고 적대적인, 사람이 살지 않는 '중간지대'가 해적행위를 끝낼 수 있으리라는 헛된 기대에서 나온 발상이었다. 결과는 참혹했다. 해안의 기반시설은 완전히 파괴되었고, 해안 주민들의 집단이주와 대대적인 기근이 뒤따랐다. 결과적으로 명나라의 해금 조치보다 더 참혹한 상황을 낳았던 이 칙령은, 어떤 의미로는 정성공을 도운 셈이었다.

---

* 명나라 조정이 국성國姓인 '주'씨를 정씨 가문에 하사한 데서 유래한 이름인 '국성야國姓爺(국성을 가진 군주)'를 서구식으로 발음한 것이다.

정성공의 해적왕국(1662년)

그런데 해안 주민들에게는 새로 들어선 청나라 지배자들이 생각하지 못했던 또 다른 선택지가 있었다. 정성공이 보낸 배를 타고 해협을 건너 대만섬으로 향하는 것이었다. 물론 정성공이 배를 보낸 데는 다른 목적도 있었다. 약탈과 노획이었다. "정성공 무리는 사람들이 떠난 자리를 샅샅이 뒤지고, 만주족 군대가 버려진 마을들을 파괴하러 오기 전에 챙길 수 있는 모든 식량과 물품을 실어 날랐다."[170] 또한 대만에서 네덜란드인과 제대로 붙은 정성공은, 그들의 핵심 군사기지인 질란디아 요새를 1년 동안 포위했다. 1662년 2월 마침내 네덜란드인들을 대만에서 완전히 몰아냈다. 이 결정적 승리로 정성공은 중화민국(현 타이완 국민당 정부)과 중화인민공화국 모두에서 나라를 구한 영웅으로 추앙받고 있다. 예를 들면 중국 공산당의 선전용 인쇄물은 1950년대 마오쩌둥주의(Maoism) 시대를 연상시키는 강렬한 색채와 호전적인 이미지로 네덜란드에 맞서 거둔 승리를 묘사한다.[171] 그러나 17세기 전쟁은 초기 민족주의나 공산주의에 관한 것이 아니었다. 그것은 본질적으로 폭력에 기반을 둔 무역전쟁이었다. 네덜란드인들은 이미 몰루카(오늘날의 말레이시아에 위치한 도시)와 바타비아(오늘날의 인도네시아 수도 자카르타) 같은 항구 도시에 자리를 잡았고, 1624년 대만섬에 처음 발을 들여놓은 후 이미 그곳에 주둔하던 스페인인들의 저항에 맞서 싸우며 점차 섬 전체로 영향력을 확장했다. 그러다가 1642년 결국 스페인 잔여 병력마저 완전히 물리쳤다. 네덜란드인들에게 대만은 중국 본토로 가는 발판이었다. 따라서 그들은 대만 해안가를 따라 요새화된 교역소를 짓고자 했다. 네덜란드인들은 야망 때문에 정성공과 대립할 수밖에 없었다. 정성공은 이렇게 선언했다. "바타비아, 대만, 몰루카는 서로 떼려야 뗄 수 없는 단일시장이고, 나는 이 지역의 주인이다. 나는 결코 [그들이] 내 자리를 위협하도록 내버려 두지 않겠다."[172] 하지만 정성공이 네덜란드인들을 물리친 기쁨을 누린 시간은 길지 않았다. 그는 고작 4개월 후인 1662년 6월 말라리아에 걸려 사망했다. 정성공의 부관들은 그의 사망 직후 곧장 후계자 자리를 놓고 사분오열했으며, 정성공이 세운 해적왕국은 1683년 만주족 군대가 대만에 쳐들어오기도 전에 붕괴했다. 정성공을 어떤 인물로 볼 것인가는 흥미로운 주제다. 해적, 왕, 심지어 국가적 영웅이자 자유의 투사 중 무엇이든, 여전히, 진실은 보는 사람의 눈에 달려있다.

한 나라의 해적이 다른 나라의 국가적 영웅이 되기도 한다는 사실은 인도 해적(또는 제독) 칸호지 앙그레의 경우에서도 볼 수 있다. 여기서 역사적·정치적 배경은 1680~1707년에 인도 아대륙에서 마라타동맹과 무굴제국 간에 벌어진 패권전쟁이다.[173] 양측 모두 강력한 육상 강국이었기에 해군력은 거의 없었으며, 보유한 선박은 대개 작았고 무장도 가벼운 편이었다. 마라타 해군은 약 30~150톤에 이르는 갤리바트Gallivat(갤리선과 유사한 선박) 50척가량과, 150~500톤 정도에 소구경 포를 배 옆면에 장착한, 돛대가 두세 개인 그랩Grab선*을 10척 넘게 보유했다. 적선을 괴롭히면서도 자국 해상 무역을 보호해야 했으므로 두 진영 모두 인도 해안에 이미 들어와 있던 서양 해상강국들과 동맹을 맺었다. 마라타동맹보다 강대국이었던 무굴제국은 마찬가지로 기세등등한 영국 동인도회사 및 네덜란드와 동맹을 맺었고, 마라타동맹은 위세가 줄기는 했지만 여전히 무시무시한 포르투갈과 동맹을 맺었다(포르투

---

* 아랍어로 '까마귀'를 가리키는 단어인 Ghurāb에서 유래한 이름이다.

갈은 고아에 기지를 두고 있었다). 그런데 1698년 마라타동맹은 당시에 이미 크고 비교적 잘 무장한 선박들을 갖춘 대형 선단을 보유했던 지역 해상 거물 칸호지 앙그레에게도 도움을 요청했다.[174] 앙그레는 정식으로 사르킬(제독)에 임명되었고, 마라타 해군 사령관이 되었으며, 계급에 상응하는 봉급을 받았다. 그런데도 마라타동맹과 기술적으로 동맹 관계를 유지한 포르투갈 등 서양 해상강국들은 앙그레를 단순하고 순수한 해적이라고 여겼다. 정성공과 마찬가지로 앙그레가 충신이었는지, 아니면 그가 섬긴다던 군주들이 육상 전투에 정신이 팔린 사이 고아와 봄베이(현재 뭄바이) 사이의 해안 평야를 따라 자신의 작은 왕국을 건설할 기회를 잡은 것인지는 확실치 않다.

처음에는 무굴제국의 주요 해군 동맹이던 영국 동인도회사와 네덜란드는 1702년 앙그레 함대가 봄베이로 향하던 영국 동인도회사 소속 소형 상선을 나포할 때까지 앙그레에게 거의 관심이 없었던 것 같다. 다소 놀랍게도 영국 동인도회사는 무굴제국의 동맹이었고, 따라서 마라타의 적이었다. 그런데도 영국 동인도회사는 앙그레가 공격해오리라고 예상하지 못한 듯 보인다. "그가 왜 영국에 분노했는지는 확실치 않다. 그러나 [1702년] 그는 영국인들이 자기 이름을 똑똑히 기억하게 해 주겠다는 메시지를 봄베이에 보냈다. 그는 자신이 한 말을 철석같이 지켰다."[175] 여하튼 그 순간부터 앙그레는 영국 동인도회사의 적으로 명시되었다. 영국 동인도회사가 앙그레의 기지를 몇 차례 습격했다. 앙그레가 포르투갈 선박도 종종 나포하는 바람에 이 원정에는 포르투갈도 참여했지만, 결국 앙그레를 무찌르지는 못했다. 1729년 앙그레가 사망하자 그의 아들들이 인도 서해안을 오르내리는 선박들을 성공적으로 약탈했다.

인도 서해안은 1756년 2월 그들의 마지막 요새였던 게리아(현재 비제이두르그)가 영국 동인도회사 해군과 마라타 육군의 합동작전으로 함락될 때까지 그들에게 시달렸다. 앙그레의 뒤를 이어 마라타 함대의 제독이 된 맏아들 툴라지는 지나치게 독자적으로 움직였고, 그 시기에 이르러서는 마라타동맹도 그를 해적으로 간주했다.[176]

앙그레의 사례는 정성공의 사례와 여러모로 유사해 흥미롭다. 영국인, 네덜란드인, 심지어 그의 개념상 동맹인 포르투갈인에게까지 앙그레는 분명히 해적이었지만, 마라타인에게 그는 해군 제독이자 해상 영웅이었다. 인도 근대사를 연구하는 일부 역사가들은 그를 "유럽 제국주의에 대항하여 승리한 인도의 투사"로 재창조하기도 했다.[177] 앙그레와 같은 시대를 살았던 동인도회사 소속 해군 중위 클레멘트 다우닝이 제출한 보고서에 따르면, 진실은 그 중간 어딘가에 있는 것처럼 보인다. 그는 적어도 처음에는 마라타동맹의 허가를 받았으며, 마라타동맹을 위해 활동했다. 마라타동맹이 무굴제국과의 육상 전투에 정신이 팔렸을 때, 앙그레는 사략선단과 해적을 오가는 연속선상에서 해적 쪽으로 기운 것 같다.[178] 앙그레와 정성공의 사례에서 우리가 찾을 수 있는 교훈은, 바이킹에 습격당한 카롤링거제국에서 이미 배운 것이다. 내전과 그에 따른 분열은 해적이 훨씬 더 큰 규모로 약탈할 여건을 제공하고, 결국 영토를 점령하고서 제국을 건설하는 데까지 이르게 하는 훌륭한 도우미였다. 동시에 해상 치안을 확립할 목적으로 막강한 전직 해적을 고용하는 작전은 왕권이 강하고 내부 분열이 없는 군주들만 효과적으로 사용할 수 있는 수단이었다. 그렇지 않은 자들에게 그것은 '양날검'이었다.

사냥꾼 사냥

해적 사냥에 전직 해적을 동원하든 아니든 바다에서 해적을 상대하는 일은 만만치 않았다. '푸른 저편'은 광활한 데다, 해적들은 뛰어난 기동력으로 그곳을 누볐다. 일반적으로 군함과 해적선 사이에 불균형도 있었던 것 같다. 해적 사냥에 할당되는 군함은 상대적으로 소수였고, 해적선은 그보다 훨씬 많았으니까. 이러한 불균형은 18세기 초 영국 해군 사례에서 잘 드러난다. 영미권 사람 대부분은 애국심에 불타는 이 유명한 영국 군가의 후렴구가 익숙할 것이다. "지배하라, 브리타니아여! 브리타니아여, 바다를 지배하소서!" 그러나 이 노래가 나온 무렵의 현실은 가사에 담긴 희망과는 거리가 있었다. 특히 영국 해군이 스페인·네덜란드·프랑스 군함과 함께 여전히 분쟁 지역이던 카리브해에서 버커니어들과 맞서던 1650~1730년에는 확실히 그랬다. 영국 해군은 해적을 진압하기가 어려웠다. 1716년부터 10년간 해군 총 병력은 1만 3,000명이었고, "영미권 해적 수는 1716~1718년에 1,800~2,400명, 1719~1722년에는 1,500~2,000명, 그리고 1723~1726년에는 수가 200명 정도 줄어서 1,000~1,500명 정도"였다.[179] 하지만 해군에는 다른 임무도 많았기 때문에 해군 병력 1만 3,000명 중 해적 사냥에 동원할 수 있는 병사는 극히 소수였다. 따라서 해적들은 해적 진압 명령을 받은 군함 몇 척이 처음 출정했을 때 '잡을 수 있으면 잡아 봐!'라는 식으로 농락했다. 게다가 대다수 군함은 빨리 달리는 해적선을 따라잡기에는 너무 느렸고, 해적이 얕은 해역으로 도망치면 너무 큰 덩치 탓에 잡으러 갈 수 없었다.

해적 사냥에는 지역 환경과 관련된 은밀한 지식도 필요했다. 은신처가 될 만한 곳이나 작은 섬, 암초며 여울, 조류, 그리고 날씨와 바람의 방향 같은 것들이 결정적이었다. 일례로 스페인의 아르마다 데 발로벤테 Armada de Barlovento[*]는 작전 지역을 손바닥 보듯 훤히 알았기 때문에 그다지 많지 않은 배와 선원으로도 16세기 중반부터 17세기 중반까지 카리브해에서 장비를 갖춘 해적 다수를 잡아들일 수 있었다. 1594년 선원, 포병, 해병 1,300명이 탄 배 세 척으로 이루어진 스페인의 소규모 함대(Armadillo)는 심지어 리처드 호킨스 경(1562년~1622년 4월 17일)과 같은 거물도 붙잡았다. 호킨스 경은 엘리자베스 1세의 가장 유명한 '신사 모험가' 중 한 명이었는데, 페루 앞바다에서 3일간 길고 험난한 전투를 벌인 끝에 붙잡혔다. 호킨스가 사로잡힌 그 무렵 그는 벌써 1년째 항해 중이었으며, 카리브해 및 스패니시메인의 대서양·태평양 연안을 따라 구축된 스페인 방어시설을 조사하여 해상(상선)에서든 육지(항구도시 및 마을)에서든 스페인을 약탈할 기회가 생겼을 때 어떤 약점을 이용할 수 있을지 파악하던 중이었다. 호킨스의 배 데인티Dainty에는 선원 70명이 타고 있었으므로 수적 열세가 확연했지만, 호킨스가 남긴 기록에 따르면 "양측 모두 격렬히 싸우느라 대포와 머스킷총이 쉬지 않고 불을 뿜었다"고 한다. 결국 스페인 함대가 승기를 잡았고, 호킨스는 다음과 같이 담담하게 인정했다.

[우리 배의] 돛은 모두 찢기고, 돛대는 부서졌으며, 펌프는 잘린 채 물을 뿜었다. 포 14문이 바닷물에 잠기고, 선창에는 물이 2미터 넘게 차

---

* 스페인어로 '순풍 함대'라는 뜻. 스페인이 아메리카에서 유럽 열강과 해적에 맞서기 위해 만든 함대.

올랐다. 선원 다수가 죽었고, 나머지도 심하게 다쳤다. … 최선은 배가 가라앉기 전에 항복하는 것이었다.**180**

이렇게 적극적인 해적 진압 작전을 펼치기 위해 스페인인들은 숙달된 현지인을 동원하기도 했다. '현지인'이란 스페인령 카리브해의 섬들과 아메리카 대륙의 스패니시메인에 살던 주민들을 의미한다.

거의 지중해에서 활동했던 스페인 코르세어 알론소 데 콘트레라스도 도움을 주었다. 1618년 여름, 스페인 국왕 펠리페 3세는 콘트레라스를 갈레온선 두 척으로 구성된 작은 함대의 지휘관으로 임명하고, 당시 프랑스·네덜란드·영국 해적들이 지속적으로 공격하던 푸에르토리코로 파견하여 그곳 수비대를 구원하게 했다. 그곳에 가 있던 동안 콘트레라스는 가장 유명한 해적 중 한 사람이 그곳에서 다섯 척으로 이루어진 영국 함대를 지휘하고 있다는 경고를 받았다. 스페인 사람들이 '과테랄 Guaterral'이라고 불렀던 월터 롤리였다. 콘트레라스는 롤리를 붙잡겠다고 결심한 것이 그때였다고 훗날 주장했다. 하지만 마침내 롤리와 마주쳤을 때의 상황은 콘트레라스에게 그다지 좋지는 않았다. 콘트레라스는 그때 작은 함대를 여전히 항구에 둔 채 비무장상선 두 척을 푸에르토리코에서 산도밍고까지 호위하는 중이었고, 항구에서 어쩌다 만난 다른 상선 하나도 함께 이동하고 있었다. 상선 선장들의 반대를 무릅쓰고 콘트레라스는 롤리를 함정에 빠트리기 위해 배 세 척을 제 지휘 아래 무장시켰다.**181**

적이 우리를 목격한 순간 나는 배의 방향을 틀었다. 하지만 우리 배가 매우 천천히 움직였기에 적이 순식간에 우리를 따라잡았다. 갑자기 나는 뱃머리를 틀고 공격을 개시했다. 그들도 반격했다. 그들이 우리보다 돛을 더 노련하게 다뤘다. 그래서 적은 거리를 자유자재로 좁히거나 넓혔다. 나는 그들을 제대로 공격할 수가 없었다.[182]

그 전투 자체가 다소 우연히 일어난 것 같다. 콘트레라스는 머스킷총을 발사했지만, 대포를 쏘지는 않았다고 보고했다. 콘트레라스에겐 운이 좋게도 마침내 영국 선장 한 명이 머스킷총탄에 사망했고, 이후 무슨 일이 벌어졌는지 적었다. "선장 한 명이 죽자 롤리 측은 우리가 상선단이 아니라 자신들을 공격하려던 전함이었음을 눈치채고 우리에게서 떨어져 나갔다." 롤리를 사로잡으려던 콘트레라스의 꿈은 그렇게 수포로 돌아갔다.[183]

스페인은 제국에 충성하는 식민지 정착민들이 있었으므로 해적과 겨루기 위한 머릿수 싸움을 다소 유리하게 풀어갈 수 있었다. 하지만 모든 스페인 식민지에 애국자들만 존재하는 것도 아닌지라 이를 늘 선택할 수는 없었다. 이런 제약은 자국 식민지 해상에서 해적을 없애고 싶었던 다른 제국들에도 마찬가지였다. 구체적인 사례를 보자. 16세기 후반부터 스페인제국은 필리핀제도에서 해적을 뿌리 뽑고자 북쪽의 루손섬에서 시작해 민다나오섬과 그 남쪽에 인접한 섬들에 거점을 둔 이라넌과 발랑잉이를 공격하는 원정을 추진했다. 하지만 항상 배도, 병력(해병과 선원 모두)도 너무 적어서 작전이 제대로 이루어지지 않았다. 19세기 중반에 이르러 스페인령 필리핀 해상에 증기선이 등장하고서야 상황이 변했다. 10년 전에 동인도회사의 외륜증기선 다이애나호가 그랬던 것처럼

(148쪽 참조) 마가야네스Magallanes함, 엘카노Elcano함, 레이나데카스티야Reina de Castilla함은 필리핀제도를 누비던 해적들 대부분을 순식간에 몰아냈다.

제국 영토는 광활했지만 인구는 적어서 널리 흩어져있던 포르투갈인들도 사나운 전사정신과 필요하면 극도로 잔인한 면을 보인다는 평판으로 수적 열세를 극복하려고 했다. 네덜란드인들, 엄밀히 말하자면 1602년 설립된 네덜란드 동인도회사도 식민지 시대 초기에 비슷한 이유로 포르투갈인들과 동일한 방법을 사용했다. 하지만 네덜란드인들은 곧 동인도제도에서 소위 부역노동(Corvée labour)을 시키며 다스리는 현지인들의 기술과 지식을 활용하는 편이 더 편리하다는 것을 깨달았고,[184] 바다에서도 지역 선박을 해상 치안 유지에 전용했다. 이렇듯 정기적으로 남중국해를 오가는 순항을 홍이토흐턴Hongitochten('홍이'는 지역 선박, '토흐턴'은 항해를 뜻한다)이라 한다. 이 배들은 다른 목적도 가지고 있었다. 밀수업자나 해적 같은 불법 선박을 단속하는 일 외에도, 외떨어진 군도에 있던 영지를 시찰하고 조사하는 일도 담당했다. 특히 네덜란드에 저항하는 세력이 없는지, 플랜테이션 농장의 예상 수확량이 얼마나 될지 등을 파악했다. 어찌됐건 네덜란드인들이 이 먼바다에 찾아든 이유는 이국적인 풍경 때문이 아니라 당시 주목받던 고가의 사치품인 향료 때문이었다. 정기순항선은 1620년대에 총독 얀 피터르스존 코엔이 처음 조직했는데, 다른 무엇보다도 네덜란드 동인도회사가 몰루카제도에서 재배하던 정향을 포함해 지역 향료를 독점하게 하는 것이 우선 목표였다. 간혹 이런 이유로 그들은 정향나무를 가차없이 베어 갔고, 지역 주민들이 가난과 기근에 시달리건 말건 개의치 않았다. 향료에 비하면 해적 진압은

중요도가 미미했다.[185]

　때때로 사략선도 해적 사냥에 동원되었다. 물론 그들의 주된 역할은 교역품을 약탈함으로써 적국의 해상 무역을 훼방 놓는 일이었다(지중해 사략선을 가리키는 '코르세어'는 '무역 전쟁[guerre de course]'에서 유래한 명칭이나). 다른 사략선을 공격하는 일은 바나 위 어떤 사략선원에게도 희망 사항이 아니었다. 앞서 살펴본 대로(126쪽) 헨리 '롱벤' 에이버리가 반란을 선동하고 깁슨 선장에게서 중무장한 사략선 찰스2세호를 탈취하는데 성공한 이유 중 하나는, 그 배의 선원들이 자신들에게 쥐어질 것이 별로 없을 텐데도 스페인의 명예를 위해서 자기네 배처럼 중무장한 프랑스 사략선과 카리브해에서 싸우는 일을 내켜 하지 않았기 때문이다. 사략선 간 전투가 얼마나 치명적일 수 있는지는 1601년 알렉산드리아 해안에서 몰타 코르세어와 튀르크 코르세어가 보유한 중무장 거함들이 충돌한 사건에서 생생하게 드러났다(이때 19세였던 알론소 데 콘트레라스가 몰타 측 배에 하급 선원으로 타고 있었다. 이는 그의 초기 순항 원정 중 하나다). 몰타 측 선장은 튀르크 배를 향해 포를 겨눈 채 아군인지 적군인지 정체를 밝히라고 소리쳤다. 콘트레라스는 이렇게 적었다. "'우린 그저 바다를 돌아다니고 있소!'라는 대답이 돌아왔다. 그리고 그들의 오만한 태도 때문에 우리는 그들도 포를 가지고 있음을 알았다."[186] 포격을 몇 차례 주고받자 양측 모두 사망자와 부상자가 속출했다. 몰타 배는 적선 옆에 붙었고, 콘트레라스와 그의 동료들은 튀르크 배에 올라탔다. 시간은 이미 자정을 넘겼다. 약 한 시간 동안 격렬한 백병전이 이어졌지만 승부가 나지 않았다. 그 와중에 튀르크 선원 400명이 몰타 배에 올라타는 데 성공했고, 뱃머리의 선실을 차지하는가 싶더니 쫓겨났다. 그러다가 새벽에 전투가 다시 시작됐다. 처음에는 두 함선의 갑판에서 백병전이 벌어졌고, 여전히 승부가 갈리지 않자 다시 포격이 이어지면서 사망자와 부상자가 무수히 발생했다. 둘째 날 새벽, 몰타 측 선장은 다시 한 번 튀르크 배를 공격하라고 명령을 내렸다. 필사적인 전투가 세 시간 동안 진행된 끝에 튀르크 측의 저항이 주춤해지더니, 남은 선원들이 바다로 뛰어들어 가까운 해안으로 헤엄쳐 도망갔다. 전투가 얼마나 끔찍했는지는 콘트레라스가 기록한 튀크르인 희생자 수가 말해준다. "우리가 배 위에서 발견한 시신은 250구 이상이었다."[187]

콘트레라스와 튀르크 코르세어가 충돌하면서 벌어진 이 전투는 우발적으로 일어난 사건일 수도 있다. 콘트레라스의 회고록만 보자면 그 사건이 상부의 명령을 받고서 해적선을 사냥한 것인지가 확실치 않다. 1718년 11월 영국 해군 로버트 메이너드 중위가 수행한 작전은 분명히 상부에서 하달한 임무였다. 그는 '검은 수염'으로 더 잘 알려진 에드워드 티치를 붙잡으라는 구체적인 임무를 수행했다.[188] '검은 수염' 티치는 가장 흉악한 해적 중 한 명이었다. 아무도 감히 저항할 생각을 못했기 때문에 그가 사냥하는 배에서는 누구도 죽어 나가지 않았다고 한다. 자만이 지나쳤던 것일까? 티치는 자신을 쫓는 임박한 공격 경고를 무시했다. 결국 1718년 11월 17일 저녁 노스캐롤라이나 앞바다의 오크라코크섬 하구에 정박해있던 티치는 메이너드의 기습을 받았다.[189] 전투 자체는 다음 날 아침 일찍 개시되었다. 메이너드는 포를 싣지 않은 슬루프 두 척(제인Jane함과 레인저Ranger함)을 이끌었다. 그의 명령에 따라 두 배 모두 해적선으로 돌진했다. 우연히 하구를 지나던 목격자에게는 이 전투가 상당히 일방적으로 보였을 것이다. 메이너드의 부하들에게는 총기류

밖에 없었지만, 티치 일당은 배 양 측면의 대포들을 일제히 사격하며 맞섰다.[190] 한때 티치에게 승세가 기운 듯했다. 포탄이 명중해 제인함에서 사상자가 20명 생겼고, 레인저함에서는 함장이었던 수습장교 하이드를 포함해 아홉 명이 전사했다.[191] 티치의 배가 옆으로 다가서는 것을 목격한 메이너드는 곧이어 일제포격이 쏟아지자 적들이 승선을 준비하고 있다고 판단했다. 그는 제인함의 갑판 아래에 있던 병사들에게 "곧 있을 백병전에 대비해 권총과 장검을 준비하고, 신호가 떨어지면 올라오라"라고 명령했다.[192] 이는 결국 현명한 선택으로 판명났다. 티치의 배가 메이너드의 함선 옆에 나란히 붙자마자 해적들은 '포탄과 총탄, 납이며 쇠 같은 금속 조각을 채우고 주둥이에 불을 붙인' 원시적인 수류탄 몇 개를 날렸다.[193] 보통 이런 공격을 받으면 선원 대부분이 죽거나 크게 다쳐서 무력화되기 마련인데, 메이너드의 선견지명 덕에 아무도 다치지 않았다. 결정타는 갑판에 메이너드와 키잡이뿐인 것을 본 티치가 부하들에게 승선 명령을 내린 것이었다. 콘트레라스가 묘사하기를, 배에 올라탄 해적 15명이 권총이며 장검, 커틀러스, 도끼, 단도 등으로 무장한 해적 사냥꾼 13명을 상대로 격렬한 백병전을 펼쳤다. 결과적으로 '검은 수염'과 그의 부하 여덟 명이 죽었다. 영국 소설가 대니얼 디포에 따르면, "심하게 다친 나머지 해적들도 물속으로 뛰어들어 살려달라고 외쳤다."[194] 레인저함 선원들이 티치의 배를 이미 점령했기 때문에 해적들은 자기네 배로 되돌아갈 수도 없었던 것이다.

해적 사냥꾼과 마주했을 때 모든 해적이 그렇게 필사적으로 싸우지는 않았다. 어떤 해적들은 너무 취해서 무슨 일이 일어나고 있는지조차 몰랐고, 다른 해적들은 수리하기 위해 해변에 정박한 배에서 맥없이 붙잡히기도 했다. 해적 대부분이, 심지어 무시무시한 악명을 가진 해적들도 가끔 용기를 완전히 상실한 듯 행동했다. 당대 가장 악명 높은 해적 중 한 명이었던 존 '캘리코 잭' 래컴은 자메이카 북부 해안에서 해적 사냥꾼 조너선 바닛 선장이 이끄는 영국 슬루프가 공격해오자 어리둥절할 정도로 비겁하게 대응했다. 래컴과 그의 부하들은 별로 싸우지도 않고서 금방 항복했다. 함께 승선하고 있던 여성 해적 앤 보니와 매리 리드는 어이없어 코웃음을 쳤다(90~91쪽 참조). 래컴은 교수형을 당하기 전에 마지막으로 연인인 앤 보니를 만날 수 있었다고 전해진다. 하지만 보니는 "이런 결과를 맞다니 안타깝네요"라는 위로와 함께 "남자답게 싸웠더라면 개처럼 목매달릴 일은 없"었을 거라는 말도 남겼다고 한다.[195]

해적 퇴치 연합

바다 위나 연안의 만에서 개별 해적이랑 싸우는 것보다 훨씬 효과적이지만 동시에 훨씬 더 위험한 작전은, 본거지인 해적기지로 쳐들어가 송두리째 파괴하는 일이다. 알제, 트리폴리, 튀니스의 바르바리 코르세어를 뿌리 뽑기 위한 '해적과의 전쟁'은 16세기부터 19세기 초까지 여러 서양 해상강국들이 시도했다. 초기에는 스페인과 그 동맹이었던 제노바와 구호기사단, 후기에는 네덜란드, 프랑스, 영국/대영제국이 그들이었다. 이러한 작전의 면면을 들여다보면 왜 그 일이 쉽지 않았는지를 꿰뚫어 볼 수 있다.

알제·트리폴리·튀니스공국에서 활동한 해적들은 엄밀히 말하자면 대부분이 사략선이었다. 사략선의 모든 활동은 지배자의 허가 아래 이루어졌고, 그들은 각 도시가 제각기 규정한 적국 리스트에 따라 공격 대상을 물색해야 했다. 물론 리스트는 대개 길었다. 알제, 트리폴리, 튀니스 이 세 곳 모두 주 수입원이 각종 물품, 금은(주화 및 괴 모두), 무기와 탄약, 성입 중인 노예시장에서 서래말 노예들을 포함하는 선리품이었다. 국가가 후원하는 해적이 벌어들이는 이런 수입이 없었다면 세 도시국가는 국가로 존립하기가 어려웠을 것이고,[196] 그들이 이교도들을 향해 선포한 해상 지하드는 때때로 종교적 신념보다 경제적 이유로 더 크게 수행되었다(102쪽 참조). 심지어 수입을 극대화하려는 일부 약탈자들은 대서양과 북해로 진출했다. 1616년 한 알제리 코르세어는 대서양의 아조레스제도를 습격했다.[197] 무라트 리스(본명은 얀 얀스존)는 앞서 보았듯이(150쪽 참조) 북해에서 5년간 활동하다 1631년 아일랜드 항구도시인 볼티모어를 약탈함으로써 정점을 찍었다. 1627년 6월에 있었던 한 사략 원정은 대단한 야심을 보여 준다. 알제에서 9,000킬로미터 떨어진 아이슬란드까지 가서 공격을 감행한 것이다.[198] 이동 중인 사략선과 마주친 배들이 공격을 피할 유일한 길은 미리 돈을 지불하는 것이었다. 바르바리 코르세어가 '안전통행권'이라 불렀던 깃발을 알제, 트리폴리, 튀니스의 통치자들에게 거금을 주고서 사둔 후 코르세어들과 마주쳤을 때 잘 보이게 내걸면 공격을 피할 수 있었다. 그 통행권을 '판매'하는 세 공국의 지배자들은 '조공'이라는 이름을 선호했다. 현대 학자들의 눈에는 더 선명하게 보인다. "'조공(이라 쓰고 '협박·갈취'라 읽는)'을 바치지 않는 국가들은 공격을 당했고, 그들의 배와 마을이 약탈당했으며, 선원과 승객과 해안 거주민들은 노예 신세가 되었다."[199] 16~18세기 동안 모든 유럽 무역국들은 돈을 내고 통행권을 샀다. 네덜란드, 영국, 스페인, 프랑스, 덴마크, 스웨덴 및 이탈리아 내의 공국들 등 너 나 할 것 없이 모두 그렇게 했다. 관련 금액은 상당했다. "1780년대에 영국은 평화 유지 명목으로 알제에 연간 약 1,000파운드를 지불했다. 오늘날 가치로 약 120만 파운드(156만 달러)다. 네덜란드가 약 2만 4,000파운드를 지불했고, 스페인이 지불한 금액은 자그마치 12만 파운드였다."[200] 하지만 돈으로 (때로는 바다에서 필요한 장비와 무기 및 탄약으로) 산 평화는 쉽게 깨지고 단명한다는 사실을 우리는 경험해 봐서 안다. 결국 모든 무역 국가들과 평화롭게 사는 것은 알제, 트리폴리, 튀니스의 경제에 좋을 것이 하나도 없었다.

따라서 당대의 여러 주요 무역국과 군사대국이 단독으로 또는 연합 작전으로 이 악명 높은 해적 소굴들을 점령하거나 최소한 무력화하려고 시도한 것은 놀라운 일도 아니다. 바르바리 해안의 코르세어를 토벌하기 위한 단기 연합이 결성되기도 했다. 1609년 프랑스-스페인 연합해군이 튀니스를 공격했고, 뒤이어 1618년에는 네덜란드-스페인 연합군이 알제리 사략선 24척을 성공적으로 박살내기까지 했다. 1617~1620년에는 영국도 양국 동맹에 가세해 알제를 상대로 함께 싸우고자 했다.[201] 이와 같은 3자 해군동맹의 상당 부분은 영국 해군 제독 윌리엄 먼슨 경이 기획한 것이었다. 먼슨은 아일랜드·스코틀랜드 해적들을 저 두 지역들에서, 그리고 아일랜드해 해상에서도 성공적으로 진압한 전적이 있었다. 그는 이렇게 적었다. "폐하께서 가지신 배의 규모를 고려하면 병력 1,200명과 짐 3,000톤을 실어나를 수 있을 것입니다. 스페인과 네덜란드가 각각 이에 상응하는 물량을 보낸다면 튀르크 해적을 모두 상대하고도 남을 것입니다."[202] 선결 조건은 두 가지였다. 첫째는 스페인의 협력이었다. 연합함대는 보급을 위해 스페인 항구를 사용해야 했다. 두 번째는 완벽한 타이밍이었다. 알제리 함대가 항구에 정박해있을 때 알제를 전면 공격하는 것은 자살 행위였으므로 먼슨은 코르세어가 모두 바다로 나긴 후 항구를 봉쇄하자고 했다. 이렇게 하면 그들이 튀니스나 아가디르 같은 다른 항구로 도망쳐도 알제에서와 같은 보호를 받지는 못할 것이기 때문이다. 이 작전의 생명은 철저한 비밀 유지였다. 정보가 새면 알제리 코르세어들은 항구를 떠나지 않을 것이고, 연합함대는 작전 전체를 포기해야 할 터였다.[203] 따라서 먼슨은 작전에 참여하는 "함선들은 다른 고용주에게서 임무를 받은 것처럼 가장합시다"라고 제안했다.[204] 그는 또한 연합함대에 "머스킷총과 기타 모든 군수품, 특히 포에 장전할 산탄인 다이스dice탄이 충분히 제공되어야 한다고 했다. 다이스탄은 병사들이 밀집한 환경에서 살상 피해를 가장 크게 입히는데, 해적들이 그런 식으로 밀집해있을 것이기 때문이다."[205] 그러나 제임스 1세의 외교관들이 동맹을 성사시키기 위해 갖은 노력을 기울였는데도, 결국 네덜란드와 스페인은 깊은 상호불신의 골에서 헤어 나오지 못했다. 영국은 소규모 '왕립해군(Navy Royal)'으로 단독 작전을 수행하기에 이른다(1660년대부터 '왕립해군'이라는 이름이 사용되었다). 1620년, 로버트 맨셀 경이 지휘하는 함대가 알제리 코르세어를 상대하는 임무를 받고 정식으로 파견되었다. 하지만 부실한 전략과 알제 앞바다의 악천후 때문에 성과가 별로 없었다.[206]

이후 수십 년 동안 바르바리 해안 항구를 무력화하려는 시도가 몇 차례 있었다. 하지만 18세기 후반에 미국 상선이 지중해로 진출할 때까지 상황은 크게 변하지 않았다. 1776년 독립선언 이후 미국인들에게 다음과 같은 문제가 생겼다. 이전에 그들을 보호했던 영국의 안전통행권이 더 이상 통용될 수 없었으므로, 미국은 자국 외교관들을 파견해 바르바리 해안의 공국들과 협상을 해야 했다. 언제나 그렇듯 조약은 오래 지속되지 않았다. 다양한 공국 지배자들은 사소한 핑곗거리만 있어도 재협상을 요구했다. 그중 트리폴리의 파샤 유수프 카라만리가 그 욕심과 호전성으로 챔피언 자리를 차지할 만했다. 미국은 1796년 11월 조약을 체결해 카라만리에게 4만 달러(이에 더해 현금 '선물' 1만 2,000달러)를 주기로 합의했는데, 카라만리가 이후 추가금을 더 요구하자 단칼에 거절했다. 1801년 2월 26일 카라만리는 미국에 전쟁을 선포했고,[207] 이것이 제1차 바르바리 전쟁(1801~1805년, 트리폴리 전쟁[208])이다. 우연하게도 이 전쟁은 미국이 선전포고를 받은 첫 번째 전쟁이었다. 전쟁은 승부가 나지 않았다. 1815년 6월 17일부터 6월 19일까지 초단기간 동안 벌어졌으며, 알제와 튀니스도 교전국으로서 참여했던 제2차 바르바리 전쟁(알제리 전쟁)도 마찬가지로 결말은 흐지부지되었다.[209] 그러나 이 전투는 신생 미 해병대와 해군에 중요한 의미가 있었다. 미국은 해군력을 비롯한 군사력의 도달 범위도 시험해 볼 수 있었던 것이다.[210] 바르바리 연안국들의 해상 활동은 프랑스제국의 기획으로 간신히 막을 내렸다. 해묵은 분란 때문에 또 한 번 알제와 갈등이 불거지자 프랑스는 1830년 6월 13일에 야포 83문을 갖춘 프랑스 원정군 3만 7,000명을 알제로 출정시켰다. 프랑스군은 알제 근교의 한 만에 상륙한 뒤 알제군을 6일 만에 완파하고 도시를 포위했다. 7월 4일 대대적인 포격 후 알제의 통치자 하산 바쇼가 항복을 선언했고, 프랑스군은 재빨리 그를 추방했다. 프랑스인들은 떠날 생각이 없었다. 거기서 끝이 아니었기 때문이다. "알제를 점령한 후 프랑스인들은 내륙으로 밀고 들어가더니, 이후 북아프리카의 많은 지역까지 점령했다. 그렇게 시작한 길고 유혈 낭자한 정복전쟁은 1847년 12월까지 계속되었다."[211] 이제 해적을 양산하던 환경인 국가의 승인도, 해적 친화적 항구도 없어졌다. 결국 바르바리 해안의 약탈자인 코르세어와 해적도 그렇게 역사 속으로 사라졌다.

해적의 종말

영국이 알제에 대항해 영국-네덜란드-스페인 연합을 결성하려다가 실패했듯이, 해적과의 싸움은 단순히 전술적 사안만이 아니라 정치적 사안이기도 했다. 오늘날의 전 세계적인 '테러와의 전쟁'과 마찬가지로, 해적과의 전쟁에서도 '꼭 성공하겠다'는 의지를 가진 주체들의 연대가 중요했다. 당시 해상강국들은 자국 이익에 함몰되어 아주 냉소적인 게임을할 수 있었다. 1611년 어느 시리아 주재 영국 영사는 이렇게 썼다. "해적소탕을 주제로 군주들의 이해관계를 일치시키기는 어렵다. 어떤 군주들은 해적을 불쾌하게 여기지 않았고, 특정 시장이 피해를 입으면 즐거워하기까지 했다."[212] 바르바리 코르세어를 소탕하는 다국적 작전에 프랑스가 보인 태도가 이를 말해 준다. 1729년에 익명의 프랑스인이 남겼던 단도직입적인 비망록을 보자. "우리는 바르바리 코르세어를 축출하는것이 프랑스에 이익이 되지는 않으리라고 생각한다. 그들이 없어지면 이탈리아나 북해 국가들이랑 우리가 다른 점이 무엇이겠는가?"[213] 이것은

1891년 구룡九龍에서 처형되는 해적들: 해적 다섯 명이 참수를 기다리고 있다.

유럽의 주요 군사대국들조차 그토록 오랫동안 조공 체제를 묵인한 이유이기도 했다. 바르바리 해안도시에 주는 '조공'이 여전히 해군 원정 비용보다 훨씬 싼 데다, '조공'을 낼 여유가 없던 가난한 경쟁국들은 해상 무역 과정에서 줄기차게 약탈을 당했으므로 그들에 비해 상업적 우위도 점유할 수 있었다.[214]

  게다가 "거대한 해상강국들은 항상 서로의 의도를 의심했고, 코르세어를 공격하자는 제안서 뒤에 다른 사악한 의도가 없다고 어떻게 믿을 수 있느냐면서 종종 회의적인 반응을 보였다. 그러한 의혹은 가끔 확신으로 이어졌다."[215] 1617년 4월 말 영국이 바르바리 해적을 연합공격하자고 스페인에 제안한 것과 관련해 영국 해군사학자 줄리언 코벳 경은

"바르바리 코르세어 원정은 모종의 검은 의도, 즉 사악한 음모를 은폐했던 뻔한 외교 기획으로 전락했다"라고 썼다. 상호불신이 이토록 깊으니 바르바리 해적과 그들의 거점이던 항구를 다국적 연합으로 격퇴하자는 계획이 대부분 수포로 돌아간 것은 어쩌면 당연하다. 비슷한 사고방식 때문에 카리브해와 남중국해에서 각각 횡포가 극심했던 버커니어와 동남아시아 해적 들을 격퇴하는 작전도 효과가 없었다. 영국·네덜란드·프랑스·스페인 식민지 해군은 저마다 '자국 해상'에 한정해 독자적인 해적 퇴치 체제를 구축했고, 가끔 남몰래 다른 나라 해역에서 해적이 활동하도록 후원하거나 최소한 간접적으로 편의를 제공하기까지 했다.

서구 열강은 이렇게 공격을 주거니 받거니 하며 중상주의 기조를 유지했다. 하지만 20세기 초 각국의 정책 기조가 변했고, 국제 정세도 마찬가지였다. 프랑스가 북아프리카 영토의 상당 부분을 점령한 것이 그 징후였다. 수백 년 동안 유럽 열강들과 대등하게 어깨를 겨루며 가공할 위협을 가했던 비서방 강대국들은 거의 다 쇠락 일로에 있었거나 이미 붕괴했다. 오스만제국, 중동의 사파비제국, 남아시아의 무굴제국과 같은 '화약제국'이 바로 그들이었다(바르바리 해안에 면한 국가들이 침략당했을 때 오스만제국이 원군을 보낼 수 없었던 이유다). 이전에는 각종 해적 함대에 안전한 피난처를 제공했던 해안 지역들이 제국주의 시대에 들어서면서 점차 유럽 해상강국들의 직접적인 지배를 받았다. 대영제국이 단연 선두였다. 제국주의 시대에 변한 것은 이뿐만이 아니었다. 수백 년 동안 전통적 유럽 강국들은 제각기 자신의 세력권 주변부에서 '작은 전쟁'을 벌여왔지만, 이제 세계를 무대로 제 몫을 차지하기 시작했고(강대국 간에 양해가 상당히 이루어졌다), 사략선이나 해적선을 활용해 소소한 이익이나 약탈물을 얻는 것보다 해상 무역에 의지하는 것이 훨씬 이득이라는 사실을 깨달았다. 즉 바다 위에서 벌어진 끊임없는 대리전에서 요긴한 무기였던 사략선과 해적선이 이제 더 이상 국익을 증진하는 데 도움이 되지 않는다는 뜻이었다. 심지어 이제 그들은 국익에 해로운 존재였다. 게다가 유럽의 해상강국들은 점차 기술 발전에 힘입어 해적과 해양 전사 부족(이라넌, 발랑잉이 등), 그리고 곧 식민지로 전락할 비서방 강대국들의 쓸모없는 구식 함대보다 점차 우월한 해군력을 가지게 되었다. 우리는 이미 동인도회사의 외륜증기선 다이애나호가 어떻게 홀로 이라넌 프라우선을 산산조각 냈는지 확인했다(148쪽 참조). 마침내 해적질은 역사책 속에 나오는 옛이야기가 된 듯했다.

* * *

유럽에서 해상강국이 부상할 동안 해적행위는 어떻게 변화하고 발전해왔을까? 이 시기에도 해적질을 선택하는 주 요인은 한편으로 가난, 실업, 가혹한 생활 환경 등에 불만족해서, 다른 한편으로는 탐욕 또는 '손쉬운 돈벌이의 유혹 때문'이었다. 양자가 다양한 양상으로 섞인 가운데 때때로 '종교'라는 요소도 첨가되었다. 어떤 사람이 해적이 되는 과정에는 여전히 '끌어당기는 요인'과 '밀어내는 요인'이 복잡하게 뒤섞여있었다. 혼합 공식은 지역 사정에 따라 결정되었다. 정일수, 콘트레라스, 르골리프, 엑스크믈랭과 같이 우연한 사건들의 연속으로 해적이 된 사람들도 종종 있었고, 가끔은 스테드 보닛이나 윌리엄 댐피어처럼 모험심이 원동력이 된 사람들도 있었다. 하지만 이들은 드문 경우였다. 심지어 엘리자베스 1세의 '신사 모험가'들조차도 다른 무엇보다 탐욕이 가장 큰 동기로 작용해 해적이 되었다.

특정 해적행위는 지속된 반면, 다른 것들은 사라지기도 했다. 지중해에서 코르세어는 중세 시대부터 이 시기 말까지 끊임없이 존재했고, 거대한 해적의 파도는 여전히 중국의 해안과 남중국해 해상을 약탈했다. 북쪽 바다에서는 소규모 해적과 사략단이 수그러들 줄 모르고 성행했지만, 양식형제단과 같은 거대한 해적함대의 대규모 습격이나 바이킹들의 대규모 해안 공격은 이제 먼 과거사가 되었다. 해적질이 북쪽 바다에서 시들해졌기 때문은 아니었다. 오히려 서구식민주의와 제국주의가 촉발한 몇 가지 근본적인 변화 때문에 서양에서 많은 탐험가, 모험가, 해적이 신대륙의 바다로 달려갔다. 혹자는 '인력 수출'이라는 표현을 쓸 수도 있겠다. 중앙아메리카와 남아메리카에서는 금, 은, 진주 같은 어마어마한 보물들이 쏟아졌고, 극동에서는 향료와 중국산 비단이며 도자기, 금, 은, 다이아몬드, 에메랄드 등 각종 보석류를 포함한 사치품이 넘쳤다. 이 놀라운 재물은 포르투갈과 스페인 선박이 스패니시메인이나 동남아시아에서 출발해 대서양을 가로질러 본국 항구로 수송하는 경로, 또는 인도 성지순례선이 인도와 홍해를 오가는 경로로 실려 다녔다. 이는 특히 서구 해역에서 활동하던 해적들에게 유리했다. 이로써 많은 해적이 상상도 못할 만큼 부자가 되었다. '블랙 샘' 벨러미, 프랜시스 드레이크 경(어떻게 보느냐에 따라 해적일 수도 사략선장일 수도 있었다), 토머스 튜가 그런 사례였다. 하지만 튜의 최후는 왜 해적들의 좌우명이 '얼큰히 취한 삶, 짧은 삶'이었는지를 보여 준다. 1695년 7월, 튜는 파테모하메드호와 교전 중 중상을 입고 참혹한 죽음을 맞이했다. 해적질에 나선 지 고작 3년 만이었다(162쪽 참조). 중세와 달리 이 시기 해적들이 자신들의 본거지에서 그토록 멀리 떨어진 곳까지 원정을 다닐 수 있게 해 준 것은 이때부터 본격적으로 발전하기 시작한 항해술과 조선술이었다. 기술이 발전하면서 '해적 순회로(Pirate Round)'라고 알려진 뱃길을 다니는 것도 가능해졌다. 이는 카리브해에서 대서양을 거쳐 동아프리카의 마다가스카르로, 그곳에서 아라비아해를 향해 올라가 아덴만이나 인도 서해안까지 갔다가 되돌아오는 항로였는데, 대략 1690~1720년에 해적들 사이에서 유행했다.

'해적 순회로'는 1500~1914년에 활동했던 해적에 관해 가장 중요한 통찰 하나를 제시한다. 비록 지중해와 북해, 동아시아 바다에서 토착 해적들이 저마다 여전히 활동했지만(장거리 항해가 싫었거나, 그럴 능력이 없었거나, 또는 가장 수익성 좋은 사냥감이 있는 고향 근처나 인근 해안에 머물기를 더 선호하는 이들이었다), 서구 해상 강대국들이 급속도로 식민지를 확장해 전 세계에 걸친 제국을 건설하면서 소위 '서양'식 해적 활동도 전 지구로 확산됐다. 새로운 대륙들이 발견되었고, 스페인, 포르투갈, 영국, 프랑스, 네덜란드는 광활한 식민지를 연결하는 새 해로를 개척했다. 이전 시대의 전통적 강대국, 예를 들면 중동의 오스만제국이나 남아시아의 무굴제국, 동아시아의 청나라는 유럽 해상강국들의 가차 없는 공격에 무너졌다. 이렇듯 새로운 세계적 해상강국들 간에 벌어진 패권을 둘러싼 그칠 줄 모르는 분쟁, 그리고 특정 지역의 작은 나라를 상대로 한 제국의 전쟁은 치안이 부재하던 많은 바다들을 높은 수익을 보장하는 해운 활동으로 채웠다. 이전 세기와 마찬가지로 해당 지역에서 활동하는 토착해적들과 현재 종종 전 세계를 누비는 해적들 모두 그들을 약탈했다. 우리가 제1부에서 살펴본 해적행위와 이 시기 해적행위의 가장 현저한 차이는 '각 지역의 문제에 전 세계적 수준의 이해관계가 개입'되었다는 점이다.

제3부

세계화 물결과 빈곤

1914년부터 현재까지

부유한 그들, 가난한 우리

우리는 이제 해적의 삶이 영웅적이거나 멋진 모험이라기보다 오히려 위험천만한 일에 가깝다는 사실을 이해할 수 있다. 예전 해적의 현실(부자가 될 가능성보다 교전으로 혹은 병에 밀려 바다 위에서 숙거나, 공권력에 체포당하고 갇힌 뒤 처형당할 확률이 차라리 높았다)은 현대 해적도 피할 수 없다. 이 점만은 달라진 것이 별로 없다. 그리고 이전 시대와 마찬가지로 오늘날에도 해적이 되겠다는 결심 이면에는 '끌어당기는 요인'과 '밀어내는 요인'이 다양하게 조합되어있다. 탐욕 그리고 손쉬운 돈벌이의 유혹이 끌어당기는 요인이라면, (구체적인 내용이 어떻든 간에) 가혹한 생활 환경에서 비롯된 불만은 밀어내는 요인이다. 영웅적 낭만주의나, 아마도 실상을 알지 못해 비롯되었을 모험정신은 대개 비집고 들어갈 자리가 없다. 따라서 해적이 되기로 결심하는 이유도 별로 달라지지 않았다.

해적이 되는 유인으로서 우리가 말하는 '탐욕'이 '적나라한 야심에서 비롯되는, 특히 부와 권력 같은 특정 대상을 향한 과도하고 이기적인 갈망'이라는 사전적인 의미를 가리키는 게 아니라는 점도 분명히 할 필요가 있다. 여기서 작용하는 '탐욕'이란 차라리 합리적인 선택 과정에 가깝다. 약간의 야망만 있다면, 그리고 위험을 얼마간 감수한다면 훨씬 더 큰 것을 얻게 될 텐데 왜 적은 것을 얻자고 고생해야 하는가? 전 지구적으로 어획량은 감소하고 있으며, 선진 복지 제도가 전무한 저개발국가 어민들은 점점 입에 풀칠하기가 어려워지고 있다. 이런 사람들이 자기가 가진 '바다와 관련된 기술'을 활용할 수 있는 다른 직업을 찾아볼까 고민하는 것도 이상한 일이 아니다. 특히 해안에 사는 다수는 항구에 지불할 수수료와 인건비 용도로 금고에 현금을 수천 달러씩 싣고 다니는 컨테이너선, 벌크선, 유조선 들이 줄지어 드나드는 모습을 날마다 목격한다. 소말리아에서는 2000년부터 2010년까지 10년 동안 청년 한 사람이 민병대에 들어가면 한 달에 수백 달러를 벌었지만, 농민이 되면 민병대 평균 월급의 절반 정도를 벌었다. 이 청년이 해적이 되면 성공하는 건수마다 평균 7,000파운드에서 7만 파운드(1만~10만 달러. 약탈한 선박의 종류와 용도에 따라 달랐다)를 벌 수 있었다. 청년은 이 극명한 선택지 사이에서 결정을 내려야 했다. 해적의 삶에 내재한 위험(체포되거나, 교전 중에 죽거나, 재난 등으로 바다 위에서 죽을 위험)은 평균 연 수입 약 2,300파운드(3,000달러)에 평균 수명 55년 정도라는 지표를 놓고 보면 그렇게 위협적이진 않다. 그러니 기회를 붙잡지 않을 이유가 어디 있겠는가?

하지만 해적이 된 소말리아 청년들[1]이 오직 돈에 눈이 멀어 해적질에 나섰다고 비난하는 것은 부당하다. 적어도 1990년대 후반부터 점점 덩치가 커진 소말리아 해적의 1차 발호 시기에는 환경 때문에 야기된 불만이 주 원인이었기 때문이다. 특히 1991년 1월에 소말리아 정부가 붕괴하고 육지와 해상에서 법질서마저 사라지자 젊은 소말리아 어민들은 대거 해적으로 변신했다. 초기에 그들은 세계 각지에서 저인망어선*이 몰려와 IUU 어업(불법·비보고·비규제 어업. 일각에서는 '해적어업'이라 부른다)으로 어족 자원을 약탈하자 자신들의 앞바다를 지키기 위해 단체를 조직했다(218~221쪽 참조). 저인망어선들은 대개 몸집이 작은 소말리아 연근해 어선들에 계속 폭력을 행사했다. 그물을 망가뜨리고, 심지어 어선

---

* 깔때기 모양의 커다란 그물(저인망)을 끌고 다니는 어선. '트롤선'이라고도 불린다.

들을 강제로 해안에 밀어붙이려고 선체로 들이받기까지 했다고 한다. 이런 이유로 1990년대 중반 소말리아 어민들은 난폭한 침입자를 쫓아내기 위해 자경단을 조직하기에 이른다.

그러나 곧 그들은 외국 선박을 나포하고 선원들을 납치해 몸값을 요구하는 일이 어업보다 훨씬 더 돈벌이가 된다는 사실을 깨달았다. 이것이 1990년대 말 자경단이 해적단으로 탈바꿈한 이유다. 흥미로운 점은 소말리아 해적들이 자신들을 '자조를 위한 집단'으로 생각하기에 조직의 이름을 만들 때, 그리고 적어도 저인망어선을 목표로 삼는 해적질이 정당하다고 주장할 때, 여전히 외부에서 오는 침입에 불만을 표하면서 그에 따른 자기방어를 기치로 내세운다는 사실이다. 예를 들어 2005년 8월 15일, '소말리아 해안 자경단(National Volunteer Coast Guard of Somalia)'이라 자칭하는 소말리아 해적단이 조업 중이던 타이완 저인망어선 세 척을 나포했다. 해적들은 뻔뻔하게 자신들은 그 배들을 납치한 것이 아니라 "압류"한 것이고, 붙잡힌 선원 48명에게 각각 요구한 5,000달러는 몸값이 아니라 불법 조업에 가담한 죄에 따른 "벌금"이라고 주장했다.[2] 소말리아 해군의 이름을 내건 다른 해적 집단도 자기방어 논리를 표방했다. 그러나 2005년 6월 27일 그들이 화물선 셈로Semlow호를 납치하면서 이 변명이 얼마나 구차한 것인지가 분명해졌다. '불만'이라는 초기 동기는 온데간데없었고, 명백한 탐욕이 자리를 차지했다. 그들은 셈로호가 UN 세계식량계획(WFP)이 2004년 12월 26일에 일어난 '인도양 쓰나미'에 피해를 입은 소말리아 주민들에게 나눠줄 구호식량을 소말리아의 수도 모가디슈로 수송하기 위해 임차한 배라는 사실을 알고도 선원들을 납치하고 몸값을 요구했다.[3]

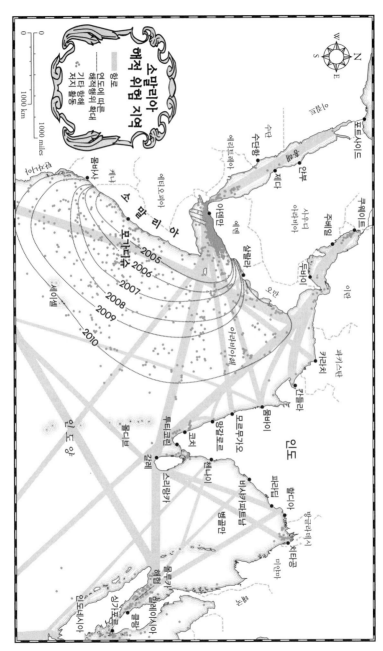

소말리아 해적의 위협

2008~2012년에 두 번째로 절정에 달했던 소말리아 해적들의 동기는 1990년대와는 대조적으로 순전히 탐욕과 손쉬운 돈벌이였다. 예전에는 어민들로만 구성되었던 '해적 행동 단체'는 이제 풍부한 항해 경험을 가진 전직 어민 일부와 완력을 담당하는 민병대로 이루어졌다. 멀리 아라비아해까지 도달한 이 두 번째 해적의 파도는 더 이상 아프리카 앞바다에 머무르지 않았고, 더 이상 변명하지도 않았다. 그런데도 소말리아 이슬람 게릴라 조직인 알샤밥al-Shabaab('청년'이라는 뜻)은 소말리아 해적들을 "서방 이교도와 싸우는 바다의 무자헤딘"이라고 거창하게 주장했다.[4]

오늘날 어려운 선택지 사이의 갈림길에 선 이들은 소말리아 청년들 뿐만이 아니다. 인도네시아의 말썽 많은 아체주(수마트라섬 북단으로, 몰루카해협에 바로 인접한 지역)의 청년들은 그곳의 환경이 그렇지만 않았어도 해적이 되는 대신 농민이나 어민이 되어 훨씬 덜 위험한 삶을 살 수 있었을 것이다. 아체주에서는 1976년 12월 4일 분리독립파인 '자유 아체 운동(Free Aceh Movement)'과 정부군이 처음 부딪힌 이후 30년간 유혈 분쟁이 벌어지다가 2004년 인도양 쓰나미 참사를 겪은 뒤 이듬해인 2005년 8월 15일에 체결한 평화협정으로 분쟁이 종식되었다. 분쟁이 지속되던 30년간 많은 아체 젊은이가 해적질로 내몰렸다.[5] 하루 평균 임금은 6달러를 넘지 않는데, 해적질은 성공하기만 하면 건당 1만 3,000달러에서 2만 달러를 벌 수 있다는 가능성이 매력적이었을 것이다.[6] 더군다나 인도네시아 해상에서 성행한 대규모 IUU 어업 때문에 약 1만 7,000여 개 섬으로 이루어진 인도네시아 내 거의 모든 어촌사회가 고질적인 빈곤을 겪기까지 했다. 따라서 사람들이 부업으로 해적질에 나서는 일은 욕심 때문이라기보다는 생존의 문제로 볼 수 있었다. 인도네시아 해적 출신인 마르쿠스 우반은 다음과 같이 역설했다. "나와 마찬가지로 많은 사람이 비참한 지방마을(Kampong) 출신이었다. 싱가포르는 부유하고, 우리는 가난하다. 그래서 우리는 싱가포르 인근 지역을 약탈하러 갔다."[7]

현재 기니만에서 활동하고 있는 나이지리아 해적들도 비슷한 이야기를 한다. 그들의 하소연은 외국 저인망어선의 불법 조업, 그리고 바다가 기름으로 오염되어 연근해 어업이 여느 때보다 어려워진 상황을 주로 호소한다.[8] 오늘날 일반 해적 전사의 이야기를 듣노라면 세계화와 근대화의 수혜를 입지 못한 곳들, 그리고 매일 생존을 위해 비참한 가난과 투쟁해야 하는 지구상의 구석구석에서는 해적을 양산하는 근본 원인이 여전히 수백 년 전의 것과 동일하다는 것을 금세 알 수 있다. '세계화'라는 복권에 당첨되지 못한 패배자들은 어떻게든 만회하고픈 큰 유혹에 시달릴 것이 틀림없다.

그런데 한 가지 주의할 점이 있다. 탐욕과 불만은 현대 해적의 발호 이면에 존재하는 개개인의 선택을 설명하기는 한다. 하지만 이전의 수백 년과 마찬가지로 탐욕과 불만은 왜 한 사람이 해적이라는 삶을 선택하는지를 알려 주는 해답의 일부일 뿐, 늘 설득력이 충분한 것은 아니다. 예를 들어 소말리아 해적의 1차 급증기에 그들이 내세운 불만 요인에 입각한 주장, 그저 침입자들에게서 자신들의 해역을 '방어'한다는 순수한 주장을 액면 그대로 받아들여서는 안 된다. 해적들은 바다의 로빈 후드가 아니며, 그들의 해명 중 많은 부분은 정직한 설명이라기보다는 편리한 변명이다. 그러나 심리적인 분석은 차치하고, 해적행위가 번성하기 위해서는 여전히 사회 전반과 국가, 또는 적어도 해적행위를 외면하려는 고위 공무원 집단의 의지가 필요하다. 해적과 공무원의 유착이 존재하는 나이지리아에서 "해적 문제를 가난이라는 측면으로만 보는 것은 나이지리아 정부의 통치 실패를 고려하면 충분치 않다."[9] 기니만에서 꾸준히 몸집을 불리는 해적의 배후에 "정치화한 범죄, 범죄화한 정치"가 존재하기 때문이다.[10] 우리는 뒤에서 이 사안을 다시 논의할 것이다.

변화의 바람

우리가 앞서 살펴본 두 시기 모두에 북해와 지중해는 해적들에게 최고 인기 놀이터였다. 그런데 오늘날 이 지역들에는 사실상 해적이 없다. 탐욕과 불만이라는 '끌어당기는 요인'과 '밀어내는 요인'이 더 이상 존재하지 않아서일까? 예전에 불만족의 원인이었던 상황이 지금은 모두 없어졌나? 해적질의 수익성이 더이상 안 좋은가?

통계는 세 질문의 답이 모두 '아니'라고 분명히 알려 준다. 수익성을 묻는다면, 해상 무역은 지표상 활황이다. 그 어느 때보다도 많은 배가 바다를 오가고 있으니 탐날 만한 사냥감도 많다는 뜻이다. 북해와 발트해의 좁은 해역이나 지중해 일부 지역에서 정규 항로를 오가는 배의 금고에는 현금이 있고, 고속보트를 타고 빠르게 배에 접근해 훔치고 내빼는 뺑소니형(Hit-and-run) 습격은 큰 수익을 보장하면서 작전도 수월할 터였다. 과거에 천연 매복지로 위세가 대단했던 명소들 또한 여전히 사라지지 않았다.

오늘날 유럽 해안 주민들이 모두 잘살게 되면서 생겨난 더 쉽고 보수가 좋은 직업과 비교하면 해적질이 불가피하게 너무 위험한 직업이 되었기 때문인가 하면, 그것도 아니다. 유럽 해안 지역 중에는 여전히 빈곤한 곳들이 있다. 참혹한 양차 세계대전 이후 일어난 여러 경제 기적의 수혜를 충분히 입지 못한 지역들로, 예전 같으면 그런 지역의 인구 집단은 큰 망설임 없이 해적질에 나섰을 것이다. 대표적인 사례가 유럽의 지중해 연안이다. 그리스 경제는 2010년 시작된 그리스 국가 부채 위기 이후 여전히 침체에 빠져있고, 실업률(특히 청년 실업률)은 여전히 매우 높다. 앞서 제1부와 제2부에서 다룬 시대였다면 에게해에서 해적이 눈에 띄게 증가하는 결과로 이어졌으리라. 하지만 오늘날에는 확실히 '가혹한 생활 여건'이라 불릴 만한 상황이 해적을 양산하는 결과로 이어지지 않는다.

게다가 지중해에는 동쪽 해안에서 아프리카 북단으로 휘어지는 실질적인 '위기의 호(Arc of crisis)'가 존재한다. 시리아와 리비아에서는 내전이 한창이고, 상대적으로 더 약소국인 알제리, 튀니지, 모로코에서는 대중의 불만이 들끓는다. '밀어내는 요인'인 생활 여건에 따른 불만이 충분히 있을 법하다. 그런데 왜 이 지역의 불우한 사람들은 합법적인 고용시장에서 성공할 가능성이 크지 않음에도 탐욕에 눈이 멀어 해적질에 나서지 않는 것일까? 중동과 북아프리카의 범죄조직[11]이 지중해에서 유럽으로 건너가는 이민자들을 상대로 벌이는 고질적인 인신매매와 밀수[12]가 끊이지 않는 것을 보면 적어도 그런 부류의 해상 범죄에 나서는 냉혹한 개인들이 여전히 존재한다는 것을 알 수 있다. 그렇다면 인신매매가 충분히 큰 돈벌이가 되기 때문에 아마도 더 위험한 사업으로 추정되는 해적질에 나설 필요를 느끼지 못하는 것일까?

한 가지 해답은 최근에 북대서양과 지중해 대부분 지역에서 효과적

인 해상 감시가 이루어진다는 사실에서 찾을 수 있다. 활발한 해상 감시
는 해적행위를 감소시키는 데 매우 효과적이다. 밀수 등 다른 해상 범죄
보다도 말이다. 해적들이 공격하면 피습을 당한 선박은 필사적으로 구
조를 요청하지만, 인신매매와 마약 밀수의 피해자들은 불필요한 주의
를 끌 능력이 없이서 범죄자들은 비밀리에 과업을 완수할 수 있다. 또 다
른 해답은, 아마도 이편이 더 중요할 텐데, 사회적 승인을 얻을 수 없다
는 점이다. 오늘날 해적행위는 더 이상 '옳은 일'로 보이지 않는다. 해적
을 미화하는 예전 풍조는 근대 초기 이래 거의 모든 현대 국가들이 겪은
가치관의 변화 속에서 살아남지 못했다. 해적행위가 여전히 존재하는 곳
에서도 이런 가치관의 변화 때문에 해적 구성원은 전적으로 사회 계급
의 최하위 출신이다. 하급 귀족과 신사 계급도 해적이 되었던 시대는 이
미 아주 옛날 옛적 일이다. 여기에는 아마도 많은 이유가 있겠지만, 자
유민주주의 체제로 넘어오면서 귀족 계급이 설 자리가 없어졌다는 점도
한몫할 것이다. 하지만 가장 중요한 이유는 〈1856년 해상법에 관한 파
리 선언(Paris Declaration Respecting Maritime Law of 1856)〉에서 합법적 해적
인 사략선이 공식적으로 폐지된 것이다. 파리 선언은 "사략선을 폐지하
며, 폐지를 유지한다"라고 명시했다.[13] 사략선의 불법성은 1907년 10월
18일 〈헤이그 선언, 상선의 전함 개조에 관한 협약(Hague's Declaration, the
Convention Relating to the Conversion of Merchant Ships into War-Ships)〉, 즉 〈헤이
그 7조(Hague VII)〉에 의해 더욱 강조되었다. 그 이후 명예와 모험을 추
구하기 위해 바다로 향하고 싶던 귀족이나 신사는 정규 해군에 입대해
야 했다. 마찬가지로 이 시대 최고 무역업자들이 거머쥔 기회는 모두 법
의 테두리 속에 있다. 세계화와 자유화가 해상 무역만으로도 부자가 될

기회를 충분히 제공하는 시대다. 이제 그들은 '용감무쌍한 버커니어' 대신 '용감무쌍한 재계의 거물'로 보이기를 원한다.

오늘날 동지중해의 '위기의 호' 지역에서는 19세기 후반에 프랑스가 바르바리 해안을 점령하고 식민지화하면서 육지의 지하드를 해상으로 확장한 성전으로서의 코르세어 전통이 중단되고 사라졌다. 20세기 내내 이 지역에서 서서히 자리를 잡은 세속 군주국들은 선조의 전철을 답습할 생각이 없었다. 아랍사회주의* 시대에는 이슬람교를 '어차피 소모될 동력'으로 여겼다. 지금도 많은 지중해 연안국들이 내전과 반란으로 몸살을 앓지만, '나쁜 옛날'로의 회귀는 선택지가 아니다. (육상전이 모든 자원을 흡수하는) 현실적인 이유 때문이기도 하지만, 해적 작전에 관심도 없을뿐더러 사회적 승인도 얻을 수 없기 때문이다. 이론적으로는 만약 이슬람 강경파가 연안국들에서 권력을 잡은 후 '해상에서 비신도를 공격하겠다'며 잠잠한 종교적 뇌관에 다시 불을 붙인다면 상황이 달라질지도 모르겠다. 일례로 극단주의 무장단체인 이라크·시리아 이슬람국가(ISIS)는 2015년에 다음과 같이 선언했다. "우리는 해안(이 경우에는 등을 맞댄 두 나라의 좌우 해안인 동지중해의 시리아 해안과 페르시아만 북부 이라크 해안)을 장악한 뒤 전함, 보트, 항공모함을 이용해 우리 바다를 오염시키고, 바다에서 형제들을 죽이면서 재산을 약탈하는 십자가 숭배자와 이교도에 맞선 지하드를 지속하기 위해 알라의 이름으로 바다에 나갈 것이다."[14] ISIS가 정말로 그렇게 했을지는 알 수 없는 노릇이다. ISIS는 영토를 확보하는 데 실패했으므로 조만간 바다로 나갈 가능성은 다소

---

* 20세기 후반 이집트, 이라크, 시리아 등에서 시작된 반자본주의적·민족주의적 사회주의 운동.

희박해 보인다.

우리 시대를 해적의 시대와 구분하는 마지막 차이점은 수 세기에 걸친 사회 변화로 바이킹이나 이라넌, 발랑잉이와 같은 무시무시한 전사 부족 집단이 이제는 더 이상 바다를 누비지 않는다는 점이다. 그들이 남긴 역사와 전통은 잊히지 않았지만, 사람들은 행사나 축제를 통해 기념할 뿐 그들처럼 해적이 되고 싶어하지는 않는다. 영국 요크의 '조빅 바이킹 페스티벌(Jorvik Viking Festival)'이나 셰틀랜드섬의 러윅에서 열리는 유명한 '업헬리아Up Helly Aa 축제*'와 같은 행사를 통해 끔찍한 습격 행위였던 해적 전통은 다채로운 민속행사로 탈바꿈한다. 인도네시아는 역사에 '스포츠'라는 새 옷을 입혔다. 2010년 인도네시아 세일반다Sail Banda 행사의 요트 경주는 네덜란드 순항선 홍이토흐턴을 차용했다 (181쪽 참조). 허나 해적이 현실과는 한참 떨어진 과거의 일인 것만 같은데도 불구하고, 전 말레이시아 총리 마하티르 모하마드가 당시 현직 총리였던 나지브 라자크를 부기 해적[15]의 후손이라고 경멸조로 표현했을 때 한바탕 난리가 나기도 했다. 하지만 일부 말레이 어민들과 필리핀 어민들 사이에서는 해적질이 큰 수치가 아니라 여전히 통용되는 문화의 일부다. 주변국에서 밀려드는 기업형 대형 선단의 저인망 조업을 대할 때 그들이 임시방편으로 의지하는 수단이 해적질이다. 필리핀 남서부 홀로섬의 타우숙족은 여전히 해적을 젊은이들이 "호방함이나 명예, 남성성과 배포 같은 훌륭한 미덕"을 내보일 수 있는, 전통과 명예를 겸비한 직업으로 여긴다.[16] 현대에 와서 변한 점이라면 그들은 선조들과 달리 더 이

---

* 셰틀랜드섬에 지바엥 바이킹들이 처음 도착한 것을 기념하는 행사. 저녁에 횃불을 든 수백 명이 바이킹 복장을 한 채 항구까지 행진해 바이킹 롱십 모형선을 태우는 행사다.

상 노예를 사냥하지 않고 귀금속이나 돈, 무기 같은 상품에 만족한다는 사실이다.[17]

ISIS가 육상의 지하드를 바다에서 이어 가겠다고 위협한 것은 종교가 이전의 두 시기에 그랬듯이 여전히 '우리'와 '그들'을 분리하는 '타자화'의 강력한 도구로 작용한다는 사실을 보여 준다. 따라서 해적행위가 존경받을 일이라는 겉포장이 계속 유지된다(28~30쪽, 83~84쪽 참조). 현재 필리핀 남부에 기반을 둔 악명 높은 아부사야프 그룹Abu Sayyaf Group(ASG)*과 같은 단체들은 자신들을 '이슬람 전사'라고 표현한다. 그들은 표면적으로 개인의 이익을 위해서가 아니라 훨씬 고귀한 목적을 위해 싸우는 집단이자, 해적질로 돈을 버는 잔인한 범죄조직이 아니라 어엿한 게릴라 운동 단체처럼 보이고자 한다. 이와 마찬가지로 앞서 살펴본 바에 따르면 소말리아 해적들은 배에 어떤 깃발이 걸렸든, 배에 탄 선원들의 종교가 무엇이든 개의치 않고 공격한 듯한데, 알샤밥은 소말리아 해적들이 새로 일어난 '서양 십자군'에 대항하는 소말리아 해역의 수호자라고 칭송한다. 수 세기 동안 지속된 '십자군 대 지하디스트Jihadist'라는 주제가 호소력을 여전히 어느 정도 갖고 있다는 사실은 흥미롭다. 역시나 편리한 '내로남불' 행위다.

---

* 아부사야프 그룹은 확실한 이슬람 분리주의 단체라기보다 해적행위에도 관여하는 조직적인 범죄집단이다.

해적을 활성화하는 현대적 여건

앞서 살펴본 두 시기와 마찬가지로 해적질이 정말로 번성하려면 환경의 도움이 필요하다. 공무원의 묵인이나, '묻지도 따지지도 않고 환영'하는 항구나, 국가가 해적을 진압하는 데 관심이 없거나, 그러고 싶어도 충분한 힘이 없는 환경 등 말이다.

정부와 항만 관계자들이 결탁한 대표적인 사례가 1990년 인도양에서 해적에게 나포된 후 팔루PaluⅢ로 재등록된 일반 화물선 에리아잉게 Erria Inge호다. 선박의 소유주가 배를 되찾기 위해 여러 차례 노력을 기울였지만, 그 배가 여러 항구를 돌아다니는 동안 어떤 항만 공무원도 제지하지 않았다.[18] 오늘날 해상 교통로로 연결된 항구 중 많은 곳에서 여전히 부패가 만연하다는 사실은 공공연한 비밀이다.[19] 최근 많은 해역에서 일어나는 해적 문제는 "공무원들이 불법행위에 연루되어있기 때문에 더욱 악화되고 있으며, 군과 사법 요원의 만연한 부패 때문에 해적 퇴치 노력도 심각하게 저해되고 있다"는 주장이 나올 만하다.[20]

반면에 현대의 세계화된 환경은 항구들이 해적에게 안전한 피난처를 제공하기 어렵게 만든다. 국가의 통제가 아직 취약한 곳이 드문드문 존재했거나, 또는 영토 내에 분열이 존재하던 과거에는 가능한 일이었지만 말이다(32~33, 109쪽 참조). 현재 강하고 안정적인 국가들이 통제하고 있는 영국 남부의 5개 항구, 아일랜드의 볼티모어, 프랑스의 됭케르크, 독일의 로스토크와 비스마어, 미국의 찰스턴, 중국의 마카오와 같이 북해나 동아시아 해역에서 한때 악명 높았던 해적소굴들은 더 이상 해적을 환영하지 않는다. 북해의 프리슬란트 연안(현재 네덜란드와 독일의 일부)

또는 세토 내해 연안(일본)은 함락된 지 오래다. 오늘날에는 정부가 모든 영토를 실질적으로 통치하지 못하는 약한 국가, 또는 정부가 거의 붕괴한 국가에서만 항구가 공공연히 해적 지원을 선언할 수 있다.

필리핀과 인도네시아는 모두 전자인 '약한 국가'에 속한다. 필리핀 정부의 영향력은 루손섬을 중심으로 대개 가톨릭을 신봉하는 필리핀제도 북부 지역에서는 강하지만, 모로 이슬람 해방전선(MILF)과 방사모로 이슬람 자유전사단(BIFF), 아부사야프 그룹과 같은 분리주의 단체들이 있는 남부 이슬람 지역까지는 미치지 않는다. 한편 좌우로 기다란 군도 국가인 인도네시아 정부의 영향력은 1만 7,000개에 달하는 섬들에 고루 미치지 못한다. 양국의 상황을 더 악화시키는 요인은 상대적으로 높은 부패 수준이다. 이 때문에 작은 항구와 정박지 들은 해적들에게 식량이며 연료, 무기, 탄약 등을 제공하고, 암시장에서 해적들이 장물아비에게 불법 물품을 팔 수 있도록 내버려 둠으로써 해적을 은밀히 돕는데도 여전히 별문제가 생기지 않는다. 1980년대와 1990년대 초 필리핀에서 악명 높은 해적선장 에밀리오 창코는 필리핀 정부가 버젓이 보고 있는 마닐라만에서 문제없이 해적질을 했다. 그것이 가능했던 이유도 여기에 있다. 창코의 구체적인 사업모델은 주문받은 대로 배와 화물을 훔치는 것이었는데, 고객들은 30만 달러를 지불하면 서비스를 요청할 수 있었다. 창코의 좌우명은 "당신이 선택하면, 내가 훔친다"였다.[21] 창코는 이처럼 자신이 하는 일을 눈감아 주는 대가로 거액의 뇌물을 뿌렸다. 1990년대 초에 그가 당시 필리핀 국영 석유회사 소속 유조선인 타방고Tabango호를 납치하는 중대한 실수를 저지르면서 성공적이었던 사업은 끝났다. 이 대담한 행동으로 창코는 마침내 체포되었고, 당연지사로 장기간 징역형

을 선고받았다. 창코는 교도소에서 복역한 지 1년이 좀 지난 때인 1992
년에 총을 맞고 죽었다. 경위가 확실치는 않지만 정황상 탈옥을 시도하
다가 사살되었을 것이다.[22]

리아우제도의 일부 지역은 이전과 거의 같은 이유로 여전히 해적소
굴 역할을 하고 있다(113~114쪽 참조). 인도네시아의 통치력이 닿기 어
려운 지역인데다가, 인근의 싱가포르를 드나드는 해상 교통량을 지켜볼
수 있는 이상적인 입지를 가졌기 때문이다. 게다가 현대판 군소왕국인
리아우제도가 수마트라섬과 외교·안보상 상충한 이해관계로 대립했던
역사 때문에 이 해역의 치안 유지가 더 어렵다는 점도 있다. 2004년 국
제정치학자 에리크 프레콩이 리아우제도 소속 바탐섬을 현지 조사했을
때 그는 캄풍히탐Kampung Hitam('검은 마을'이라는 뜻)에 붙어있는 해
적 밀집지를 발견했다.

시장으로 가는 길 끝에서 작은 우체국을 지나 왼쪽으로 돌면 해적소
굴이 나온다. 이 만은 세 구역으로 나뉜다. 하나는 경찰이 있는 구역
이고, 다른 하나는 매춘업소, 세 번째는 해적과 밀수업자가 있는 구역
이다. … 지역 경찰은 의심의 여지 없이 섬과 해협 인근에서 범법행위
가 일어난다는 사실을 알고 있었다. 실제로 해적이 해협으로 나가려
면 경찰의 코앞을 지나가야 했다.[23]

경찰관들이 뇌물을 받고 범죄를 모른 척하는 이유는 이해하기 어렵
지 않다. 작은 경비정 두 척으로는 해적을 따라잡으려야 잡을 수도 없었
다.[24] 게다가 연줄마저 탄탄한 해적들이 지역 사회의 요직을 차지한 좁

은 사회에서 해적을 공격하는 행위는 경찰관과 그 가족들, 나아가 지역 치안에도 좋을 게 없었다. 따라서 경찰은 돈을 벌 대안을 찾아야 했다. 이것은 2015년에도 그랬고,[25] 아마 오늘날에도 여전히 똑같으리라.

> 지역 경찰들은 해적단과 그들의 우두머리들이 경찰의 권위를 공공연히 위협하지만 않는다면 해적을 신경쓰지 않았다. 이 무늬만 경찰인 사람들은 매춘부들만 보호했다. 그들은 영웅이 될 생각이 없으며, 조용한 일감만 찾았다. 이것이 지역 내부의 안정을 깨지 않는 대가인 듯했다.[26]

인도네시아 정부 입장에서 리아우제도의 해적은 큰 관심사가 아니다. 인도네시아 정부는 국제 마약 밀수 네트워크들과 이슬람 테러단체인 제마 이슬라미야Jemaah Islamiyah(JI, 현재 ISIS의 지부이기도 하다)를 국가의 전반적인 안정을 해치는 훨씬 더 큰 위협으로 본다. 해적의 희생자들이 보통 인도네시아 시민이 아니라 싱가포르인이나 국제 상선의 선원들이기 때문에 대응이 더 미온적인 측면도 있다. 인도네시아와 싱가포르의 관계가 비우호적인데다 정부도 관심을 보이지 않자 해적들은 거의 붙잡힐 일 없이 섬을 본거지 삼아 해적행위에 나서고 있다. 멀리 수평선 위로 싱가포르 순찰함이 보일라치면 그들은 재빨리 국경을 되넘어 인도네시아 해역으로 후퇴한다. 이 해적들은 "두 나라 정부의 역량차를 이용한 차익거래를 하는 셈이었다. 각 국가가 가진 차별적인 정치적·경제적 상황이 해상 교통망을 약탈할 수 있는 또 다른 기회를 제공하는 것이다. 리아우제도의 해적들은 이런 식으로 말레이반도와 동남아시아의 군도 전역으로 활동 영역을 확장한다."[27]

한편 소말리아는 실패한 국가다. 1991년 1월에 소말리아 정부가 붕괴한 후 각종 정치 집단들이 끊임없이 합종연횡하는 내전에 돌입한 상태다. 2012년 8월 UN, 유럽연합(EU), 아프리카연합의 도움으로 마침내 연방정부가 수립되었지만, 수많은 소수부족 민병대 및 이슬람 세력라 소직인 알샤밥과 경쟁하는 초보적인 국가 사법 집행 체제만이 존재한다. 게다가 소말리아의 두 행정구인 소말릴란드와 푼틀란드는 각각 별도의 정부와 군대를 보유한 채 본토에서 멀어지고 있다. 소말릴란드는 주권국이라고 선언했고(국제 사회는 인정하지 않는다), 푼틀란드는 준자치주다.

수시로 변하는 동맹과 충성 관계의 수렁 때문에 소말리아 항구도시인 키스마요나 하라데레, 특히 에일 등은 소말리아 해적들의 물결이 절정에 달할 때 해적에게 공공연히 안전한 피난처를 제공할 수 있었다. 해적들은 푼틀란드 해안 공무원도, 해안을 순찰하는 다국적 군함의 해군 장교들도 모두 볼 수 있는 이런 항구의 훤한 정박지에 피랍 선박을 세웠다. 선원들도 그대로 태운 채였다. 군함은 인질의 목숨이 위험해질까 봐 행동할 수 없었던 반면, 푼틀란드 공무원들은 행동할 능력도 의지도 없었다. 능력이 없는 이유는 연줄 좋은 해적들과 대적하기에는 정부군이 제대로 갖춰지지 않았기 때문이었고, 의지가 없는 이유는 영향력 있는 정부 관료와 정치인 들이 해적질에 따른 수익 중 일부를 받았기 때문이다. 어떤 공무원들은 해적행위에 적극적으로 재정 지원을 하기도 했다. 신뢰할 만한 여러 조사에 따르면 바다에서 약 200킬로미터 떨어진 푼틀란드의 수도 가로웨의 재력가들이 2008~2012년에 여러 해적 갱단의 활동을 후원했고, 그 대가로 해적들은 몸값으로 챙긴 수익의 상당한 부분을 가로웨에 투자했다고 한다. "증거는 도시의 스카이라인에 있다. 일례로 부인하기 어려울 지경인 선체 모양의 홀리데이 호텔은 유명한 해적이 소유했는데, 그는 그 호텔을 아파트로 개조했다."[28] 푼틀란드가 해적행위를 억제하기 위해 그동안 아무것도 하지 않은 것은 아니다. 해적 수십 명이 체포·수감되었다. 하지만 그들은 대부분 수뇌부 멤버가 아니라 일반 해적들이었다. 소말리아 및 에리트레아 UN 감시단이 말했듯이 "해적 수뇌부나 기획자, 투자자, 협상가 들은 ⋯ 제지를 받지 않았으며, ⋯ 해적 활동을 계속 조직·관리했다."[29] 바탐섬에서 그랬듯 에일에서도 정부에 공공연히 도전하지 않는 한 해적행위는 제지받지 않을 것이다. 만약 사법 당국이 해적을 건드리면 지역의 평화와 안정은 타격을 입을 것이고, 뒤를 봐주던 공무원들의 상당한 부수입도 마찬가지로 타격을 입으리라.[30] 지금의 균형은 푼틀란드의 공권력을 가진 자들이 "합법적인 무역을 지원하면 더 많은 돈을 벌 수 있다"는 결론에 도달해야만 바뀔 수 있다. 그 경우 수뇌부를 포함한 해적들은 생명을 다할 것이다.[31]

나이지리아의 니제르 삼각주에도 해적행위가 성행하도록 만드는 비슷한 환경이 존재한다. 니제르 삼각주에서는 합법 정치(나이지리아 정부와 정당), 불법 정치(해안에 기반을 둔 민족·부족 반란 운동, 니제르 델타 해방 운동[MEND]), 육지 기반 조직범죄와 그들의 바다 버전인 해적행위까지 어지럽게 뒤섞여있다. 이도 모자라 각 요소의 모든 단계가 상당한 부패와 결부되어있다. 일부 관측통은 해적의 습격을 촉발하는 요인이 부패와 "나이지리아 해군 내부의 검은 거래"라고 콕 찍어 언급했다.[32] 특히 나이지리아 해적은 "부패한 보안요원들과 결탁했기 때문에 인질을 붙잡은 상태에서 평균 열흘 정도 체포되지 않고서 해군 당국 및 여타 이해관계자들과 협상을 벌일 수 있다."[33] 드레이크를 '짐의 해적'이라 일컬었던 엘리자베스 1세를 떠올려 보라. 마찬가지로 나이지리아에서도 해적 행위를 좌우하는 것은 권력을 가진 다양한 이해관계자들의 '기호'와 '필요'다. 영국 중대조직범죄청(SOCA, 현재 국가범죄청 소속)의 전 청장 윌리엄 휴스는 "나이지리아 수사 당국[정부 소속 기관들]을 상대하기가 상당히 어렵다. 이 기관들은 여러 장관과 다른 정부 관료들의 통제를 받는데, 그중 누구에게 범죄조직이 줄을 대고 있는지 알 수가 없다. [범죄에] 깊숙이 연관되지 않았더라도 말이다."[34] 범죄에 '깊숙이 연관'되는 방식은 아마도 해적단에 기밀 정보를 적시에 제공하고 표적 관련 정보도 누설함으로써 그들이 큰 돈벌이가 될 만한 선박을 선택할 수 있게 돕는 것이 포함되겠다. 상황이 이렇다 보니 국제 항해 선박 소유주와 선장 들이 핵심 정보에 접근 가능한 항만·세관 공무원들을 의심의 눈초리로 보는 것도 이해 못 할 일이 아니다.[35]

해적행위를 국가가 후원하는 것과 관련해 적어도 몇 가지 좋은 소식이 있다. 과거에는 국가가 해적행위를 활성화하는 데 엄청나게 중요한 역할을 담당했지만, 오늘날에는 어느 국가도 이웃나라의 해상 교통망을 약탈하려고 해적을 적극 지원하지는 않는다. 하지만 여기서 중요한 단어는 '적극적으로'다. 앞서 언급했듯이 어떤 정부는 해적들이 다른 누군가의 배를 공격하는 한 그들의 해역에서 일어나는 해적 활동에 눈을 감는 편이 여전히 유용하다고 생각한다. 특히 이 '다른 누군가'와 현재 우호적이지 않은 관계를 맺고 있다면 더욱 그렇다. 그러나 해적선이 허가를 얻어 사략선이 된 엘리자베스 1세 시대에 그랬던 것처럼, 국가의 필요에 따라 공인된 사략선이었다가 해적선이기를 반복하는 일은 1856년에 사략선이 불법화된 이후 옛일이 되었다. 당시에는 서구 열강들 사이에서 육지·해상 영유권 분쟁이 어느 정도 마무리되었고, 몇몇 지역만이 여전히 각축지로 남아있었기에 해적의 산실이었던 분쟁 지역도 급속히 줄어들었다. 이후 수십 년 동안 식민지였던 지역은 모두 독립해 주권국가가 되었고, 그 기간에 육상 국경뿐만 아니라 해상 국경도 국가 간 상호 인정을 통해 안정적으로 자리를 잡았다. 현재 해상 분쟁 지역이 몇몇 존재하지만, 통치권과 주권을 두고 다투는 회색지대는 점점 더 줄어드는 반면, 육지에서든 해상에서든 국가의 법 집행 능력은 꾸준히 강해졌다. 또한 파리 선언이 발효될 무렵 한 국가의 이득이 다른 국가의 손실이었던 중상주의적 가치관의 시대가 세계화 시대에 자리를 내주었다. 사람들은 자유무역이 해적질보다 훨씬 더 큰 이익이 된다는 사실을 깨달았다. 국가 간 분쟁 감소와 자유무역 확대라는 두 요소는 국가들이 과거에 즐겨 썼던 '자유분방한 외교 수단'이라는 카드를 더 이상 꺼내 들지 않는 이유를 설명한다. 정성공과 칸호지 앙그레는 비록 오래 지속되지는 못했지만 자신들의 해적왕국을 세웠다(171~176쪽 참조). 하지만 육지·해상 경계선이 명확한 서구식 근대 주권국가가 늘어난 것은 왜 그런 독립적인 영토가 더 이상 존재하지 않는지를 설명한다. 소말리아의 독립행정구인 소말릴란드의 사례에서 보듯이[36] 그런 영토는 다른 나라나 국제기구가 독립된 주권국가로 인정하지 않을 것이다. 심지어 질서 회복에 나선 다국적 연합의 공격 대상이 될지도 모를 일이다.

새로운 '자유분방한' 외교 수단

일부 국가들은 사략선과 해적선을 대체하는 새로운 '자유분방한 외교 수단'을 찾은 듯하다. 바로 소위 '어업전쟁' 또는 '해적어업'의 주체인 공해어업용 저인망어선이다.

제2부에서 다룬 기간 동안 식민지를 가진 열강들은 자주 지역 사안에 개입했다. 중앙정부는 '다른 나라의 손해는 우리 나라의 이익'이라는 근시안적 중상주의 제로섬 게임을 지방에 적용했다. 극단적인 경우 해안 어촌 주민들의 사정을 전혀 고려하지 않은 채 해상 무역을 엄격히 제한하거나 완전히 금지하기도 했고, 대외對外 완충지대를 만들겠다면서 해안 인구를 내륙으로 강제이주시키기도 했다. 근대에 와서 이런 근시안적인 중상주의 정치는 세계화와 자유무역으로 대체되었고, 자국 통치에 명나라식 '초토화' 전술을 사용하는 경우도 이제 역사책에서나 찾아볼 법해졌다. 그렇지만 국가가 아직 군건하게 자리를 잡지 못한 세계 여러 지역에서 해안 어촌 공동체는 주류 사회의 외곽으로 줄기차게 밀려나고, 그곳의 주민들은 자신들이 오갈 데 없는 처지에 내몰렸음을 깨닫는다.

동남아시아(더 정확히는 말레이반도, 싱가포르, 리아우제도 해안)에서 대표적인 사례가 '바다집시Sea Gypsie'라고도 불리는 해상민족인 오랑라우트의 후손들이다. 많은 동남아시아 국가에서 급속한 경제 발전이 일어났지만, 이 해상민족은 대다수 국가의 복지 정책이나 의료 서비스를 받지 못한 채 대개 지저분한 최저 생활 조건에서 산다. 심지어 그들이 거주하는 해안을 통치하는 국가는 이 사람들을 '합당한' 시민으로 보지 않는다. 즉, 함부로 대해도 그만인 동네북처럼 취급한다.[37] 오랑라우트는 가난한 어촌 공동체를 조직적으로 외면하는 여러 사례 중 하나일 뿐이다. 국적이나 민족과는 상관없다. 인도네시아 해적 마르쿠스 우반이 공정한 배분에서 소외되고 있다고 생생히 느꼈던 일이나, 정치 중심지에서 멀리 떨어진 여러 섬의 사안에 인도네시아 정부가 보이는 상대적 무관심을 떠올려 보라. 그리 멀지 않은 과거에 자신들을 침략했던 문화권에서 온 저인망어선들이 자기네가 대대로 어업을 이어온 어장에 우르르 몰려와 줄기차게 약탈하다 보니, 이 소외된 해양 공동체 주민들은 어려운 선택에 직면한다. 일부는 도시로 건너가 그곳에서 살길을 찾을 수도 있다. 다른 이들은 상선에서의 합법적인 일자리를 구하려고 노력해 볼 수도 있고, 또 누군가는 밀수나 해적행위, 또는 둘 다에 가담할지도 모른다. 대부분은 아마도 손에 닿는 첫 번째 기회를 잡게 될 것이다. 해적행위가 끈질기게 나타나는 곳이라면 어디든 약하거나 실패한 연안국이 있다. 이들은 소외된 해양 공동체를 복지의 사각지대에 방치하고, 영해에서 일어나는 불법 조업을 막기도 어려운 국가들이다.

식민주의·제국주의 시대에 비할 바는 아니지만, 지역 문제에 외세가 여전히 개입하는 행위는 기회를 엿보는 소규모 해적들이 끊이지 않는 현 상황에 어느 정도 원인을 제공하고 있다. 예를 들어 2008~2012년 공해에서 기승을 부린 소말리아 해적 활동은 1990년대 초 소말리아 어민들이 자신들의 어장에 침투한 저인망어선을 물리치는 행위에서 시작되었다고 볼 수 있다. 그들의 어장은 인도양의 가장 중요한 광역 해양 생태계(LME) 중 하나였고,[38] 저인망어선의 목적은 참다랑어나 고등어, 도미 같은 고급 어종을 밀렵하는 것이었다. 이 침입은 1991년 소말리아 정부가 붕괴하고 뒤이어 소말리아가 끊임없는 내전의 수렁에 빠진 데 따른 결과였다. 외국 선박들은 면허가 아예 없거나 "합법성이 의심스러운 면허를 가지고 있었다. 증서의 상단에는 전 소말리아 정부가 공문서에 사용하던 표식이 있었고, 하단에는 모가디슈 군벌의 서명이 있었다. 그 군벌은 전 정권인 바레 정부를 대표해 서명한 증서라고 우겼다."[39] 육지에서 치안이 상실되었다는 것은 바다에서도 미칸가지라는 말이다. 해상은 어느 경우에든 내륙보다 통치하기가 더 어려웠다. 그 결과 소말리아 어민들은 점점 늘어나는 다양한 저인망어선을 상대해야 했다. 유럽(프랑스, 스페인 등), 중동 및 서아시아(사우디아라비아, 파키스탄 등), 극동(일본, 타이완, 태국 등)에서 저인망어선이 몰려와 소말리아 어장을 조직적으로 싹쓸이해 갔다.[40]

소말리아 해역에서 밀렵당한 어족자원의 정확한 가치를 산정하기는 어렵다. 1991년 바레 정권 붕괴 직전에 UN·러시아·스페인 평가단이 실시한 해양 생물자원 계량화 조사에 따르면 소말리아 해역에서 영세어민의 어획과 기업형 어업으로 확보할 수 있는 지속 가능한 어획량은 연간 최소 20만 톤에 달할 것으로 추정되었다. 호주 연구자들은 이 수치가 최소 30만 톤은 되어야 한다고 주장했다.[41] 불법 조업으로 인한 소말리아 해역의 경제적·생태학적 피해가 막심해 일부 관측자들은 불법 조업을 해적행위에 빗대 '해적어업'이라고 성토한다.

편향된 UN 결의안, 국제기구의 명령, 뉴스 보도가 인도양과 아덴만에서 소말리아 해적들이 상선을 납치한 사건들을 줄기차게 비난하고 있지만, 해적어업은 과거에나 지금에나 누구도 언급하지 않는다. UN 결의안, 북대서양조약기구(NATO) 명령, 그리고 유럽연합(EU) 법령이 소말리아 해역에 월권을 행사하는 판에, 왜 IUU 어업으로부터 소말리아의 해양자원을 보호하는 조항을 삽입하지 않는가?[42]

이 단도직입적인 질문에 아마도 그럴싸한 외교적 답변이 줄줄이 달릴 수 있을 것이다. 하지만 단도직입적인 대답은 아마도 "국제 관계는 여전히 국익 위주, 그 이상도 이하도 아니"라는 사실이 아닐까? 이런 관점에서 프랑스와 스페인이 2008년 12월 소말리아 해적 퇴치를 위해 조직된 유럽연합의 아탈란타 작전(Operation Atalanta)*을 누구보다 강경하게 지지했다는 사실은 그리 놀랍지 않다. 아탈란타 작전은 프랑스·스페인의 이익과 직결되었다. 그들은 소말리아 해역에서 활동하는 자국 선단을 보호해야 했다.

어쨌든 물 밖으로 해적들을 내쫓는 것은 미봉책에 불과하다. 국제 사회가 소말리아 해역뿐만 아니라 세계적으로 해적행위를 끝내거나 최소한 줄이는 데 정말로 관심이 있다면 불법 저인망어선을 반드시 체포해야 한다. 예를 들어 인도네시아에서는 불법 조업으로 인한 경제적·생태적 피해가 너무 커서 조코 위도도 대통령이 인도네시아 해군에 자국 해상으로 들어오는 저인망어선을 잡은 뒤 선원을 체포하고 배를 침몰시키라고 명령했다. 똑같은 짓을 꾸미는 다른 배들을 막기 위해서였다.

---

* 유럽연합의 소말리아 – 아프리카의 뿔 해역 해적 퇴치 작전. 2008년 12월 8일 시작되었으며, 2022년 9월 기준 지속되고 있다.

현대 해적선

영화 역사상 가장 기념비적인 대사 중 하나는 1975년 영화 〈죠스〉에서 주인공 브로디 역을 맡은 배우 로이 샤이더가 한 말이다. "더 큰 배가 필요해." 20세기 이전 해적들은 여기에 동의했을 것 같다. 어찌 됐든 '더 큰' 배는 대개 화물이나 약탈물을 싣기 위한 공간도 넓고, 오랫동안 먼 바다로 순항을 나가도 잘 버틸 수 있었으니 말이다. 게다가 큰 배는 대포도 많이 실렸으니, 상대 배가 중무장을 했더라도 큰 돈벌이가 될 성싶으면 공격을 감행할 수도 있었다. 헨리 '롱벤' 에이버리의 프리깃 팬시호가 그런 배였다. 에이버리는 팬시호로 1695년 7월 파테모하메드호와 간지이사와이호를 나포했다(141~143쪽 참조). 하지만 모든 해적이 최대한 큰 배, 최대한 많은 화력을 추구하지는 않았다. 실제로 공해를 누비는 장기 원정을 다니지 않는 해적들은 약탈물을 싣기 위한 충분한 공간을 확보할 수 있으면서도 의심을 살 정도로 크거나 강해 보이지 않는 선박을 선호했다. 해적 경력 초입에 존 워드는 자신이 마주친 프랑스의 플라이보트를 공격하기로 결심했었다(123~125쪽 참조). 플라이보트는 워드의 배보다 컸고, 대포도 여럿 실려 있었다. 하지만 워드가 그 배를 고른 이유는 크기 때문이 아니라 "집집마다 널린 석탄통처럼 무시무시하게" 평범한 외양 때문이었다.[43] 그런 배가 가까이 다가오면 아무도 의심하지 않았고, 의도를 알아채고 도망가려고 할 때는 이미 너무 늦는다. 피에르 르 그랑은 화력 좋은 큰 배 대신 상대적으로 아담하고 무해해 보이는 선박을 선택한 또 다른 사례다. 그가 탄 피라과선이 볼품없는 외양을 가졌기 때문에 르 그랑은 견제를 받지 않은 채 거대한 스페인 갈레온선

2011년 10월 아프리카의 뿔 해역(소말리아 인근)에서 네덜란드 해군에 나포된 뒤 네덜란드의 덴헬더르Den Helder 해양 박물관에 전시된 해적선

옆으로 다가설 수 있었고, 뒤늦게 깜짝 놀란 선원들을 재빨리 제압할 수 있었다(133~135쪽 참조). 1857년 필리핀해역에서 스페인 장교 이바네즈 이 가르시아를 납치했던 익명의 이라넌 해적들도 아마 워드와 르 그랑의 선택에 동의할 것이다. 이들의 해적행위에 필요한 조건은 단순히 크기가 압도적이거나 화력이 센 것보다 빤히 보이는 곳에서도 상대가 의심하지 않을 만한 '순한 겉모습'이었다. 무방비 상태의 선원들을 기습공격할 수 있어서 였다.

현재 남중국해와 몰루카해협, 그리고 아라비아해와 기니만에서 활동하는 해적 조직들 역시 '더 큰 배'가 반드시 '더 좋은 배'는 아니라는 교훈을 깨달은 듯하다. 순찰함뿐 아니라 헬리콥터, 해상초계기, 심지어 드론까지 동원되는 해상 감시 시대에는 위장술이 어느 때보다 중요하다. 이 지역의 해안과 군도의 수역에서는 수많은 연근해어선과 소형 저인망어선이 일상적으로 오가기 때문에 그들처럼 보이기는 어렵지 않다. 해적선과 어선의 유일한 차이점은 해적선에는 네발닻과 사다리(해적질 의도를 입증하는 장비다)가 있고, 선원들이 대개 돌격소총과 RPG로 무장한다는 점이다. 배의 외관이 비슷하기 때문에 범행 현장을 덮치지 않는 이상 해적 체포가 더 어려워진 측면도 있다. 네발닻과 사다리만 바다에 집어던지면 해적들은 즉시 '죄 없는 어민'으로 변신할 수 있다. 심지어 소말리아 해안과 기니만 등 특정 지역에서는 소형 무기조차도 일반적인 어선 장비로 간주할 수 있다. 그런 해역의 어민들은 배가 해적에게 나포될 위험이 있었으므로 자신들을 스스로 보호해야 했으니 말이다.

더 큰 배를 선호하는 해적도 있다. 소말리아 해적 사태가 최고조로 치달았던 2008~2012년에 공해상으로 진출한 소말리아 '해적 행동 단체'들에는 큰 배가 좋은 선택이었다. 그 시기에 소말리아 해적단들은 남쪽으로는 모잠비크해협의 초입, 북쪽으로는 오만만, 동쪽으로는 인도 남쪽의 래카다이브제도와 인도 서해안까지 활동 범위를 넓혔다. 이 중 가장 먼 곳은 소말리아 해안에서 자그마치 2,800킬로미터 이상 떨어져 있다. 이론적으로 3.4미터 이상, 총 11미터를 넘지 않는 연근해용 소형 어선이나 '보스턴 고래잡이'형 GFRP 보트는 공해 운항에 적합하지 않다. 식량이며 식수, 카트Khat(자극적인 마약성 잎)는 물론 연료도 금세 떨어질 것이다. 실제로 그런 암울한 상황에 부닥친 소말리아 해적단의 일화가 여럿 있다. 인도 해군은 래카다이브제도 인근에서 아사 직전에 내몰려 허겁지겁 물을 찾던 조난자 한 명을 구한 적이 있다.[44] 나머지 선원은 아마도 바다에서 죽었을 것이다. 반면 조직적인 소말리아 해적단은 존 워드가 했던 것과 동일한 수법을 썼다. 그들은 보통 저인망어선이나 소형 화물선과 같은 더 큰 배를 무력으로 '획득'해 모선으로 삼고, GFRP 소재 쾌속선(Skiff)을 함께 끌고 다녔다. 저인망어선과 소형 비정기 화물선(Tramp freighter, 정해진 항로나 시간표 없이 화물이 생기는 대로 항구를 옮겨 다니는 오래된 선박)은 흔하기 때문에 해적들은 위장을 유지한 채 작전 영역을 과감하게 넓힐 수 있었다. 이런 경우 탈취한 배인 모선을 일상적으로 유지·보수하며 운행하는 일을 그 배와 함께 피랍된 원래 선원들에게 '외주'로 주기도 했다. 해당 선원들은 몸값용 인질일 뿐 아니라 군함의 공격에서 해적 자신들을 보호하기 위한 '인간방패' 역할도 했는데, 이 때문에 실제로 많은 희생자가 생기곤 했다.

현대의 '위장·기만' 전술

배가 없으면 해적질은 불가능하다. 하지만 해적들이 다른 배나 해안 마을을 약탈할 이동 수단으로 항상 적당한 배를 탈취하기만 한 것은 아니다. 20세기 초에는 해적들이 화물과 승객들의 귀중품을 꼼꼼히 갈취하기 위해 선박을 '획득'하지 않고 잠시 '대여'하는 경우가 있었다. 때는 1920년대와 1930년대였는데, 일부 중국 해적 무리가 홍콩을 왕복하는 영국 우편기선*을 털기 위해 승객으로 가장하고 승선했다. 방법은 간단했

---

* 우편물 운송 업무를 주로 하는 증기선.

다. 무리의 대부분은 일반 승객처럼 붐비는 3등실에 탔고, 우두머리를 포함한 소수는 1등실에 탔다. 작전에 참여하는 해적의 수는 적게는 10명에서 많으면 60명까지 다양했고, 배에 널리 퍼져있었으므로 공격이 개시되면 기관실(보통 갑판 아래 3등실 구역 근처)과 선교(보통 상층 갑판의 1등실 구역에서 쉽게 닿을 수 있다)를 한꺼번에 신속히 점령할 수 있었다. 그 후에 그들은 배를 멈추거나 원하는 곳으로 경로를 바꾼 다음 준비된 탈출용 선박이 있는 곳으로 이동할 수 있었다. 기선의 항해사들은 대담한 강도질 수법에 곧 익숙해졌다. 누구도 창을 통해 선교로 들어오지 못하도록 쇠창살을 추가했고, 입구에는 무장한 경비원을 세웠다.[45] 그러나 선원들이 주기적으로 드나들다 보니 문이 열리는 시각을 예측할 수 있었고, 인간의 본성인 안일함 탓에 보안 조치가 개선된 후에도 해적들은 다음에 나오는 것처럼 그저 적절한 순간을 기다리기만 하면 되었다. "한순간 날카로운 호루라기소리나 총소리 또는 혼비백산하게 섬뜩한 징소리가 울려 퍼진다. 공격 개시 신호였다."[46] 선원 채용 시 신원을 확인하는 절차가 없었고, 승객 명부 관리도 철저하지 않던 시절에 이 방법은 효과가 놀랍도록 좋았다. 경비 조치가 강화된 이후에도 1921~1929년에 선박 약 30척이 해적의 희생물이 되었고,[47] 작전을 성공적으로 끝마친 해적들은 영국 해군의 순찰을 피하면서 유유히 중국 해역으로 빠져나갔다. 그들의 선배들과 마찬가지로 이 해적들은 영국과 중국 간 식민지를 둘러싼 불편한 관계에서 생긴 치안 공백을 십분 활용하는 놀라운 능력을 보여 주었다. 이 해역에서는 영국과 중국의 차별적 국가 역량과 정치적 대립 관계가 해적에게 더할 나위 없이 유리한 환경을 조성해 주었다.

오늘날 선원은 채용 전 심사 절차를 거치고, 승객들은 탑승하기 전에 여권이나 신분증을 제시하도록 요구받는다. 최소한 이론상으로는 그렇다. 하지만 해적이나 테러리스트 들이 적발되지 않고 몰래 승선할 가능성이 여전히 전혀 없지는 않다. 사실상 모든 운송 라인이 예방 조치를 원칙대로 철저하게 하지는 않기 때문이다. 선원을 철저하게 심사하는 일에는 시일이 소요되고, 승객의 신원을 철저히 확인하다 보면 일정이 지연될 수 있다. 그리고 상황이 어떻든 간에 신분증과 여권은 위조가 가능하다.

해적이나 기회주의적 범죄자 들이 다른 사람들 눈을 피해 몰래 배에 오르거나, 거짓 핑계나 위조된 신분증을 내밀고 배에 들어와 속칭 '정박선 강도질'을 저지르는 것 또한 무방비 상태의 요트 항해자에게 심각한 문제다. 일부 요트 항해자들이 여전히 일어나는 해적행위의 위협을 심각하게 받아들이지 않는다는 점도 문제다. 범죄자가 몰래 갑판원으로 지원하거나 배를 임차해서 배 안으로 들어온 후, 선주를 묶거나 심하면 살해하여 배를 탈취하는 요트 해적 사건이 몇 건 보고된 바 있다. 카리브해에서 벌어지는 그런 사건에는 주로 미국에 마약을 밀수할 요트를 구하려는 동기가 있다. 또 어떤 경우에는 포획된 배가 영영 자취를 감추기도 한다. 독일의 슬루프인 노르트스테른4호NordsternIV는 선원 두 명 및 선박을 임차한 독일인 고객 네 명과 함께 종적을 감추었다. 1977년 3월 18일 안티과에서 출발해 포르투갈 수도 리스본을 목적지로 대서양을 횡단하는 여행 중이었다. 이 사건이 다소 의심스러운 이유는 마찬가지로 독일인이었던 선주가 빚이 많았고, 배가 포르투갈에 도착하면 당국이 배를 압류할 것이라는 상황을 인지했다는 점이다. 40여 년이 지난 지금도 여전히 이 사건을 둘러싼 추측이 분분하다. 사건 발생 25년 후 그 요트를 목격했던 사람의 의견을 들어보자. "콜롬비아와 미국 사이에서 마약 밀수가 기승을 부리던 시기에 노르트스테른4호는 마약 운반 쾌속정으로 사용되었을 수 있다. 내가 생각하기에 해적이 그 배를 납치하고 승객들을 제거했을 것이다."[48]

요트와 요트 항해기를 위협에 빠뜨리는 짓은 마약 사냥뿐만이 아니다. 기회를 노리는 범죄자들은 보안이 허술한 작은 항구나 경비가 아예 없는 돌출된 만에 계류된 요트에도 침입한다. 2016년 3월 초에 있었던 일이다. 세인트빈센트섬의 월릴라보만灣에 정박해있던 독일인 소유 요트 두 척이 총을 든 복면 괴한들에게 '정박선 강도질'을 당하는 사건이 있었다. 두 사건은 같은 날 발생했다. 첫 번째 경우에서는 보트 소유자인 마르틴 그리프가 총에 맞아 사망했고, 두 번째 경우에서는 라인홀트 첼러가 어깨에 총상을 입었다. 두 사건이 같은 무리의 소행인지, 피해자들이 저항했는지는 확실치 않다.[49]

카리브해에서 경계가 필요한 곳은 세인트빈센트섬만이 아니다. 요트 항해자들은 카리브해 전역에서 주의를 기울이는 것이 현명하다. "어떤 지역은 내 집처럼 안전하지만, 다른 곳에서는 큰 곤란에 처할지 모르기 때문이다."[50] 아마존강도 비슷하게 기회주의적인 해적 공격으로 악명이 높다. 2001년 12월 7일, 뉴질랜드 태생인 유명한 세계 요트 대회 챔피언 피터 블레이크 경은 밤 10시경 자기 요트 시마스터Seamaster로 몰래 침입한 해적에 맞서 싸우다 치명상을 입었다. 침입자들은 무장한 아마존강 해적 일고여덟 명이었다.[51] 더 최근인 2017년 9월 13일 영국 카약 선수 에마 켈티가 아마존강 지류인 솔리메스강의 강둑에서 해적에게 살해당했다. 공격을 당하기 전날 그녀는 소셜미디어(SNS)에 오싹한 글을 올렸다. "[강] 모퉁이를 돌았더니 50명은 돼 보이는 남자들이 모터보트에 화살을 들고 서있습니다!!! … 네, 30명으로 수정할게요. … 그런데 어느 쪽이든 … 한 곳에 이렇게 많은 사람이 화살과 총을 들고 배를 타고 모여있다니 신기합니다."[52] 켈티의 게시물에 따르면 노련한 카약 선수이자 모험가인 그녀는 치명적인 공격을 받기 최소 3일 전에 그 구간이 해적 위험 지역이라는 경고를 받았으나 가볍게 넘긴 것으로 보인다. "배 도둑맞고 죽기밖에 더 하겠어요? 까짓것, 좋습니다."[53]

사람들이 카리브해의 한가로운 휴양지 분위기와 아마존강의 숨 막히는 아름다움 때문에 이곳들이 해적 출몰지라는 사실을 하찮게 여기는 것도 무리는 아니다. 서구 언론에서는 아주 적은 사건만 보도하므로 요트 항해자들이 예방 조치에 소홀한 것을 이해 못 할 바도 아니다. 하지만 이는 때때로 참혹한 결과로 이어지기도 한다. 해적을 위협으로 인식하지 못하는 경향은 남중국해나 몰루카해협, 아라비아해를 통과해 항해할 계획을 세우는 많은 요트 여행자들 사이에도 만연한 듯하다. 이 해역들은 그야말로 최악의 해적 출몰지인데도 그렇다. 여러 일화로 확인되는 사실은 항해자가 해적의 위협을 인지하고 있더라도, 자신들의 배에 귀중품도 없고 현금도 많지 않으니까 해적이 그들을 내버려 두고 갈 것이라 착각하고 있었다는 점이다. 어떤 사람들은 배가 자신이 가진 전 재산이라고 얘기하기도 했다. 이런 관점은 젊은 소말리아·나이지리아·인도네시아 해적들의 시각과는 완전히 다르다. 그들에게는 자기가 소유한 배를 타고 전 세계를 한가로이 여행할 수 있는 사람은 이미 엄청난 부자다. 따라서 요트와 그 탑승자들은 그들 자체가 해적들에게는 거부할 수 없을 정도로 탐나는 목표물이다.

현대의 '충격과 공포' 전술

거침없는 기술 발전이 선원과 해적의 활동에 큰 변화를 가져왔지만, 한 가지 중요한 측면에서 해적은 과거와 전혀 달라지지 않았다. 적당한 목표물을 찾은 후 배가 도망치거나 구조를 요청하기 전에 공격하고 압도해야 한다는 점에서 말이다. 무선전신이나 모스부호 체계(19세기 후반부터 20세기 말까지)와 무전기(20세기 후반 이후)에 이은 현재의 위성통신까지 통신 기술이 발전하면서 관련 당국으로 구조를 요청하는 일은 순식간에 이루어진다. 따라서 현대 해적들은 여전히 이전 세대 해적들이 즐겨 찾았던 작은 만이나 바위투성이인 곳을 선호한다. 이유도 동일하다. 이런 곳들은 매복하다 순식간에 돌진하면서 급습하기에 적합하기 때문이다. 이러면 공격을 당한 선박은 줄행랑을 치거나 구조를 요청할 여유도 없다. 제2차 세계대전이 발발하기 전까지 알론소 데 콘트레라스 같은 코르세어가 선호했던 에게해의 그리스 섬들은 몇몇 그리스 해적과 레반트 해적의 은신처로 계속 사용되었다. 동쪽 바다의 몇몇 장소는 오늘날에도 해적들에게 인기가 있다. 특히 남중국해의 여러 섬들과 지구상에서 가장 붐비는 해협 중 하나이자 가장 강력한 해상 병목 지점인 몰루카해협이 그런 장소다.

현대 해적은 마땅한 매복 장소가 없다면 여전히 위장술에 기댄다. 바다 위에서 근근이 생계를 유지하는 정직한 어민으로 위장한 채 상선들의 느릿느릿한 움직임을 주시한다. 1990년대 말 1차 소말리아 해적은 해적 억제 조치(다음에 상술)로 축출되기 전에 아덴만의 바브엘만데브해협 진입로에서 어슬렁거렸다. 300여 년 전 헨리 '롱벤' 에이버리가 자신을 유명하게 만든 간지이사와이호 습격 당시 사용한 방식 그대로다(142~143 쪽 참조). 하지만 에이버리에 비하면 오늘날 소말리아 해적들은 사냥감이 훨씬 많다. 이 지역은 몰루카해협과 마찬가지로 세계에서 가장 붐비는 해상 고속도로 또는 정확한 전문 용어로 말하자면 '해상 교통로(SLOC)'에 속하는 해역으로, 한 해 동안 지나다니는 선박 수가 1만6,000척에서 2만 척에 달한다. 2000년대 초에 급부상한 나이지리아 해적은 움푹 파인 서아프리카 기니만의 지리적 조건과, 그곳 석유정제소에서 긴 시간 동안 작업해야 하는 유조선이 밀집해서 이동한다는 이점을 최대한 활용한다. 오늘날 남중국해와 나이지리아, 소말리아에서 활동하는 해적이 저마다 관련 항구에 정찰원과 정보원을 두고 있다는 것도 해적들에게 크게 유리한 점이다. 남중국해 해적들은 심지어 목표물로 점찍은 배의 선원들을 정보원으로 매수하고, 특정 휴대폰으로 소통한다. 소셜미디어의 부상과 페이스북·트위터 사용이 습관화된 풍조도 현대 해적의 사업에 큰 이점이 된다. 사람들은 트위터나 페이스북에 항로 정보와 배의 출발·도착 시각과 기착 시각까지 올리곤 한다. 문자 그대로 '가벼운 입이 배를 가라앉히는' 셈이다.* 하지만 대개 "좋은 먹잇감을 찾으려면 사전계획보다 행운이나 육감이 중요한 경우가 더 많다"라는 말은 여전히 유효하다.[54]

현대의 해적이 과거의 선배들과 닮은 점이 한 가지 더 있다. 피비린내나는 전투를 가급적 피하는 것이다. 과거의 해적들이 그랬던 것처럼 현대의 해적들도 충격과 공포 전술로 목표 선박을 신속히 항복시키고 자

---

* "입이 가벼우면 배가 가라앉는다(Loose lips sink ships)"라는 속담이 있다.

신들이 승선할 때 저항할 생각조차 못하도록 한다. 일부 정보통에 따르면, 현대의 해적은 위험 회피 성향이 매우 강해서 반격 능력을 갖춘 듯한 선박에는 아예 접근하지 않는다고 한다. 1984년에 〈이코노미스트〉지는 몰루카해협과 남중국해에서 활동하는 해적에 관한 기사에서 "무장을 하고 있으며 선원들이 무기 사용법을 훈련받은 경우가 많은 이스라엘이나 러시아·미국 선박은 해적이 거의 공격하지 않는다"라고 언급했다.[55] 마찬가지로 소말리아 해적 행동 단체도 무장을 갖춘 이스라엘·러시아 선박의 단호한 반격이 두려워 해당 국적 선박 근처에는 얼씬도 하지 않았다는 일화가 여럿 있다. 2009년 4월 8~12일에 발생한 머스크앨라배마호 납치 시도에서 볼 수 있듯이, 소말리아 해적들은 미국 국적 선박을 훨씬 더 만만한 상대로 보았다.[56] 하지만 러시아 선박도 공격받은 사례들이 있고, 일부 소말리아 해적 행동 단체들은 착오 탓이기는 했지만 2010년 4월 10일에는 미 해군 강습상륙함 애슐랜드Ashland를, 2012년 1월 17일에는 스페인 해군 급유함 파티노Patino를 공격하기도 했다.[57] 그러니 이런 시각을 지나치게 곧이곧대로 받아들일 필요는 없다. 어쨌든 소형 GFRP 쾌속선의 낮은 시야로는 거대한 화물선이나 유조선의 이름과 세부 정보를 확인하기가 쉽지 않다. 특히 해질녘이나 새벽에는 멀리서 식별하기가 더 어렵고, 가까워졌을 때는 이미 돌이킬 수도 없다.

그러나 현대의 해적 중 대개가 목표물과 싸울 때 직면하는 위험은 이전 세대의 것과 비교하면 훨씬 작다. 현재 상선과 선원은 일반적으로 무장을 하지 않는다. 따라서 해적들은 돌격소총과 RPG를 난사하면서 '충격과 공포' 전술을 쓰기 쉽다. 상선 선원들이 재빨리 항복해야 할 이유는 과거의 것과 동일하다. 왜 대개 저임금에 시달리는 갑판원이 보험으로 처리 가능한 데다 자기 것도 아닌 화물을 지키려고 싸우겠는가? 해적이 자신들의 소지품을 약탈해 가더라도 보험금으로 돌려받을 가능성이 크다. 그리고 소말리아 해적들이 선호하는 사업모델인 '몸값협상용'으로 납치될 위험이 두렵더라도 선원들은 해적의 명령에 거스르지 않으면 조만간 몸값이 지불되고 자신들이 풀려난다는 사실도 알고 있다. 해적에 맞서 교전할 이유가 별로 없는 것이다.

소말리아 해적이 주로 쓰는 충격과 공포 전술은 보통 최대 일곱 명뿐인 해적들이 GFRP 보트 한 척으로 공격하거나, 훨씬 더 작은 규모이긴 하지만 과거의 이리 떼 전술처럼 보트 여러 척이 협공하는 식이다. 이 경우 최대 40명에 달하는 해적 무리가 성능 좋은 볼보제 혹은 야마하제 엔진을 단 보트 여러 척에 나눠 타고 넓은 각도로 퍼졌다가 목표 선박을 재빨리 에워싼다. 그들은 선박의 상부 구조물에 AK-47 소총을 난사하고, 때로는 RPG도 발사해 선박을 멈추게 하려고 시도한다.[58] 여러 사례로 확인된바 이 정도 공격을 받으면 선장은 유혈 사태를 피하려고 배를 세운다. 2008년 11월, 덴마크 국적 화물선 퓨처Future호를 운항하는 도중에 소말리아 해적의 공격을 받았던 노쉬킨 선장도 그렇게 했다. 해적을 따돌리려는 시도가 무위로 돌아간 후였다. 선장은 레이더 스크린에서 해적을 발견했던 순간을 이렇게 회고했다. "마치 내 머릿속에서 폭죽이 터지는 것 같았다."[59] 해적선의 출현이 대형 선박을 조종하는 노련한 선원에게조차 얼마나 큰 고통을 줄 수 있는지를 여실히 보여 준다. 그러나 소말리아인들의 이리 떼 전술이 항상 성공적인 것은 아니었다. 서문에서 보았듯이 2005년 11월 8일 시번스피릿호 선원들은 강력한 대응으로 해적을 제압했다. 그들은 배의 항로와 속도를 느닷없이 자유자재로 바꾸고, 해적보트 두 척을 향해 고압호스로 물을 분사했으며, 당시 신기술에 가까웠던 음파총(Long Range Acoustic Device, LRAD)까지 사용했다.[60]

나이지리아 해적행위의 '독보적 폭력성'

노쉬킨 선장의 폭죽에 비하면 기니만을 항해하다가 레이더 화면에 소형 해적선들이 뜰 때 떠오르는 공포는 더 끔찍하다. 나이지리아 해적은 소말리아 해적보다 폭력 수위가 높고, 선원이 즉시 항복하지 않으면 상해를 입히거나 살해하는 경향도 훨씬 강하다. 나이지리아 해적의 주된 동기는 몸값이 아닌 경우가 많다. 일반 화물선을 공격할 때는 선원들의 귀중품과 선박 금고의 현금을 노리고, 유조선을 공격할 때는 정제유를 주로 노린다. 이들은 포획한 유조선을 한참 떨어진 안전한 곳으로 이동시킨 후 사이펀 튜브를 사용해 다른 배로 빼돌리는 방식으로 정제유를 탈취한다.[61] 두 경우 모두 선원들의 생존은 작전의 성공과 상관없다. 나이지리아 인근을 항해하는 선원들은 모두 이 점을 인지하고 있다. 소말리아와 동남아시아 해적이 전투 태세를 갖춘 선박을 공격하지 않는 것과 달리, 나이지리아 해적 집단은 훈련된 무장보안요원들이 있거나 말거나 상선을 덮치고, 긴 시간 동안 총격전까지 벌이는 것으로 유명하다. 이런 행태가 하루이틀 일이 아닌지라 많은 소식통이 "나이지리아 해적은 독보적 폭력성을 보인다"고 평한다.[62] 2014년 4월 29일 나이지리아 해적이 유조선 SP 브뤼셀Brussels호를 덮쳤을 때였다. 쾌속정 두 척을 타고 등장한 나이지리아 해적 여덟 명이 너무나 거세게 공격했던 나머지,

선원은 물론이고 무장보안팀마저 시타델로 피신했다.[63] 유조선을 구조하기 위해 나이지리아 해군이 출동했고, 이어진 총격전 끝에 해적 두 명이 사망하고 나머지 여섯 명은 체포되었다.[64]

나이지리아 해군과 해적 사이의 총격전은 드문 일이 아니다. 2013년 8월 한 달 동안에만 두 건이나 있었다. 이때에도 해적은 자신들이 나포한 선박을 구조하러 온 나이지리아 군함에 총격을 가했다. 두 사건 중 두 번째가 가솔린 선적 유조선 노트르Notre호 피격 사건이다. 노트르호가 피격당하자 구조하러 온 나이지리아 군함 여덟 척이 현장 주위를 에워쌌다. 가솔린 선적 유조선은 말 그대로 '떠다니는 폭탄'이라 자동화기를 사용하면서 오래 싸우는 것이 결코 바람직하지는 않았지만, 해적들은 맞서 싸우는 쪽을 택했다. 30분간 교전한 끝에 마침내 해적들이 소형 보트로 탈출을 시도했지만 실패했다. 해적 16명 중 12명이 죽고, 해적이 타고 왔던 보트는 침몰했다.[65] 이렇게 자살에 가까운 극단적인 형태의 폭력은 소말리아 해적에게서는 찾아보기 어렵다.

해적의 공격을 피해 도망이라도 갈 수 있는 배와 달리 옴짝달싹할 수 없는 경우도 있다. 나이지리아 해적들은 석유 굴착기, 부유식 원유 생산·저장·하역 설비(FPSO), 그리고 직원을 수용하는 바지선과 같은 해양 플랜트 시설도 공격한다고 알려져있다. 예를 들어 석유업체 로열더치셀의 FPSO인 봉가Bonga는 나이지리아 해안에서 120킬로미터 떨어진 해상에 자리를 잡았기 때문에 해적의 공격에서 안전하다고 간주되었다.[66] 그러나 2008년 6월 19일 오전 1시에 '니제르 델타 해방 운동(MEND)' 소속 중무장 게릴라 병력 20여 명이 쾌속정을 타고 봉가를 기습했다. 이윽고 그들은 내부로 침입을 시도하다가 여의치 않자 총격을 개시했다.

선원 몇 명이 다쳤지만 다행히 사망자는 없었다. 해군 함정이 구해 주러 오지 않는 가운데 공격은 네 시간 동안 지속되었다. 결국 FPSO를 점령하는 데 실패하자 MEND 게릴라는 근처의 해양 플랜트 지원선을 공격해 미국인 선장을 잡아 인질로 삼았다. 해적들이 안전하게 본거지로 돌아가는 동안 선장은 만 하루 동안 인질로 잡혀있다가 풀려났다. 비록 대담한 공격은 실패했지만, "석유업계가 받은 충격은 대단했다. 이 사건이 있기 전까지 해당 지역의 심해 해상 시설은 무장단체로부터 안전하다는 생각이 만연했으므로 우려와 두려움은 더욱 커졌다."[67] 이후 나이지리아의 석유 생산량은 25년 만에 최저 수준으로 떨어졌고, 국제 유가는 치솟았다.[68] MEND는 나중에 '그것이 그들이 의도한 결과'였다고 주장했다. 나이지리아 정부와의 협상 과정에서 사면을 포함한 자신들의 정치적 요구를 관철하기 위해서였다는 것이다.[69] 게릴라 단체인 MEND는 해적 집단이 아니지만, 그들의 FPSO 공격은 정치적 해상 테러인지라 해적행위로 분류될 수 있다. '일반적'인 해적행위(사적 이익을 위해 바다에서 벌이는 범죄행위)와 달리 MEND 게릴라는 소기의 정치적 목적을 달성하면서 몸값도 벌어 단체 활동을 위한 추가 자금도 확보한다. 게릴라전에도 많은 돈이 들기 때문이다. 무기와 탄약을 사야 하고, 공무원들도 매수해야 했으며, 전사들을 먹여 살려야 했다.

정치적 해상 테러를 하는 집단이 MEND뿐인 것은 아니다. 자유 아체 운동은 2004년 인도양 쓰나미의 여파로 전쟁이 중지될 때까지 인도네시아 정부에 맞서 게릴라 투쟁을 이어갔는데, 그 활동 자금을 해적질로 조달했다. 악명 높은 아부사야프 그룹은 2000년 4월 23일 말레이시아 시파단섬의 다이빙리조트를 공격해 21명을 납치했었는데(모두 몸값을 지불하고 풀려났다), 이 사건도 정치적인 해적행위에 가깝다. 그들의 요구 조건에는 테러 단체 알카에다의 공모자 람지 유수프*를 석방하는 것과 필리핀군이 홀로섬에서 철수하는 것도 포함되었다.[70] 그러나 아부사야 프 그룹이 2016년 11월 6일 말레이시아의 탐비산 앞바다에서 독일 요트 선수 위르겐 칸트너를 납치하고 칸트너의 아내를 살해(탈출을 시도한 것으로 보인다)했을 때, 그들의 의도는 돈벌이였다. 사략선과 해적선 사이에 연속성이 있었던 것처럼, 해적행위를 포함한 조직적 범죄와 테러리즘 사이에도 분명히 연속성이 존재한다.

현대 해적의 범죄 수법

나이지리아 해적이 보이는 극도의 폭력성에 비해 소말리아 해적이 가급적 교전을 기피하는 태도를 보이는 것은, 현대 해적이 가지고 있는 다양한 전략·전술의 단면을 보여 준다. 이전 시대와 마찬가지로 치명적이고 불필요하기까지 한 폭력 행사 여부는 해적이 무엇을 노리느냐에 달렸다. 해적의 목표는 양식형제단이나 황금기의 해적들처럼 주로 배의 화물이나 선원 및 승객의 귀중품이라든지, 지중해 코르세어나 말레이 해적처럼 승객과 선원을 납치해 몸값을 요구하거나 노예로 팔아넘기는 것이었다.

현대 해적행위[71]는 여러 방식으로 분류할 수 있지만, 일반적으로는

---

* 1993년 2월 26일에 미국 뉴욕 세계무역센터(WTC)에서 폭탄 테러를 시도했으나 미수에 그쳤다. 1997년에 징역 240년형을 선고받았다.

다음과 같은 범주로 구분된다(뒤로 갈수록 폭력 수위가 높다). 계류선박 단순절도형, 계류선박 무장강도형, 항해선박 무장강도형, 항해선박·선원 납치 후 몸값 요구형, 마지막으로 선박을 납치해 불법적인 목적으로 개조하기 위한 '유령선형'이다.[72] 앞서 본 것처럼 정박 중이던 요트에서 일어난 절도 사건은 계류선박 무장강도형에 속한다. 피터 블레이크 경이 사망했던 시마스터호 사건은 이런 유형이 피해자에게 치명적인 결과를 초래할 수도 있다는 사실을 보여 준다. 하지만 계획대로 진행된다면 해적이 몰래 침입해 물건을 털고 감쪽같이 사라져도 선원은 그 사실을 까맣게 모를 수 있다. 소위 '뺑소니형'이라 일컫는 항해선박 무장강도형 공격은 현대 해적이 가장 빈번히 사용하는 전략이고, 공격 시간이 대개 30분에서 한 시간을 넘지 않는다. 몰루카해협에서 전형적으로 나타나는 범죄 수법이기도 하다. 소형 해적선은 낮 동안 어선으로 위장해 주변을 어슬렁거리다 밤이 되면 상선의 고물 뒤편에 이는 너울을 향해 다가온다. 이곳은 레이더에 잡히지 않아서 악명 높은 사각지대다. 일부 해적은 네발닻을 상선에 던져 건 뒤 줄을 타고서 갑판으로 오른다.[73] 상선 선체와 제 배 사이에서 미끄러져 끼이거나 바다에 빠지면서 돌고 있는 스크루로 빨려 들어갈 위험이 크기 때문이다. 따라서 현대 해적은 속도와 민첩성이 필수고, 대다수가 10대 후반이나 20대 초반이다. 50대에 해적 생활을 시작한 존 워드 같은 늙은 뱃사람이 이 방식으로 요즘 상선에 오르자면 고생깨나 할 것이다. 해적들은 보통 칼과 돌격소총을 소지하고 공격에 돌입한다. 그것만으로도 충분히 놀란 선원들을 제압하고 저항 시도를 단념시킬 수 있다. 이후 대개 선원들은 갑판실에 갇히고, 선장은 해적에게 붙들린 채 배의 금고로 끌려가 현금을 꺼낸다. 평균적으로 국제 수로를 항해하는 선박은 항만 시설 사용료와 선원에게 줄 돈 용도로 3만~5만 달러 정도를 보유한다. 현금으로 말이다. 선원의 소지품 또한 약탈 대상이다. 휴대 가능하고 값어치 있는 물건은 모두 뺏긴다. 강도질이 끝나면 해적들은 재빨리 배로 돌아가 밤의 장막 속으로 자취를 감춘다. 이 과정의 핵심은 시간이다. 만약 상선의 선교에 있던 선원들이 해적에게 제압당하기 전에 구조신호를 보내는 데 성공한다면 해경함이 이미 달려오고 있으리라. 이런 상황에 처한 선원들에게 딱 한 가지 좋은 소식은 치고 빠지는 무장강도형 해적 습격 사건에서는 대개 살인이 일어나지 않는다는 사실이다.

항해선박 무장강도형이 아마도 해적 공격의 대다수를 차지하겠지만, 일부 지역 뱃사람들은 더 심각한 공격에 직면한다. 바로 사전 계획된 선박 납치인데, 여기에는 대개 두 가지 목적이 있다. 하나는 선원들을 인질로 잡아 몸값을 요구하는 것이고, 다른 하나는 화물을 챙긴 후 배를 '유령선'으로 만드는 것이다. 유령선형 습격이 선원 입장에서는 가장 위험하다. 해적의 관심이 오로지 배와 배에 실린 화물에 있다면 선원은 쓸모가 없기 때문이다. 운이 좋으면 배 밖으로 쫓겨나는 데서 그친다. 어쩌면 구명보트 한두 척쯤 내려 주는 행운을 얻을 수도 있다. 하지만 그렇지 않을 경우 선원들은 창성호 사건에서처럼 무참히 제거된다(6~7쪽 참조). 그런 다음 배의 특징을 드러내는 부분, 예를 들면 연통 같은 부위는 새로 도색하고, 배의 이름이 적힌 부분은 페인트로 덮어 버리거나 아예 다른 이름을 쓴다. 이 과정에서 철자가 틀리기도 한다. 이상의 단계를 모두 마치면 배는 허위서류로 재등록된다. 해적들은 배의 원래 화물을 '묻지도 따지지도 않고 환영'하는 작은 항구에서 팔아 치운 후 다른 항구로 이동한 뒤, 그곳에서 위조된 신분으로 합법적인 화물을 받아 싣고는 또다시 적절히 무관심한 구매자를 찾아낸 다음 팔아 버린다. 화물값을 이미 모두 지불했던 정당한 구매자는 도착지 항구에서 짐을 기다리지만, 물론 배가 나타날 리 없다. 배는 결국 침몰하는 최후를 맞을 가능성이 크다. 해적들은 위조서류로 가입한 보험으로 지급받게 될 보상금을 타기 위해서, 또는 자신들의 불법행위가 사법당국의 주의를 끌었다고 판단되면 증거 인멸을 위해서 배를 없애 버린다.[74]

첫 번째 유형의 선박 납치, 즉 몸값 요구형 해적 습격은 2008~2012년까지 소말리아 해적을 국제적으로 유명하게 만든 범죄 수법이다. 소말리아 해적은 보통 자신들에게 반항하지 않는 이상 선원들에게 치명상을 입히지 않는다. 붙잡힌 선원들이 좋은 대우를 받았다는 뜻은 아니다. 협력하기를 거부한 몇몇 선장들은 무참히 살해당했고, 다른 여러 선장도 구타를 피하지 못했다. 여러 사건에서 선장들이 본사나 가족에게 전화를 걸어 해적의 요구를 황급히 전달하는 도중에 해적은 선장의 머리 위로 총을 쏴댔다. 통화에 긴박감을 조성하고, 몇 달이 걸리기도 하는 협상 과정을 단축시킬 심산이었다.[75] 그러나 일반적으로 포로들은 결국 자유의 몸이 되어 자신들의 경험담을 말할 기회를 얻곤 했다. 납치범의 눈에 선원은 '걸어 다니는 돈'이었기 때문에 생명 유지는 필수고, 비교적 멀쩡한 상태가 확보되어야 했기 때문이다. 소말리아 해적이 납치한 선박 중에는 300미터가 넘는 초대형 유조선도 있었다. 해적들은 그렇게 납치한 선박들을 소말리아 해안으로 옮기고, 부두의 버젓이 보이는 장소에 세웠다. 푼틀란드의 에일항이나 소말리아 남부의 하라데레항이 그렇게 사용된 장소들이었다. 선원 대부분은 내륙에 있는 은신처로 이동되고,

여러 해적과 민병 들이 선박을 되찾으려는 시도를 막으려고 배에서 보초를 섰다. 피랍당한 선원들 일부도 배에 태워 인간방패로 사용했다. 항구의 비호를 받던 과거의 코르세어를 연상시키는, 현대에는 좀처럼 찾아보기 힘든 이런 뻔뻔한 범죄 수법은 항만 당국과의 뒷거래 없이는 불가능하다. 특히 여기에는 중앙정부의 통치 부재도 한몫을 담당한다.[76] 이런 의미에서 소말리아 해적이 발호하게 된 환경적 요인은 제2부에서 살펴본 알제, 튀니스, 트리폴리와 같은 항구도시에서 해적이 판친 이유와 비슷하다.

소말리아 해적의 전성기인 2008~2012년에는 수많은 사건이 있었지만, 가장 유명한 사례들은 다음과 같다.

· 프랑스 호화 요트 르포낭Le Ponant호

  2008년 4월 4일 납치 ~ 2008년 4월 12일 석방, 석방금 200만 달러 지급

· 우크라이나 차량 수송 전문 화물선 파이나Faina호

  2008년 9월 25일 납치 ~ 2009년 2월 6일 석방, 석방금 320만 달러 지급

· 한국 초대형 유조선 삼호드림호

  2010년 4월 4일 납치 ~ 2010년 11월 6일 석방, 석방금 950만 달러 지급

· 그리스 유조선 아이린Irene호

  2010년 2월 9일 납치 ~ 2010년 12월 21일 석방, 석방금 1,350만 달러 지급

· 싱가포르 유조선 제미니Gemini호

  2011년 4월 30일 납치 ~ 2011년 12월 3일 석방, 석방금 1,000만 달러 지급

여기에 포함되지 않은 다른 사건들도 많으니 소말리아 해적의 사업 모델이 가진 수익성이 얼마나 좋았는지를 확실히 알 수 있다. 과거의 코르세어가 본다면 경의를 표했을 것이다. 이것은 또한 왜 2008년에 시작된 제2차 소말리아 해적이 1990년대 말과 2000년대 초반의 제1차 시기에 비해 불만보다 탐욕을 동기로 해적질에 나선 비중이 더 컸는지, 그리고 1차 해적은 주로 어민들이었던 반면 2차 해적은 민병대가 대거 섞여 있었는지를 설명한다. 실제로 2008년 8월 소말리아에서 프랑스 호화 요트 르포낭호와 선원 30명이 납치된 사건이 보도되고, 2004·2008년에는 대개 수십만 달러 규모였던 석방금이 수백만 달러로 치솟았다는 사실이 알려지면서, 주로 20~30대인 젊고 야심 찬 민병대원들이 우르르 항구로 몰려들어 젊은 어민들에게 합류했다.[77] 그들은 모두 한탕 일거리와 몸값을 챙길 생각에 들떴다. 소말리아 해적의 또 다른 특징은 나포 선박의 화물에는 손대지 않는다는 것이다. 일례로 파이나호에는 우크라이나제 T-72 주력전차 33대, 대공포와 RPG 다수가 실려있었다. 서류상으로 케냐행 화물이었지만, 남수단이 군비를 증강하려고 구매한 것이었을 확률이 높다. 파이나호를 덮친 해적들도 우리처럼 놀란 듯하지만, 케냐행 특수화물에 손을 대지는 않았다. 소말리아 내전에 관계된 몇몇은 아마 중화기에 꽤 혹했을 텐데 말이다.

소말리아 해적들은 선원을 납치하는 데 그치지 않고 선박을 대담하게 통째로 납치했다. 그리하여 그들은 2012년경에 이르러 다국적 해적 퇴치 동맹에 의해 마침내 바다에서 축출될 때까지(평화가 얼마나 지속될지는 물론 확실치 않다) 약 10년 동안 국제 뉴스를 지배했다. 현재 가장 악명 높은 해적은 폭력성 측면에서 높은 점수를 받는 나이지리아인들이고,

2009년 2월 4일, 미 해군 함정이 보는 가운데 호표 인근 소말리아 앞바다에 있던 파이나호 근처에 몸값을 떨어트렸다.

그다음이 남중국해와 몰루카해협에서 활동하는 다양한 동남아시아 해적 조직이다. 하지만 영국 카약 선수 에마 켈티의 사례에서 알 수 있듯이 (228~229쪽 참조), 희생자가 지역민에 국한되는 경우에는 존재가 사실상 드러나지 않는 해적들도 존재한다. 그리고 이러한 해적행위는 여타 해적 출몰지와 같은 공해나 해안에서 일어나지 않는다. 은밀한 해적행위는 큰 강 하구에서, 그리고 심지어 강변을 따라서 발생하고 있다.

　명·청나라 시대(57~60, 169~174쪽 참조)에 이와 같은 '하천해적'은 조직적인 중국 해적이었다. 오늘날 아마존강(228~229쪽 참조) 외에 하천해적이 두드러지는 지역이 한 곳 있다. 바로 벵골만의 꼭대기 순다르반스다. 순다르반스는 벵골만으로 흘러드는 브라마푸트라강, 메냐강, 파드마강이 이루는 삼각주의 담수 맹그로브 숲이 있는 늪지다. 넓이가 1만 평방킬로미터에 달하는 지역으로, 인도·방글라데시 국경에 걸쳐있다. 조수가 드나드는 개펄과 섬, 야생동물 천지인 맹그로브 숲 사이를 강과 물길, 시냇물이 이리저리 교차하며 만들어 내는 미로 같은 그물망은 사냥꾼과 어민의 천국이다. 그러나 여기서 어슬렁거리는 포식자는 호랑이만이 아니다. 순다르반스는 조직적인 해적 집단의 행복한 사냥터이기도 하다. 해양 미로는 그들에게도 천혜의 은신처를 제공한다. 운이 좋다면 인구에서 항해하던 연안화물선이나 저인망어선을 포획하는 쾌거를 거둘 수 있지만, 그들의 먹잇감 대부분은 저항할 힘도 없는 연안어민들의 배다. 한 피해자가 남긴 말이다. "야생동물은 맞서 싸워 물리칠 수 있겠지만, 어느 바보가 무장강도에 맞설 생각을 하겠습니까? 저항할 기미가 보이면 바로 총알이 날아와 머리에 박히겠지요."[78] 순다르반스 해적이 사용하는 전술은 '매복하다 기습해 납치한 후 몸값을 요구하는' 방식이다. 리아우제도의 해적처럼 순다르반스의 하천해적은 국가 역량 격차에서 발생하는 치안 부재를 이용한다. 해적들이 인질을 데리고 인도·방글라데시 국경을 넘으면 잡히지 않을 수 있다. 인도와 방글라데시가 '긴급 월경 추격 권한'을 합의하지 않았고, 연안의 사법당국은 순다르반스 지역에서 치안을 유지할 수 있을 정도로 설비나 인력이 충분치 않아서다. 그런데도 경찰 작전은 이상하리만치 성공적이니, 묘한 일이다.[79] 해적들이 요구하는 몸값은 대개 10만~15만 루피(1,500~2,500달러) 수준이다.[80] 서구인의 시각에서는 적은 액수이지만, 지역민인 피해자 가족들의 입장은 다르다. 종종 몸값이 그들이 한 해에 벌어들이는 수입을 상회한다. 하지만 몸값을 지불하지 않으면 가족은 죽을 것이다. 지역 피해자들에게 별 위안이 되지 않겠지만, 이런 해적질은 보통 국제 운송에 영향을 미치지 않는다. 따라서 외진 지역의 하천해적은 외부로 널리 알려지지 않는 편이다.

현대판 '얼큰히 취한 삶'

옛날 옛적 해적의 전리품이 금은보화며 고가의 교역품이었다면, 현대 해적이 꿈꾸는 약탈 성과는 단연 현금이다. 역사상 존재했던 해적 집단 대부분과 마찬가지로 오늘날(적어도 2008~2012년)에는 가장 좋은 수입을 기록한 소말리아 해적도 그들이 획득한 몸값을 선박 납치에 개별 구성원이 기여한 정도를 기준으로 분배한다. 2008년 5월 레만팀버Lehmann Timber호 습격 당시 해상 작전에 참가한 해적들은 각각 14만 달러를 받았고, 에일에서 인질들을 감시하는 임무를 맡은 자들은 각각 2만 달러씩 받았다. 2만 달러는 소말리아 연평균 소득의 여섯 배다.[81] '압둘카다르'라는 이름으로 알려진 해적 두목(별명은 '컴퓨터'다)은 40분간 추격한 끝에 레만팀버호에 최초로 올라탄 해적에게 성과 보너스로 1만 5,000달러 상당의 도요타 랜드크루저를 하사했다고 알려졌다.[82] 제일 먼저 목표 선박에 올라탄 해적에게 용맹함을 치하하는 의미로 별도 성과금을 더 챙겨 주었던 버커니어 해적이 연상된다.

전성기 소말리아 해적은 해적 중에서도 최상위 소득자였다. 다른 해적들 대부분은 수입이 그보다 훨씬 적었다. 몰루카해협과 남중국해에서 활동하는 해적들은 '소득 중위 구간'에 있었다. 이들은 선박 금고와 선원의 귀중품을 강탈하는 뺑소니 무장강도형 해적질로 총 2만 달러에서 많게는 5만 달러 정도를 번다. 하지만 작전에 참여하는 모든 인원과 분배해야 함은 물론이고, 때로는 약탈금의 일부를 공무원들에게 줄 뇌물과 마을 장로들에게 바칠 선물을 구하기 위해 남겨 두어야 한다. 소득 하위 구간에는 계류 중인 배에 잠입해 돈이 될 만한 것이면 무엇이든 훔

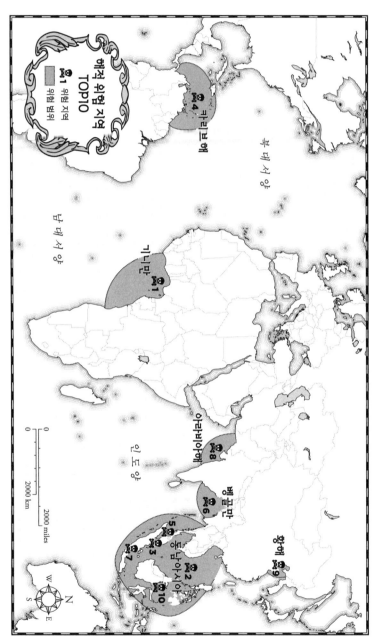

세계 10대 해적 위험 지역

처가려는 '비상근' 해적들이 있다. 그들은 대개 밧줄 뭉치나 통에 담긴 페인트 따위를 훔쳐간다. 대해적의 명성을 얻기는 영 글렀다.

현대 해적의 '얼큰히 취한 삶'은 그들이 어떤 해적질을 하는지, 그리고 물론 약탈 성과가 얼마나 큰지에 따라 좌우된다. 성공한 현대 소말리아 해적은 커피숍에서 자동차 대리점까지 해적들의 요구를 만족시킬 모든 서비스가 구비된 하라데레나 에일에서 썩 즐거운 삶을 누릴 수 있다. 알려진 바에 따르면 2008~2012년에 큰돈을 만진 소말리아의 여러 젊은 해적이 수입의 상당 부분을 새 부인의 친정에 줄 지참금과 새 차 구입 비용으로 썼다고 한다. 서구의 타블로이드판 신문의 기사들은 으리으리한 저택이나 신작로를 미끄러지는 최신식 사륜구동차, 해적이 주요 고객층인 최고급 레스토랑 등을 떠들썩하게 보도했다. 하지만 그런 언론사 대부분은 현지에 취재기자도 없고, 실제 현지 상황과는 관련이 없는 내용을 자극적으로 뽑아낸 것일지도 모른다. 실제로 에일에 다녀온 프리랜서 저널리스트 제이 바하두르는 그런 여러 설과 관련하여 코웃음을 친다.

에일에 돈이 넘쳐난다면 주민들이 기가 막히게 숨기고 있는 게 틀림없다. 해적들의 안식처라는 그곳은 매우 실망스러웠다. 세계 주요 언론들이 보도한 바에 따르면 호화로운 저택이나 질펀하게 먹고 마시면서 마약에 취하는 파티들이 있어야 할 것 같은데, 어디서도 찾아볼 수 없었다.[83]

반면 당시 한 소말리아 해적은 곧 동료들에게 몸값 수입이 들어오리라 예상하면서 50퍼센트라는 높은 이자로 차용증서를 써 준 경위를 설명했다.

> 배가 목적지를 향해 떠나면 파티는 이미 시작되고, 돈은 흘러 나갑니다. … 몸값이 언제 올지는 아무도 모릅니다. 한 달, 두 달, 심지어 석 달이 걸릴 수도 있습니다. 하지만 [그 해적들은] 지금 당장 신나게 즐기면서 새 차도 사고 싶은 겁니다. … 결국 후불로 사게 되니까 모든 물품을 거의 두 배 가격으로 사는 셈입니다. 집을 사려고 하는데 시장가격이 2만 달러라면 그 친구들은 3만 달러, 심지어 4만 달러에도 삽니다.[84]

시대도 풍토도 다르지만 2008~2012년에 활동한 소말리아 해적들은 17세기 포르루아얄 해적들을 연상시키는 행태를 보였다. 하지만 이 글을 쓰고 있는 지금 그들의 좋은 시절은 이미 끝났다. 어느 때보다 강화된 다국적 해군 동맹의 효과적인 감시 때문에 소말리아 해적단들은 아주 드물게 습격을 시도하지만 대개 성공하지 못한다. 따라서 적어도 당분간은 그들에게 '얼큰히 취한 삶'이 없을 것 같다.

해적과 법

서양법의 맥락에서 해적과 관련해 줄기차게 되풀이되는 한 가지 주장은 해적이 '인류 공통의 적(Hostis humani generis: 'enemies of all mankind)*',
즉 만국 공통의 범법자라는 것이다. 오늘날 이 역할은 알카에다와 ISIS
같은 국제적 테러 단체들에게 넘어간 듯하다. 9·11 테러의 여파로 조지
W. 부시 전 대통령이 '미국이 이끄는 테러와의 전쟁'을 선포한 이래 현
재까지 저 두 단체가 표적의 상위에 있다. 부시가 테러와의 국제적 전쟁을
시도한 첫 번째 인물이 아니라는 점을 짚어 둘 필요가 있다. 1904년 시어
도어 루스벨트 대통령은 무정부주의 테러리즘에 맞서는 국제적 전쟁을
선포했다.[85] 1901년 9월 전임 대통령이었던 윌리엄 매킨리가 무정부주
의 테러리스트에게 암살당한 후였다. 루스벨트가 자신이 선언한 전쟁을
정당화한 내용이 흥미롭다.

> 무정부주의는 전 인류를 향한 범죄이며, 모든 인류는 무정부주의자
> 에 맞서 싸워야 한다. 그의 범죄는 해적행위 그리고 노예무역으로 알
> 려진 인신매매와 같이 국제법으로 규정된 범죄여야 마땅하다. 왜냐
> 하면 무정부주의는 그 둘보다 훨씬 더 악랄한 행위이기 때문이다. 모
> 든 문명국은 조약을 체결해 그와 같이 선언해야만 한다.[86]

루스벨트는 그때까지만 해도 낯설었던 '무정부주의'라는 위협의 심
각성을 청중들에게 일깨우기 위해 사람들에게 익숙했던 해적과 노예무
역이 가져온 해악을 환기시켰다. 그로부터 100년 후 테러와의 국제적 전
쟁을 위해 세계의 단결을 촉구하던 부시 대통령은 "미국이 가진 영향력

---

* 서구 해상법에 나오는 법률용어로, 여기에 해당하면 모든 국가가 자국 기준에 따라 체포
하고 처벌할 수 있다.

을 최대한 사용하리라 약속했고, 동맹국들 및 우방국들과 협력하여 모든 테러행위를 불법화하고, 테러행위가 노예무역, 해적, 인종청소와 같은 선상에 놓인 극악 범죄로 인지되도록 노력하겠다고 약속했다. 존중받을 만한 정부라면 테러행위를 지지하거나 후원하지 않게끔 '인류 전체가 대항해야 하는 행위'로서 기리매김하겠냐는 뜻이다."[87]

두 연설 모두에서 '인류 공통의 적'이라는 개념이 강한 존재감을 드러낸다. 비록 본래의 로마법 맥락에서는 의미가 조금 달랐을지 모르지만,[88] 근대 초기 이래 서양 해상강국들은 해적을 모든 인류의 적으로 보았다. 이런 시각은 당시 대표적인 영국 법학자 윌리엄 블랙스톤이 해적행위를 규정한 내용에서 전형적으로 나타난다.

> 해적행위 또는 공해에서의 습격과 약탈은 사회의 보편적 법에 위배되는 범죄다. 해적은 … 인류 공통의 적이다. 그러므로 해적이 모든 인류를 향해 전쟁을 선포함으로써 사회와 정부가 제공하는 일체의 이익을 포기하고, 자신을 야만적인 자연 상태로 … 전락시켰으므로, 모든 인류도 마찬가지로 그에게 전쟁을 선포해야 한다. 따라서 모든 공동체는 자기방어의 규칙에 따라 해적을 처벌할 수 있다. 자연 상태에서 모든 개인은 자신을 방어하기 위해 그렇게 할 권리가 있기 때문이다.[89]

이 문제는 국내법뿐만 아니라 국제법에서도 해적을 어떻게 처리할 것인지에 관한 다소 흥미로운 법적 문제를 제기한다. 한 예로 서구에서 기원한 고전적이고 전근대적인 국제법 해석을 살펴보자면, 해적은 단순한 범죄자와 적군 사이의 어딘가에 있었다. 첫째로 그들은 "국가와 연관된 어떤 공공 목적을 추구하는 바 없이 '범법행위'를 목적으로 모였다는 점에서 범죄자이며, 자유무역과 통상을 방해함으로써 전 인류에게 전쟁을 선포했다는 점에서 군사적으로는 적이다"[90] 이것은 상황에 따라서 해적을 범죄자로 취급할 수도, 병사로 취급할 수도 있다는 뜻이다. 하지만 두 번째 쟁점은 해적이 모든 인류의 적이 되기는커녕 곧잘 특정 항구 당국은 물론, 심지어 국가(공식적이든 비공식적이든 스페인과 끊임없이 전쟁을 벌인 영국이 그 예다)가 제공하는 지원을 받았다는 점이다. 이러니저러니 해도 결국 해적행위는 큰 수익을 안겨 주었고, 해적은 대리전쟁에 내보내 적을 약화시키는 데 이용할 수 있으면서도 여차하면 존재를 부인할 수 있는 도구였다.[91] 마지막으로 법률 전문가들은 다음에 주목했다. 사략선과 해적선을 구분하는 것은 범죄 수법의 차이가 아니라 '사략선은 국가가 인가한 업무를 수행'하는 반면 '해적질은 허가 없는 행위'라는 점이다.[92] 이 논점은 논리에 따라 다음 질문으로 이어진다. "만약 두 가지 관행이 이름만 다를 뿐 '국가가 허락했는가?'로만 구별한다면, 어떻게 하나는 '악의적'이거나 '반체제적'이고 다른 하나는 타당한 행위가 되는가?"[93]

따라서 각국은 여러 나라가 합심해 해적을 효과적으로 퇴치하는 작전을 계획할 때 종종 동상이몽이었다. 오히려 많은 나라가 그 당시에 자국과 제해권을 다투는 경쟁국이 주도하는 해적 퇴치 노력을 방해하고 약화시키는 것이 자국 이익에 도움이 된다고 판단했다. 오늘날에도 여전히 이면에 존재하는 국가 간 상호불신은 해적 퇴치를 위한 동맹을 방해한다. 또 다른 문제는 나라마다 작전 수행 방식과 인권을 대하는 태도가 다르다는 점이다. 예를 들어 유럽연합(EU)과 미국은 UN의 세계인권선언을 철저히 준수하지만(적어도 도널드 트럼프 행정부가 발을 빼기 전까지는 그랬다), 다른 나라의 접근 방식은 훨씬 더 거칠다. 2010년 5월 5일 해적이 점령한 러시아 소유 유조선 모스크바유니버시티Moscow University호를 이튿날인 5월 6일 러시아 해군보병(해병대) 특공대가 탈환했던 사건이 대표적이다. 러시아 공식 소식통들은 살아남은 해적들이 소형 고무보트를 타고 자국으로 돌아가다 '바다에서 죽는 불운'을 겪었다고 주장했지만, 다른 소식통들은 해적들이 즉결 처형되었을 수 있다고 주장했다. 이 해석은 당시 러시아 대통령 드미트리 메드베데프가 선박이 탈환된 당일 다소 위협적으로 남긴 발언 때문에 더 무게감을 가졌다. "우리는 우리 선조들이 해적을 만났을 때 했던 대로 해야 합니다."[94]

우리는 '우리 선조들'이 해적을 사면으로 구제하거나 끝없는 전쟁의 도구로 계속 이용하는 대신 법의 심판대에 세우는 쪽을 택했을 때 그들을 어떻게 다루었는지 익히 보았다. 해적을 처치하는 방법은 문화권마다 다른 처형 방식의 적합성에 따라 다양하게 나타났다. 어떤 형태로든 국가는 잠재적 해적 후보들에게 본보기를 보일 양으로 끔찍한 현장을 대중에게 구경거리로서 공개하는 것이 일반적이었다. 훨씬 문명화된 오늘날에도 사형은 여전히 존재하지만 더 이상 대중에게 공개된 장소에서 집행되지는 않는다. 과거와 달라지지 않은 점은 국가들이 체포된 해적을 법의 심판대에 세우는 일을 언제나 열심히 하는 것은 아니라는 사실이다. 실제로 소말리아 해적 전성기에 당사국들은 인권 문제와 떼려야 뗄수 없는 재정적인 문제 때문에 체포한 소말리아 해적을 재판에 회부하지 않기도 했다. 미 국무부의 한 관리는 반농담조로 이렇게 설명했다.

우리가 체포한 해적 두 명을 상대로 소송한다고 생각해 보세요. 물론 미국으로 데려와야겠죠. 하지만 그 두 명만 데려오는 게 아닙니다. 변호사, 피해자, 피해자 외 목격자, 선주사 대표, 선주사 변호사 같은 사람들을 비행기로 실어와야 합니다. 통역할 사람도 고용해야 하고요. 해적들이 항변할 기회를 충분히 얻는 데 요구되는 모든 경비도 부담해야 합니다. 결국 해적들은 형을 선고받고 미국 교도소에서 얼마간 복역할 겁니다. 형기가 끝나면 아마 뉴욕에서 택시를 운전하겠죠.[95]

물론 세간의 이목이 쏠렸던 머스크앨라배마호 사건(10~12쪽 참조)이나, 2010년 4월 10일 새벽 해적들이 상선으로 오인하고 공격했던 미 해군 애슐랜드함 사건과 같은 경우에는 비용이 많이 드는 법정 소송을 피할 수 없었다.

다른 나라도 이처럼 해적들을 값비싼 재판에 회부하기를 기피하는 경향이 있다. 근본적인 이유는 해적이라는 특정 범죄 행위의 재출현에 대응할 국내 형법이 마련되지 않았기 때문이다. 해적질을 이미 종식된 지 100년도 넘은 범죄 유형으로 간주한 탓이다. 로마 시대 이래 서양법 전통에는 '죄형 법정주의'와 '법률 불소급 원칙'이 있다. 법으로 정해진 내용이 없다면 해적행위를 범죄로 간주하지도 않을 뿐더러, 사후 만들어진 법으로 처벌해서도 안 된다는 뜻이다. 법으로 해적행위를 성문화한 나라도 그 법을 항상 활용하지 않는다는 점을 보여 주는 사례도 있다. 독일 형법 제316조 c항은 폭행으로 민간 선박을 불법 점령하는 행위를 하면 징역 5년에 처한다고 규정했다. 이 조항은 2010년 11월, 그해 4월에 독일 국적 화물선 타이판Taipan호를 나포한 소말리아 해적 10명을 재판할 때 처음 적용되었다. 이 재판은 독일에서 400년 만에 처음 열린 해적 재판이었다.[96] 세계적으로 많은 법원이 해적 사건을 다루지 않는다는 말이 크게 틀리지 않은 셈이다.

해적을 재판에 회부하기를 꺼리는 또 다른 이유가 있다. 여러 유럽연합 회원국은 체포한 해적을 자기네 군함에 태우기를 원치 않는다. 해적이 군함에 올라타는 순간 망명 신청이 가능하기 때문이다. 유럽연합 법에 따르면 해적에게는 그럴 권리가 있다. 이런 이유로 유럽연합이 케냐 및 세이셸과 해적 기소·투옥에 관한 협력 협정을 맺기 전까지[97] '체포후 풀어 주기'로 알려진 관행이 흔했다. 현행범으로 잡은 해적이 아니면 무장만 해제시키고 제 배에 태워 돌려보냈기 때문에 해적들은 군함이 시야에서 사라지면 다시 범행을 시도하기도 했다. 물론 모스크바유니버시티호 사건이 시사하듯 이런저런 이유로 모든 해적이 집에 무사히 돌아가지는 못했을 것이다.

시타델과 무인선박

해적이 육지를 공격하는 일은 이제 매우 드물고, 극소수 지역에서만 일어난다. 독일 해안 소도시와 마을에 거주하는 유럽인들은 더 이상 바이킹이 쳐들어올까봐 전전긍긍하지 않는다. 한때 동시대 연대기 작가가 기습공격이 연례 행사라고 비꼬았던 프리슬란트의 사례도 옛말이고, 지중해에 남아 있는 몇 안 되는 마르텔로탑(65~66쪽 참조)도 이제 관광객들을 위한 지역 명소일 뿐 해안 방어 시설이 아니다. 코르세어도, 해적도 모두 사라졌다. 고질적인 위협이 사라지자 사람들이 다시 해안으로 이주해 인구가 금세 늘었다. 해적을 피해 내륙에 살던 사람들은 어업과 무역이 훨씬 더 쉬운 해안 지방으로 서서히 돌아왔다. 중국과 일본의 해안도 마찬가지다. 이제 사람들은 해적이 불쑥 나타나 자신들을 납치하지는 않을까 하는 두려움에 떨지 않고 일상을 꾸릴 수 있게 되었다. 그곳에서도 감시탑과 요새는 필수 관광 코스다. 중·남아메리카와 카리브해 연안의 마을 사람들과 도시 주민들은 더 이상 바다에서 잔뼈가 굵고 노련한, 영국이나 프랑스, 네덜란드 출신 해적들의 공격을 두려워하지 않는다. 하지만 예외 없는 규칙이 없듯 일부 지역에서는 해적의 위협이 완전히 사라지지 않았다. 앞서 보았듯이 카리브해에서는 정박한 요트를 털어가는 절도가 여전히 발생하고, 하천해적은 브라질의 아마존이나 인도와 방글라데시 사이의 순다르반스에서 아직도 활동한다. 그런 곳에서는 오늘날에도 경계를 늦추지 않는 태도가 일상이다. 특히 자금·시설 부족 때문이든, 부패 때문이든 해상 치안을 유지하지 못할 때는 더욱 그렇다.

해상에서 해적을 경계하는 수단으로 상인들은 예로부터 선단을 만들어 함께 항해하는 방법을 썼다. 앞서 본 대로 덩치가 커지면 어느 정도 더 안전해지기는 했다. 최근 공해상에서 소말리아 해적의 위협이 커지자 유럽에서 아시아로 향하는 최우선 핵심 해상 교통로(SLOC)에 배치된 유럽연합 해군(EU NAVFOR)은 재빨리 해적의 주 출몰지인 아덴만과 아라비아해 북부를 항해하는 선박들로 호송선단을 편성하는 제도를 부활시켰다. 2008년 12월, 유럽연합 해군이 신설한 '아프리카의 뿔 해상 안보 센터(이하 MSC-HOA)'[98]는 해상에서 여러 선박을 감시할 수 있는 '해상 돌길(Maritime corridor)*로 함께 항해하는 단체 항해 체제를 구축했다.

'그룹 통항(Group transit)'은 호송선단 전체의 속도를 가장 느린 선박의 속도에 맞추었던 전통적 호송선단 체제와는 다르다. 각 상선은 해군이 감시하는 지점 통항로인 해상 돌길을 따라 시차를 두고서 따로 출발한다. 배들은 속도가 달라서 결국 비슷한 시각에 같은 장소에 모이게 되는데, 이때 해군 호위함이 따라붙어 가장 위험한 해역을 함께 통과한다.[99]

출발 시간이 다르고 헬리콥터 여러 대도 배치되었지만(초기에는 헬리콥터가 적극적으로 활용되지는 않았다),[100] 그룹 통항 체제는 치명적인 약점을 가지고 있었다. 해상 돌길로 항해하는 호송선단 선박도 여러 번 해적에게 습격당했다는 사실이 보여 주듯이, 해적이 등장한 후 8분 이내에 해적을 저지할 전력(헬리콥터나 쾌속정으로 도착하는 해군 특공대의 승선 방지팀 등)이 도착하지 못하면 상황은 이미 통제가 불가능했다. 해적선이 피해 선박 인근에서 어선으로 가장하고 있다가 갑자기 돌변해 습격한다면 이 모습을 목격하고 신고하는 시점부터 해적이 배에 올라 선원들을 인질로 사로잡기까지 걸리는 시간이 고작 8분이라는 뜻이다. 효과적인 조치를 취하기에는 시간이 너무 짧은 편이었다. 따라서 과거에도 그랬듯이 고속 주행하는 선박의 선장들은 그룹 통항에 참여하지 않고 소말리아 해역을 홀로 항해하는 편을 택하기도 한다. 배의 속력에 자신이 있다

---

* 정부 문서에서는 '해상 통항로', 학술지에서는 '해양 회랑' 등으로 표기한다.

는 뜻이다. 같은 이유로 국제 수로를 항해하는 컨테이너선들은 호송선단에 거의 합류하지 않았다. 통계상 소말리아 해적이 속도가 18노트(시속 약 33킬로미터) 이상인 선박에는 승선에 성공한 적이 없고, 현대 컨테이너선들의 속도는 18노트를 훌쩍 넘기 때문이다.[101] 하지만 아무리 빠르더라도 매복해있던 해적의 기습을 피할 도리가 없고, 기항지의 위치가 해적 출몰지 한가운데라는 점도 도움이 되지 않았다. 이것이 2009년 4월 8일, 머스크앨라배마호의 리처드 필립스 선장이 마주한 상황이었다(10~12쪽 참조). 죄 없는 어선으로만 보였던 타이완 국적 피랍 저인망어선 원파穩發161호를 모선으로 삼은 소말리아 해적은 필립스 선장의 눈앞에서 느닷없이 쾌속정을 띄워 머스크앨라배마호로 돌진했다. 파도가 거칠게 일렁인 덕에 첫 번째 승선 시도는 간신히 막았지만, 두 번째는 바다가 잔잔했던 탓에 해적들에게 덜미를 잡혔다.[102] 이런저런 애로가 있지만, 굳은 정신무장과 예민한 경계 태세를 갖춘다면 그룹 통항이든, 배의 속도를 믿고 단독 항해를 하는 것이든 소극적이나마 해적을 막는 효율적인 방어책이 될 수 있다. 해적 입장에서는 사업이 점점 팍팍해지겠지만 말이다.

2008~2012년에 소말리아 해적이 지칠 줄 모르고 기승을 부리자 MSC-HOA는 선장과 선원들이 해적 공격에 대비해 참고할 수 있는 상선용《해적 피해 예방 대응 지침서》를 발간했다. 이 지침서는 소말리아 해적 활동을 개괄하면서 시작해 위험성 평가, 소말리아 해적의 일반적인 공격 수법, 사고 신고 절차, 해적 방지를 위한 회사 및 선장의 계획 수립 절차, 선박의 상시 방어 조치, 피격 시 대응 방안, 해적이 선박 장악에 성공했을 때 대응 방안, 교전 시 대응 방안, 사후 보고 절차 등을 담았다.

부록에는 어선과 요트 등 레저용 선박을 위한 지침도 수록했다. 지침서의 내용은 권고사항일 뿐 의무조항이 아니다. 하지만 지침서의 저자들은 해당 내용을 따르지 않을 경우 심각한 결과가 초래될 수도 있다고 경고한다. 해적들이 인질에게 폭력을 가하고 여타 가혹행위까지 저지른 사례들이 있었기 때문이다. 또한 선박 납치 후 인질이 풀려날 때까지 평균 7개월이 걸렸으며, 납치된 선박의 선원을 구출할 군사작전이 항상 시행되는 것도 아니라고 언급했다. 하지만 저자들은 사전 준비 과정에서 혹은 현장에서 어떤 조처를 취하고 어떻게 행동할지 결정하는 데 따른 총괄 책임은 선장에게 있다는 점을 강조한다. "본 지침서의 어느 권고사항보다 선박, 선원 및 화물 보호를 책임지는 선장의 권한이 우선한다."[103]

지침서에서 권고하는 첫 번째 보안 조치는 레이더 감시를 포함한 감시 당직 강화, 그리고 해적 출몰 지역에 진입하는 즉시 경계를 강화하는 것이다. 쌍안경을 구비해 '육안감시(Mark I Eyeball)'를 강화하고, 가능하다면 야간용 광학장비도 구비하는 것이 좋다. 두 눈이야말로 옛부터 우리가 의존해온 수단이다. 첨단기술의 시대에 망을 잘 보라는 조언이 대뜸 첫째로 등장하는 것이 다소 이상할 수도 있겠지만, MSC-HOA에 따르면 꼼꼼한 감시의 중요성은 아무리 강조해도 지나치지 않다. "주의 깊은 망보기는 미심쩍은 선박의 접근이나 공격을 조기에 알릴 수 있고, 지원군이 재빨리 도달할 수 있게 하는 최고의 선박 보호 수단이다."[104]

지침서는 나아가 선교에 철망을 덧대고 모래주머니도 비치하는 것은 물론, 방탄 기능이 있는 케블라 소재 재킷과 안전모(군인과 혼동되지 않도록 색에 유의하는 것이 좋다)를 착용해 해적의 총격이나 RPG 사격으로 인한 피해를 최소화하라고 권고한다. 선교뿐 아니라 선박 전체에 걸쳐 출입문과 해치를 모두 단단히 닫은 후 잠가야 하고, 장비와 도구도 안전한 장소에 보관해야 한다. 여기에 더해 면도날형 철조망이나 끝이 못처럼 뾰족한 쇠창살, 심지어 배의 종류에 따라서는 전기충격식 울타리를 적재 적소에 설치해 해적이 승선하기 어렵게 해야 한다. 소방호스, 가능하다면 소화액 포말 분사 장치와 물대포도 효과적이다. 해적이 승선하기 어렵게 하고, 해적보트도 침몰시킬 수 있기 때문이다. 해적이 배에 올라탄 후 행적을 감시하기 위해서는 상갑판 조명이 잘 닿는 곳 인근에 CCTV를 설치하는 것도 좋다. 그리고 모든 대응책이 실패할 경우에 대비해 선원들이 피신할 수 있는 안전한 집합 장소 또는 시타델과 같은 선원 대피처가 있어야 한다. 이곳은 지침서에 기재된 정의에 따르면 "강제 진입을 일정 시간 동안 막을 수 있도록 설계 및 설치된 공간"[105]인데, 보통 내부에 쌍방향 무선 통신 시스템이 있어서 구조 요청이 가능하다. 선원을 인질로 삼고서 인간방패로 사용하지 못하면 해적은 반격에 속수무책이 될 것이며, 배를 움직여 자신들이 원하는 해역으로 이동시킬 수도 없다. 여기에서 특히 다음 사항이 강조된다. "시타델 작전의 성공 여부는 문을 잠그기 전에 모든 선원이 시타델 안에 도달하는 것이다. 한 사람이라도 외부에 남는 순간 작전은 수포로 돌아간다."[106] 이는 머스크앨라배마호 사건이 보여주듯(10~12쪽 참조) 작전의 성패를 결정하는 사항이다.

좀 더 적극적인 대응책도 있다. 무장 민간 해상 보안업체(PMSC)를 고용하거나 선박 보호 파견 부대(VPD) 제도를 활용하는 것이다. 하지만 지침서의 저자들은 이렇게 적극적인 대응 방법을 권고하거나 지지하지 않는다. 추가 방안으로서만 고려해야지, 이들이 앞서 설명한 권고사항들을 대신해서는 안 된다고 강조한다.[107] 고가 화물 운반선이나 속도가 느려 표적이 되기 쉬운 선박이라면 선박 보호 파견 부대의 지원을 받거나 민간 무장보안요원을 고용하는 것도 괜찮은 방법이다. 하지만 선박 보호 파견 부대의 지원을 받기가 쉽지 않고, 민간 해상 보안업체는 비용을 많이 청구한다. 이것이 소말리아 해적 위기가 최고조에 달했던 때조차도 선박 운영 관계자들이 무장보안요원을 적극적으로 배치하지 못한 이유다. 하지만 주목할 만한 사실은 소말리아 해적 피습 사건으로 한정한다면 무장보안요원을 태운 선박은 한 척도 납치되지 않았다는 점이다. 해적들은 적당히 사격을 퍼붓다가 더 쉬운 먹잇감을 찾아 떠났다. 아니나 다를까, 일부 해양 전문가들은 선원들을 무장시키자고 제안했다. 확실히 "고도로 훈련된 정규 요원이 선원들로 이루어지고 특수 훈련도 받은 보안팀을 이끈다"[108]면 민간업체를 고용하는 것보다 훨씬 저렴할 것이다. 선원들에게 무장을 시키자는 제안에 개인의 총기 소유를 대하는 태도가 서유럽보다 훨씬 느슨한 미국이 주로 지지를 보냈다. 실제로 2009년 5월, 특히 머스크앨라배마호 사건과 더불어 소말리아 해적 피해가 한창 파란을 일으킬 때 미국 해운회사인 리버티 마리타임 사의 대표이사는 미 의회에 "현재 선주들이 선박에 무장을 갖출 수 없게 하는 장애물을 없애 줄 것을 정중히 요청"했다.[109] 하지만 미국을 제외한 여타 국가의 해적 퇴치 전문가들은 회의적이었고, 국제해사기구(IMO)는 애초부터 선원 무장 방안에 콧방귀도 뀌지 않았다.[110]

선원을 무장시키는 데 반대하는 근거는 다음의 세 가지다. 첫째, 선원에게 돌격소총을 쥐여 주더라도 무기를 사용하는 데는 훈련이 필요하다. 훈련이 그렇게 어렵지는 않겠지만, 무기를 다루기 위한 훈련은 선원의 원래 업무에 지장을 준다. 이미 꽉 짜인 일정에 따라 업무를 수행하는 선원들에게 추가적인 부담을 줄 뿐만 아니라, 현대 상선들은 선원 수도 과거보다 훨씬 빠듯하다. 둘째, 상선 선원들은 이전 세기와 마찬가지로 해병대원이 아니라 민간인이며, 따라서 자기 것도 아닌 화물을 위해 목숨을 걸고 위험을 무릅쓸 가능성이 매우 낮다. 셋째, 법적으로도 문제가 있다. 특히 연안국들의 무기 소유·사용에 관한 법에 위배된다. 예를 들어 많은 연안국에서는 대포와 전차 같은 중화기뿐만 아니라 간단한 돌격소총까지 포함하는 일체의 '전쟁무기'를 소유하는 것이 불법이다. 몇몇 사설 보안업체 요원들이 무심코 활동하다 해당 지역 법을 위반하고 수감된 전례도 있다. 물론 이런 문제들은 당사국들이 양자 또는 다자간 협상에서 합의하거나 민간 보안업체가 다음과 같이 새로운 방식으로 해결할 수도 있다. 가령 떠다니는 미사일 발사대인 '합동화력함(Arsenal ship)'을 고위험 해역의 공해상 입구와 출구에 배치해 거기에서 선박들이 무기를 빌리고 반납하거나 동승할 무장보안요원을 구하도록 할 수 있다. 더 싸고 흔한 해결책은 총기 소지를 제한하는 연안국 해역에 진입할 때 무기를 바다로 던져 버리는 것이다.

모든 해적이 교전 상황에서 소말리아인들처럼 위축되지는 않는다. 앞에서 본 것처럼 많은 나이지리아 해적은 상대가 나이지리아 해군이거나 공격 대상이 항공유를 실은 유조선일지라도 아무렇지 않게 교전을 벌인다. 나이지리아 해적의 격렬한 공격에 민간 무장보안요원들조차도 시타델로 이동한 적이 있을 정도다(234~235쪽 참조). 무장보안요원을 태우는 것이 해적행위를 막아 줄 만병통치약은 아니며, 심지어 다른 문제가 생길 수도 있다. 이는 지침서도 언급한 부분인데, 어떤 방어책을 시행할지는 선장이 최종 결정할 수 있지만, 해적이 공격하고 있는 배 위에서 자신들이 해적의 손에 죽을 위험이 크다는 사실을 잘 아는 사설 무장보안요원이 무기를 내려놓고 항복하라는 선장의 명령을 받아들일 수 있을까? 아니면 선장의 명령을 무시하고 계속 싸울 것인가? 다시 말하지만 얼핏 보기에는 현명해 보이는 접근법이 여러 가지 문제를 일으킬 수도 있다.

현대 기술이 곧 구원의 손길을 뻗을 듯하다. 적어도 서양에서는 그렇다. 지난 몇 년 동안 해운업계에서는 화물 운송용 '무인선박'을 도입하는 방안을 논의했다. 무인선박이란 육지에서 조종하는 원격조종 무인선박이나 미리 설정된 경로를 따라 자율적으로 항해하는 무인자율화선박 모두를 뜻한다. 무인선박 개발의 두 가지 주요 이유는 안전성 향상과 선원 고용·유지에 소요되는 경비를 절감하는 것이어서 표면적으로 해적과는 무관하다. 하지만 한 보고서에서 지적했듯이 원격조종 자율화선박은 "바다 위에서 해적이 승선하기 어려워 해적의 위협을 완화할 것이다. 여차저차 승선하는 데 성공하더라도 선박을 조종할 수 없다. 선원이 없으면 인질로 삼아 몸값을 받아낼 대상이 없으므로 먹잇감으로서의 매력도 떨어진다."[111]

2017년, 영국-노르웨이 합작회사인 오토메이티드 십스(이하 ASL)는 무인자율운항선박(Unmanned autonomous robot ship)의 설계를 발주했다. '흐론Hrönn'이라고 이름 붙인 이 배는 향후 몇 년간 건조될 예정이며, 석유와 가스를 채취하는 해상 플랫폼 설비뿐 아니라 해상 풍력 발전소도 점검할 예정이다.[112] ASL뿐 아니라 여러 업체가 유사한 프로젝트에 착수했다. 영국 롤스로이스 사는 현재 거대한 어뢰와 금속고래를 섞어 놓은 모습을 한 선박을 개발 중이다. 이 배는 현대 선박과의 공통점을 찾기가 어렵다. 현대 화물선과 1600년대 배인 메이플라워Mayflower 호를 비교하는 것과 비슷한 수준이다.[113] 롤스로이스는 선원이 탑승하는 현대 선박에 비해 무인자율운항선박이 가진 경쟁력을 평가하면서 소말리아 해적들의 납치형 범죄 수법을 확실히 의식하고 있었다.

> 배는 사람이 타고 있을 때 좋은 먹잇감이 된다. 인질을 잡으면 몸값이 생기기 때문이다. 무인선박은 공격 우선순위에 들지 못할 것이다. 만약 해적이 배를 공격하면 우리는 모든 동력과 추진 장치를 꺼버릴 것이다. 해적은 배와 화물을 해안으로 끌고 가지 못한다. 우리는 당국에 신고하고, 자동 귀환 시스템을 사용해 배가 미리 지정받은 안전한 항구로 자율 운항하게 할 수 있다.[114]

무인선박이 해적도 막고 더 안전한 데다 비용도 절감한다니 마법의 비책 같겠지만, 실상은 그렇지만도 않다. 유럽연합이 선박의 자율운항을 위해 추진한 '네트워크 인텔리전스를 활용하는 해상 무인항법(Maritime Unmanned Navigation through Intelligence in Networks, MUNIN)' 연구에 따르면 항구 진입로와 같이 혼잡한 고밀도 교통 해역에서는 자율운항선박을 활용하기가 어렵다. 그런 곳에서는 시시각각 변하는 항해 상황에 제때 대응할 선원이 여전히 요구될 것이다. 또 특정 해상 지역들에서는 제한적인 위성 대역폭 때문에 선박 원격조종도 당분간 실현 불가능하다.[115] 그뿐 아니라 무인선박이 해상 운송 피라미드의 가장 아래로 내려올 정도로 저렴해질 때까지 해적 공격은 사라지지 않을 것이다. 하급 운송업자들이 운영하는, 고철보다는 좀 더 값이 나가는 오래된 배로 대상이 바뀔

뿐이다. 따라서 자기 나라 선박회사들이 최첨단 선박을 구입할 능력이 있는 선진국에서라면 해적행위가 더 이상 문제가 되지 않겠지만, 서구의 레이더에 잡히지 않을 뿐 해적행위는 실제로 사라지지 않을 것이다.

이때까지 살펴본 소극적이거나 적극적인 보안 조치들은 모두 상선에 초점을 둔 안전·보안 강하 대책이다. 요트 같은 레저용 선박이나 크루즈 여객선에는 MSC-HOA의 권고안이 덜 유용하다. 일례로 그런 배들에서 선원과 승객 들이 한꺼번에 선원 대피처로 피신하는 것은 불가능하다. 요트에는 그런 공간이 없고, 유람선에서 수백수천 명에 달하는 승객과 선원을 수용하려면 대피 공간이 최소 여러 개 필요하다. 공간이 확보되었더라도, 적시에 그곳으로 이동하는 방법도 문제다. 요트의 가장 현명한 행동 방침은 해적이 출몰하는 해역에 얼씬도 하지 않는 것이다. 국제해사기구는 이 사안을 에둘러 표현하지 않는다. "항로를 자유롭게 선택하는 모든 요트는 고위험 지역에 가까이 가서는 안 된다. 그래도 가겠다면 해적에게서 공격을 받고 몸값도 뺏길 위험을 각오하라."[116] 혹자는 소말리아 해역 관련 경고가 아주 명확해서 상식이 있는 사람이라면 남중국해와 같은 여타 해적 출몰지를 다닐 때도 똑같이 조심하리라는 생각을 할 것이다. 그러나 앞서 보았던 대로(227~229쪽 참조) 내가 확인한 일화들은 종종 요트 항해자들이 위험에 무지하거나, 배에 귀중품이 없으면 해적을 두려워하지 않아도 된다는 맹신을 하고 있다는 것을 보여 주었다.

요트 항해자들의 분위기와는 다르게 크루즈 여객선사들은 시번스피릿호 사태를 교훈 삼아 신속히 조치를 취했다. 그들은 1985년 10월 이탈리아 여객선 아킬레라우로Achille Lauro호 납치 사건 이후 도입되었던 여러 여객선 보안 조치를 면밀히 재검토했다.[117] 내로라하는 기업들이 운영하는 최상급 크루즈 여객선들은 소말리아 해적이 등장하기 훨씬 전부터 무장보안요원을 태웠고, 일부 선박에는 시번스피릿호와 마찬가지로 지향성 음파송신기인 'LRAD'나 '음파총'이 있었다. 그러나 공해에서 소말리아 해적이 득세하고, 남중국해와 몰루카해협에서 해적의 공격이 끈질기게 이어지자 추가적인 여러 방어 조치를 채택하기에 이르렀다. '주 7일 24시간' 감시, 접근하는 해적을 따돌리기 위해 선박 급가속 준비, 승선 시도를 저지할 소방호스 등을 포함하는 조치들은 MSC-HOA의 권고사항과 유사하다. 다른 것들로는 일체의 통신을 중단하는 '무선 침묵', 해질녘부터 새벽까지 정전 조치 등이 있는데, 모두 승객들의 분명한 이해와 협조가 필요한 사항들이다. 예를 들어 2017년 7월 프린세스크루즈 사의 시프린세스Sea Princess호가 시드니에서 두바이로 항해할 때 선장은 배가 인도양에 들어선 후 10일 동안 해가 진 후부터 새벽까지 정전과 활동 중지를 명령했다. 이 기간 내내 선상에서 일어나는 연회나 영화 상영 등 모든 행사가 중단되었고, 눈에 띄지 않게 하려고 배의 모든 조명을 약하게 조절하였다. 승객들은 해적 대응 훈련에 의무적으로 참가해야 했고, 공격 상황이 발생하면 어떻게 대처해야 하는지에 관한 구체적인 지침도 받았다. 외부 선실이 있는 승객들은 "발코니로 나가는 문을 닫고 잠근 다음, 선실의 출입문도 잠그고 복도로 대피하라는 지시를 받았다. 이렇게 하면 철문 두 개가 해적에게서 승객을 지켜주는 셈이었다."[118] 여객선의 파티 분위기는 일시적으로 찬물을 맞았고, 회사 대변인의 말처럼 해당 조치들은 "어떤 위협이 있어서가 아니라 충분히 주의를 기울이려는 취지에서 행해진 것"이었다.[119] 하지만 안전과 보안에

대해서라면 지나치리만치 조심하는 편이 운에 기대는 것보다 확실히 낫
다.

해상 해적 퇴치 작전

바다 위에서 해적을 퇴치하는 일은 언제나 수적 열세에 시달리는 면
이 있다. 해적은 너무 많은 반면, 드넓은 바다를 순찰할 군함은 너무 적
다. 증기선이 출현한 이래 해적을 잡는 쪽이 훨씬 유리해지기는 했지만
(193쪽 참조), 수적 열세 문제는 해결되지 않았다. 21세기 초 소말리아
해적 문제가 심각해지자 국제 사회는 여러 다국적 연합 작전에 착수했
다. 유럽연합의 아탈란타 작전(Operation Atalanta)[120], 북대서양조약기구
(NATO)의 대양 방패 작전(Operation Ocean Shield)[121]*과 미국 주도의 연
합기동부대(CTF) 151[122] 등인데, 해적 진압 병력의 초반 수적 열세는
여기서도 장애물로 작용했다. 이런 작전에 군함을 파견한 나라들은 소
말리아 해적 퇴치 연락 그룹(CGPCS)과 참여국 정보 공유 및 충돌 방지
(SHADE) 회의 같은 유관 국제 협의체 및 대對해적 상호 협력 체제에도
참여했다.[123]

이렇게 써 놓고 보면 엄청나게 많은 군함이 소말리아 해안을 장악해
해적이 얼씬도 못 하게 했을 것 같지만, 현실은 매우 달랐다. 아탈란타
작전은 군함 서너 척, 헬리콥터 12대 남짓에 해상초계기 두 대로 시작

---

* 소말리아-아프리카의 뿔 해역 해적 퇴치 작전. 2009년 8월 17일에 시작되어 2016년 12월 15
일에 종료되었다.

했고, 대양 방패 작전은 평균적으로 세 척에서 다섯 척에 불과한 NATO 군함이 임무를 수행했으며,[124] CTF 151은 미 군함 세 척과 헬리콥터 12대로 작전을 개시했다.[125] 따라서 2009년 11월 스페인 해군이 3,300킬로미터에 달하는 소말리아 해안을 봉쇄하는 방법으로 소말리아 해적을 쫓아내자고 제안했을 때(잊을만하면 등장하는 유서 깊은 해적 대응책이다), 영국 해군 사령관 마이크 제이거는 "경찰차 다섯 대로 미국 동해안을 순찰하자는 얘기나 다름없다"고 일축했다. 제이거 사령관은 그 작전에 동원할 수 있는 군함 수가 해적선 수에 비해 얼마나 적은지 잘 알고 있었다.[126] 해안을 봉쇄하는 것이 가당치 않다면 군함을 가장 악명 높은 소말리아 항구들에 배치해 해적단들이 그곳을 거점으로 삼지 못하도록 틀어막자는 제안도 이어졌다. 그러나 소말리아 해적에게는 항구가 별로 중요하지 않았다. GFRP 보트를 타는 해적들은 아무 해변에서나 출발하면 그만이었고, 모선을 두고 활동하는 해적들에게는 예멘의 몇몇 항구들도 괜찮은 대안이었다. 한발 뒤로 물러난 두 번째 제안도 결국 폐기되었다.

대신에 MSC-HOA는 순찰 대상 지역의 범위를 줄이기 위해 안전한 해상 돌길(256쪽 참조)을 지정했고, 제2차 세계대전 이후 처음으로 군함이 호위하는 호송선단도 탄생했다. 과거와 달리 현대 해적 사냥꾼들은 하늘에도 눈이 있어(공중 정찰 장치를 의미한다) 도움을 받을 수 있다. 무인기로 알려진 지상 운용 해상초계기와 함재기형 또는 지상 운용 무인 정찰기(UAV, 드론)가 위협을 조기에 탐지하는 데 큰 역할을 했고, 더 많은 공격용 헬리콥터도 투입돼 정찰 중인 대형 군함에서 신속하게 날아가 해적행위 단체를 상대할 수 있었다. 해적선으로 의심되는 선박이 있으면 대개 해상 검문 수색 임무(VBSS)팀이 출동한 다음, 공격용 헬리콥터가 종종 엄호하는 가운데 배를 정지시키고 승선한 뒤 검문을 했다. 만약 무기와 탄약, 사다리, 네발닻과 같은 범죄 의도를 입증하는 물품이 발견되면 해당 선박의 선원들은 추가 조사를 위해 체포되었고, 배는 총격을 가해 침몰시켰다.[127]

현대적인 무기와 감시 기술이 사용되어도 해적과의 교전, 특히 납치된 선박을 탈환하기 위한 교전은 위험하고 위협적인 일이다. 소말리아 해적과 맞붙은 몇몇 보기 중 귀감이 될 사례들이 있다. 2010년 5월 유조선 모스크바유니버시티호 탈환 당시(252쪽 참조) 러시아군 특공대는 헬리콥터에서 밧줄로 하강해 해적 한 명이 죽는, 짧지만 격렬한 총격전 끝에 해적 11명을 신속히 제압했다. 특공대원과 선원은 아무도 다치지 않았다. 머스크앨라배마호 사건(10~12쪽 참조)에서는 해적들이 선장을 사로잡았던 것과 달리, 모스크바유니버시티호 선원들은 해적이 배에 올라탔을 때 모두 선원 대피처 두 곳(레이더실과 기관실)으로 피신한 다음 바리케이드를 쳤고, 따라서 해적은 인간방패로 삼을 인질도 확보하지 못했다. 위험을 더 무릅쓴 작전도 있었다. 2008년 9월 16일, 아덴만에서 프랑스 해군의 위베르 특공대가 해적 일곱 명에게 인질이 된 요트 카레다스Carré d'As4호 선원 두 명을 구출하기 위해 작전을 수행했다. 들키지 않고 접근하기 위해 프랑스 특공대는 낙하산을 타고 요트에서 조금 떨어진 바다로 들어간 뒤 배를 향해 몰래 헤엄쳐 갔다. 계획대로 특공대는 해적을 기습했다. 해적 한 명은 총에 맞아 죽었고, 나머지 여섯 명은 현명하게 항복했다. 인질 두 명은 안전하게 구출되었다.

이런 작전이 항상 성공하는 것도 아니다. 2009년 4월 9일, 소말리아 해안에서 약 40킬로미터 떨어진 곳에서 프랑스 특공대가 해적에게 사로잡힌 요트 타니트Tanit호와 인질 다섯 명을 구출하는 작전을 벌였는데, 해적 두 명과 함께 요트의 선장 플로랑 르마송도 십자포화에 사망했다.[128] 더 안 좋은 사례도 있었다. 2011년 2월 22일, 미 해군은 나흘 전인 2월 18일에 해적 19명에게 납치당해 억류된 요트 퀘스트Quest호를 탈환하기 위해 공격을 감행했으나, 인질이던 미 국적자 네 명 전원이 사망하였다. 살아남은 해적들은 인질들이 해군 승선팀과 교전 당시 총에 맞아 죽었다고 주장했으나, 2009년 4월 머스크앨라배마호 사건 때 소말리아 해적 세 명이 사망한 것의 복수로 해적들이 사살했을 가능성도 제기되었다. 미 해군 보고에 따르면 특수작전 승선팀은 요트에서 총성이 울려 퍼지고 나서야 조치를 취했다고 전했으며, 이것이 사실이라면 보복을 위한 살상에 무게가 실린다.[129] 어느 쪽이든 해적들의 계획은 결정적인 총격전이 있기 전에 이미 틀어져있었다. 해적들은 근처에 있던 모선으로 이동해 인질과 함께 옮겨 탄 후 요트를 버릴 작정이었다. 그러나 모선은 가까이 다가오는 미 해군 함정들을 보자마자 도망쳐 버렸고, 해적 19명은 결국 물과 음식이 조금씩 실린 작은 요트에 고립되었다.[130]

해적에게 붙들린 인질이 위험해질 수 있다고 판단되면 기획 단계에서 작전이 취소되기도 한다. 머스크앨라배마호 사건이 있기 겨우 5일 전인 2009년 4월 3일, 독일 국적 화물선 한자스타방게르Hansa Stavanger호와 선원 25명이 소말리아 해적에게 붙잡혔다. 독일 연방경찰청 특수부대 GSG-9의 해상팀이 구조를 위해 현장으로 부리나케 출동했지만, 작전은 막판에 취소되었다. 해적들의 수는 분명하지 않았지만 30명 혹은 그 이상으로 추정되었다. 인질의 생명을 위험에 빠트리지 않을 정도로 적을 신속하게 제압하기가 애당초 쉽지 않았다. 더욱이 해적은 구조 작전을 더 어렵게 할 요량으로 인질이던 선원 25명 중 적어도 여섯 명을 일부러 갑판 아래에 숨겨 놓았다. 따라서 최상의 상황이 펼쳐지더라도 인질 여섯 명과 GSG-9 대원 여럿은 해적이 반격하는 과정에서 죽거나 다칠 위험이 클 것으로 추정되었다.[131] 우리는 결과를 이미 알고 있기 때문에, 또 "잘못될 수 있는 모든 일은 잘못된다"는 머피의 법칙을 고려하면 작전 취소가 좋은 결정이었다고 말하기는 어렵지 않다. 한자스타방게르호의 선원들은 4개월이나 인질로 있으면서 고생했지만, 배와 모든 선원은 마침내 8월 3일 몸값 200만 달러를 지불하고 풀려났다.[132]

군함 부족은 앞서 논의한 무인항공기와 같은 수단을 도입하면 어느 정도 해결할 수 있다. 일례로 이스라엘 방위사업체인 라파엘 사는 2000년대 초에 무인수상정인 프로텍터Protector를 개발했으며, 현재 이스라엘, 멕시코, 싱가포르에서 운용하고 있다. 프로텍터는 전장 9미터짜리 단단한 고무보트형 고속단정으로, 최대 속력 50노트(시속 약 90킬로미터)에 기동성이 뛰어나고, 정교한 감시 체계와 포탑을 탑재했다. 포탑에는 대개 기관총이 달렸다. 개발자들은 해군을 위한 용도를 염두에 두었겠지만, 이 무인수상정은 해적을 막는 용도로 투입되었으며, 해상 감시와 해적의 잠재적 위협을 조사하는 데도 사용될 수 있을 것이다.[133] 미국 과학전문지 〈Popular Mechanics〉는 다음과 같은 제목의 기사를 게재했다. "공해를 가로지르며 첨단 해적을 사냥하는 로봇 보트!"이 머리기사가 과연 실현될지는 미지수다. 현재로서는 그저 추측만 해 볼 뿐이다.[134]

해적 근거지 관련 정책

20세기 이전에 확실한 근거지가 있던 해적행위를 뿌리 뽑는, 간단하진 않아도 최선인 방법은 해군을 파견해 그곳들을 파괴하든가 해당 지역 전체를 정복해 식민지로 삼는 것이었다. 후자는 조금 더 오래 지속되었지만, 전자는 임시방편에 불과했다. 알제, 트리폴리, 튀니스 같은 해적항은 군대가 공격하는 것만으로는 망하지 않았다는 점을 상기하자 (187~190쪽 참조).

하지만 2008~2012년에 소말리아 해적이 엄청난 규모로 날뛰자 여러 서방 해군 내부에서는 해상 위주의 해적 퇴치 작전 외에 소말리아 연안 근거지에도 특단의 조치를 하자면서 정책 로비를 벌였다. 물론 공격 대상 범위도, 미치는 영향력도 한정적이었겠지만, 연안을 타격해서 선박 등을 훼손하고, 서방 정보기관들의 블랙리스트에 올라가 있는 해적단 우두머리를 체포 또는 '제거'하여 육상의 기반시설을 교란하자는 내용을 담고 있었으리라. 이렇게 호전적인 대응 조치에 찬성하는 사람들은 그런 작전이 이미 알샤밥(최근 알카에다와 연합했다)을 표적으로 하는 대테러 작전의 핵심 부분이며, 르포낭호 피랍 후속 조치에서 보듯이 그런 대테러 작전이 하루이틀의 일은 아니라는 점을 상기시켰다. 르포낭호 사건 당시에 몸값을 지불하고 인질 30명이 풀려나자마자 프랑스 특공대는 달아나던 해적들을 사막 지대 초입에서 급습했다. 몸값 일부를 회수했고, 해적 여섯 명이 붙잡혔으며, 그 외 최대 세 명이 사망하고 부상자도 몇 명 있었던 것으로 보인다. 프랑스는 여전히 작전 사실을 인정하기를 거부하지만 말이다.[135]

여러 서방 해군도 소말리아 항구에 버젓이 세워진 피랍 선박을 직접 탈환하는 방법이 타당한가 검토했으나, 인질이 위험에 처할 가능성이 너무 컸기에 금세 포기했다. 해적 우두머리를 콕 찍어 정밀 타격하거나 해적의 기반시설을 공격하는 계획도 위험이 수반되기는 마찬가지였다. 아무리 정교하게 계획을 세워 공격하더라도 부수적인 민간인 피해를 완전히 피하기는 어렵다. 무고한 행인이 사망할 수도 있고, 해적이 아니라 민간인이 소유한 시설물이 파괴될 수도 있다. 많은 공격이 계획대로 흘러가지 않았던 아프가니스탄 전쟁에 비추어 볼 때 해군 의사결정자들 사이에는 타격이 빗나가 엉뚱한 곳을 공격하면 그때부터는 고매한 종교적 이유 같은 건 뒷전이고 복수심에 불타는 알샤밥 신병들이 몰려온다는 데 공감했다.

오랜 협의 끝에 2012년 3월 유럽연합은 육지에서의 해적 소탕 작전과 관련해 수위가 한층 완화된 여러 권고안을 채택하고, 소말리아 '해안 영토와 내수(영토 안에 있는 강, 호수 같은 물)'에서 정체가 명백히 확인된 표적에 한해 제한적인 작전을 허용했다. 그로부터 두 달 후에 유럽연합 해군은 일명 '아탈란타 작전'으로 첫 육상 공격을 감행했다. 공격용 헬리콥터 타이거 한 기가 프랑스 강습상륙함 딕스무드Dixmude에서 출동해 해안을 폭격했다. 공격이 다소 힘이 빠졌던 것처럼 타격 피해도 매한가지여서 소형 해적보트 여섯 척만 못 쓰게 되었다.[136] 정작 효과는 부정적인 언론 보도로 나타났다. 언론은 그 공격으로 폭력 확산이 촉발될 수 있으며, 뒤따르는 작전들에서 이제 "대공포대와 미사일 부대"를 마주하게 될 것이라고 비난했다.[137] 다행히 그런 일은 일어나지 않았다. 하지만 대중의 부정적인 반응은 유럽연합이 또다시 끝없는 육상 분쟁에 휘말리는 데 거부감을 가지고 있다는 점을 확실히 보여 주었다.

그러나 육지 공격은 아탈란타 작전의 한 단면에 불과하다. 아탈란타 작전은 소말리아 사회에 공헌하고 경제 발전에 기여함으로써 소말리아 해적 문제의 근본 원인을 해결하려고 노력한다. 이 포괄적 접근 방식은 소말리아의 행정·교육 발전을 지원하고, 지방 개발에 도움이 되는 산업 분야에서 협력하는 것이다.[138] 나아가 군함으로 소말리아 해역을 순찰하는 데 소모되는 엄청난 비용(당시 다른 작전에 투입할 군함도 부족했다)을 감축하기 위해 유럽연합은 2011년 '지역 해상 능력 구축' 프로그램으로 지역의 자체적인 해적 퇴치 활동 또한 지원했다. 이 프로그램은 해적 출몰지 인근 국가인 지부티, 케냐, 탄자니아, 세이셸의 대양 항해 능력을 강화하는 한편, "푼틀란드, 소말릴란드, 갈무두그 등 소말리아 지역의 해안경찰대를 훈련시키고 장비를 지원하며, 동시에 푼틀란드 재판관들을 위한 연수 프로그램도 운영하면서 보호도 제공한다."[139]

유럽연합의 프로그램은 인상적이다. 모든 요소를 고려한 '종합 선물 세트' 같은 해결책이다. 하지만 실행은 또 다른 문제다. 첫째, 이렇게 지속 가능한 해결책은 큰 비용이 들고, 성과를 거두는 데에도 상당한 시간이 걸릴 것으로 보이는데, 2018년 11월 현재까지 큰 성과를 내지 못했다. 둘째, 몇몇 유럽연합 회원국 국적의 IUU 어업 선박들은 소말리아 어민들에게 큰 피해를 입히고 있다. 즉 이 문제를 주요 사안으로 다루면서 근본적인 해결책을 강구해야 한다. IUU 어업 선박 중에 프랑스와 스페인 국적선이 가장 많으므로 프랑스와 스페인이 자국 이익에 반하면서까지 이 문제를 적극적으로 해결하려 할지는 두고 볼 문제다. 현재 소말리아 해적들은 잠잠하다. 유럽연합이 시작한 야심찬 지역 프로젝트의 효과라기보다는 소극적이면서 적극적인 예방 조치들이 점차 효과를 거두고, 다양한 서방·비서방 해군의 군사작전도 효과적으로 해적을 붙잡아 들였기 때문이다. 소말리아 해적이 당장 바다에서 자취를 감추었지만, 지금 그들이 적어도 해적으로서 바다를 영원히 떠난 것이 맞는지는 확실치 않다. 유럽연합의 소말리아 권역 능력 강화 계획이 수포로 돌아간다면, 그리고 소말리아 해역을 여전히 순찰하고 있는 다양한 역외 강대국들의 군함이 철수한다면 해적은 반드시 돌아올 것이다. 2017년에 보고된 해적 공격 두 건(두 척 모두 해적이 승선했지만 탈환했다)과 2018년에 발생한 해적 공격 두 건(모두 실패했다)은 그런 점에서 다소 불길한 징조다.[140]

남중국해, 몰루카해협, 기니만과 같은 여타 지역에서는 여전히 해적들이 활동 중이다. 일반적으로 MSC-HOA의 지침서(257-264쪽 참조) 속 권고안은 이 지역들에도 적용되지만, 일부 내용은 현지 상황에 맞추어 적용해야 한다. 특히 무장보안요원을 동원하는 적극적인 대응 조치는 나이지리아 해적의 호전성을 고려해 재고할 필요가 있다. 많은 나이지리아 해적단은 길게 이어지는 총격전에 눈 깜짝하지 않고 응수할 준비가 되어있다. 또한 연안 목표물을 공격하는 행위나, 심지어 나이지리아의 영해나 내수에서 순찰하는 행위는 어떠한 타국 함대에도 허용되지 않는다. 소말리아에서 그것이 가능했던 이유는 소말리아 과도 연방정부가 국제 행위자들에게 소말리아 영해로 진입하도록 허용해 주었기 때문이었다. 현재까지 나이지리아는 그런 허가를 내준 바가 없다. 그러니 기니만에서 효과적인 지역 해적 퇴치 체제를 구축하려면 모든 지역 연안국의 역량을 활용하는 지역적 해결책이 필요할 것이다.

동쪽 바다에서 말레이시아·싱가포르·태국·인도네시아 군함이 수행하는 해적 퇴치 순찰인 '몰루카해협 순찰(MSP)'과, 동남아시아와 동아시아 20개국이 참여하는 '아시아 지역 해적 퇴치 협정(ReCAAP)'[141]이 효과적으로 운영되자, 국제해사기구는 지역 단위 해적 퇴치 작전의 모범 사례라며 다른 지역에서도 참고하도록 홍보해왔다. 국제해사기구가 겨냥한 지역은 특히 기니만이었다. 2009년 1월 29일 지부티, 에티오피아, 케냐, 마다가스카르, 몰디브, 세이셸, 소말리아, 탄자니아합중국, 예멘이 '지부티 행동 강령'을 공동으로 채택한 것은 분명 올바른 방향으로 크게 한 걸음 내디딘 조치였다.[142] 강령에 따르면 회원국들은 해적 및 해적행위를 조장하는 자(예를 들어 해적 작전 후원자)를 조사·체포·기소하는 데 협조할 의무, 선박 나포, 검색, 필요 시 의심스러운 선박을 억류할 의무, 해적의 공격을 받는 선박이나 개인을 구출하는 데 협조할 의무, 역외 강대국 군함과의 합동 작전 등 해적 퇴치 활동을 함께 수행할 의무, 그리고 마지막으로 해적행위에 관한 정보를 공유할 의무가 있다.[143] 그러나 유럽연합의 '지역 해상 능력 구축' 프로그램 같은 문서에 서명하는 것과 원대한 목표를 실현하기 위해 노력하는 것은 별개의 문제임이 다시 한 번 드러났다. 이렇듯 원대한 지향과 목표가 현재 달성된 것 같지도 않고, 심지어 나이지리아 해적단의 약탈은 기세가 조금도 줄지 않았다. 그들은 선박을 계속 약탈하고 있으며, 심지어 시간이 남으면 해상 석유 시설에도 손을 댄다.

결론

거대한 역풍

이제 긴 여정을 끝내고 항구로 돌아와 전리품을 살피는 해적처럼 정리해 보자. 우리는 지금까지 수 세기에 걸친 해적의 역사를 살펴보았다. 해적들이 누구인지, 그들이 처한 환경이 어떻게 해적행위를 가능하게 했는지, 왜 해적을 물리치기가 그토록 어려웠는지, 세계 곳곳에서 해적행위가 시작되고 발전하여 절정에 이르렀다가 결국 쇠퇴하기까지 그 이면에는 무엇이 존재했는지 등 우리가 던진 질문에 역사는 어떤 해답을 제시하는가?

해적은 누구인가 시대와 지역을 막론하고 해적은 겁 많고 도덕적 가책에 시달리는 사람들이 선택하는 직업이 아니었다. 사실 해적 후보 대부분은 아마 충분히 용감하지 않다는 이유로 떨어져 나갈 것이다. 일단 해적이 된 사람들은 배울 게 산더미였다. 일부는 그 과정에서 용기를 잃을 수도 있고, 무능하거나 겁이 많다는 이유로 동료들에게서 버림받거나 거부당할 수도 있다. 물론 처음 나간 전투에서나 난파선에서 죽지 않는다면 말이다. 그러나 대체로 첫 번째 관문을 지나면 두 번째도 극복할 만했고, 해적질에 그럭저럭 능숙해진다고 볼 수 있다. 모든 직업이 그렇듯 해적업계에 발을 담근 신입은 시간이 지나면 서서히 그 직업의 세계 속에서 '사회화'된다. 처음에는 이상하거나 낯설고, 또는 두렵거나 위험해 보이고 소름 끼쳤던 것들을 점점 정상적인 것으로 여기게 된다. 이것이 중요한데, 우리는 본능적으로 해적의 피해자들에게 공감하고, 피해자들이 목숨 붙은 채로 겪었을 끔찍한 공포에도 공감한다. 창생호 선원들을 무참히 죽인 해적들이나 체포된 후 공개된 모습 속에서 공허하고 지쳐 보이는 현대 소말리아·나이지리아 해적들을 보노라면 해적의 편에서 그들을 이해하고 공감하기가 훨씬 어렵다. 그들은 할리우드 영화가 대개 허구로 쌓아 올린 낭만적 호걸의 이미지와는 거리가 멀다. 그러나 전 아체 해적 마르쿠스 우반이 자신을 변호하면서 '싱가포르는 부유하고, 우리는 가난하다'고 말했을 때 우리는 적어도 그에게 연민을 느낄 수는 있다.

심지어 붙잡힌 해적들의 입에서 심심찮게 나오는 '선택의 여지가 없었다'(일부 수정주의 학자들도 자주 쓰는 말이다)라는 변명도 받아들일 수 있을지 모른다. 백번 양보해 그 말이 거짓이 아니라고 생각할 수도 있다. 하지만 더 나아가 과거의 해적과 현대의 해적을 모두 숭고한 '의적'처럼 보는 시각은 심각한 비약이다.[1] 이는 최근 해적의 황금기를 다루는 일부 사회학 연구에서 주장하는 바인데, 물론 근거는 있다. 예를 들어 어느 저명한 연구자는 해적선장과 선원들 사이의 준민주적 관계에 주목한다.[2] 해적의 황금기에 해적들이 '1인 1표' 원칙으로 선장을 뽑았던 것은 사실이다. 선장은 모든 선원과 협의 또는 '교섭'을 하고, 그 결과를 투표로 확인한 후에야 규율과 일정한 행동 방침을 강제할 수 있었다. 심지어 '검은 수염'처럼 험악한 해적선장조차도 가끔 제 뜻을 관철하기 위해 반대하는 선원들을 회유해야만 했다. 이러한 유사 민주주의적 접근은 아마도 일반 독자들과 심지어 학계 일부에도 널리 퍼져있는데, 이는 해적을 늠름하고 진취적이며 그야말로 영웅적인 '바다의 왕자'로 보는 낭만적 개념에 한몫 기여한다.

하지만 '해적 황금기의 왕자들'은 당대 해적을 온전히 대표하지 않는다. 사략선과 코르세어에서는 선장이 선원과 교섭을 하는 사례가 아주 없지는 않았지만, 규율이 훨씬 더 엄격했던 것으로 보인다. 지구 반대편의 중국 해적선단은 서슬 퍼런 규율은 물론이고, 거의 제국 해군 수준의 위계질서를 가지고 있었다. 중국 해적에게 납치당했던 영국인 선원 리처드 글래스풀은 다음과 같이 썼다. "모든 위반 행위는 즉시 처벌받았다. 배에 해적단의 가족이며 성인 남녀와 아이들까지 타고 있었다는 사실을 생각하면 좀처럼 믿기 어려운 일이다."[3] 한편 동남아시아 해역에서 들끓었던 이라넌과 발랑잉이 같은 해적들은 초기 북방 바이킹이나 몰루카해협의 오랑라우트처럼 준봉건적 또는 부족적 체계를 가지고 있었다. 이처럼 모든 요소를 포괄하는 만능 설명은 존재하지 않고, 해적질을 낭만적으로 보는 서구의 개념은 어두운 이면이 너무 크다. 해적의 삶에서는 평등주의와 초기 민주주의도 나타나지만, 지역에 따라서는 엄격한 위계질서와 가혹한 규율이 보이기도 한다. 해적들의 공격 수법도 마찬가지다. 해적선 한두 척이 보물선 한 척과 맞서는 형태가 있는가 하면, 마찬가지로 지역에 따라서 해적 수천 명이 배 수백 척을 타고 침입해 해안 전역을 초토화하고, 심지어 강을 거슬러 내륙까지 항해해 공격을 이어가기도 한다.

그들이 처한 환경은 어떻게 해적행위를 가능하게 했는가 자주 등장하는 '선택의 여지가 없었다'는 정당화와 관련해서 사략선이든 해적선이든 해상 공격 행위는 주변 여건과 독립적으로 존재하지 않는다는 점을 주지해야 한다. 해상 습격의 양상과 성쇠는 육지의 상황, 특히 연안 상황이 어땠는지와 긴밀한 연관이 있다. 연안 지역은 바다 일에 필수적인 기술을 가진 뱃사람이 많은 지역이기 때문이다. 시대별 또는 지역별로 다양하게 나타나기는 하지만, 일반적으로 해적행위는 인구 집단 내의 소외된 부류나, 몇몇 지역에서는 '예의를 갖춘' '문명화된' 주류 사회 외곽에 대개 자리 잡은 특정하고 소외된 공동체에 뿌리를 두고 있다고 말하는 것이 타당하다. 심지어 지금도 지저분한 환경에서 최저 생활 조건에서 살아가는 해양 공동체들이 존재한다. 동남아시아의 오랑라우트족이 한 예다.[4] 무시의 결과는 뻔하다. 주류 사회가 외면하는 사람들은 머잖아 비참한 생활에서 벗어날 방도를 강구한다. 해적도 선택 중 하나가 된다. 때로는 지극히 당연해 보이는 선택이다.

물론 "모든 해적은 자신들이 통제할 수 없는 상황의 무고한 희생자로서, 즉 '불만'을 동기로 해적이 된 사람들"이라는 말은 아니다. 의심의 여지 없이 '손쉬운 돈벌이의 유혹', 즉 '탐욕'이라는 동기가 언제나 존재하고, 때로는 가장 지배적인 요소로 작용한다(처음에는 아니었다고 해도 결과적으로 그렇게 변해 가는 경향이 있다). 현대 소말리아 해적을 예로 들어보자. 원래 소말리아에서 해적이 되는 이유는 자신들의 해역이 대규모 불법 조업의 피해를 겪고 나서 생겨난 '불만' 때문이었다. 2008년 4월 프랑스 호화 요트 르포낭호를 납치해 몸값 200만 달러를 벌어들인 후, 원래의 동기는 금세 일확천금을 꿈꾸는 '탐욕'으로 대체되었다. 언론이 이 사건을 대서특필했고, 광범위한 언론 보도는 곧 현대판 골드러시로 이어졌다. 바다를 구경도 못 해봤던 수많은 민병대 청년이 해적 작전에 참여하여 한몫 챙길 생각으로 해안에 몰려들었다. 물론 그중 다수는 그때그때 상황이 이끄는 대로 발을 담갔다 빼며 그저 가끔 해적질에 참여했을 것이다. 그러다 선택의 기회가 생기면 그중에서 또 다수는 '정규 해적'으로 경력을 시작할 수도 있었을 것이다. 하지만 육지 기반 범죄 집단이 그렇듯이 해적의 중심에도 언제나 '얼큰히 취한 삶'을 얻기 위해 물불 가리지 않는 냉철한 골수 범죄자 그룹이 있다. 따라서 무인선박의 시대가 도래해도 해상 무역이 존재하는 한 해적행위는 우리 곁에 항상 존재할 가능성이 크다.

해적을 퇴치하기가 왜 그토록 어려웠는가 각국이 정말로 해적행위가 초래하는 재앙을 끝내겠다면 육지부터 시작하는 것이 옳다. "다른 모든 사람처럼 해적도 육지에서 살아야 한다. 따라서 그들을 육지에서 저지해야 한다. 해군력만으로는 해적을 진압할 수 없다."[5] 육지에서 법질서를 회복하는 일이 논리적인 첫 수순이다. 필리핀이나 인도네시아 같은 '약소국'은 법질서를 세워야 하고, 소말리아 같은 '실패한 국가'는 법질서를 회복해야 한다. 물론 말처럼 쉬운 일은 아니지만, 소말리아에는 어렴풋이 희망이 보인다. 본토로부터 독립을 선언한 소말릴란드와 준자치주인 푼틀란드는 법질서를 상당한 수준까지 회복했고, 그 덕분에 두 지역을 본거지로 하던 해적행위를 효과적으로 억제할 수 있었다. 하지만 육지에서의 법질서 확립이 유일한 해결책은 아니다. 소외된 어업 공동체와 관련해서는 그곳 주민들의 삶을 개선하고 경력을 계발할 수 있도록 좋은 직업 선택지를 제시하기 위해 전문화된 복지 프로그램을 개발해야 한다. 1970년대에 말레이시아는 바로 이런 목적을 가지고 소규모 어민들을 대상으로 빈곤 퇴치 프로그램을 시작했다.[6] 잘못된 기금 운용이나 정부 부처 간 알력 등 그 프로그램이 가진 단점은 이미 많이 논의된 바 있다. 하지만 이후 말레이시아의 해안에서는 해적행위가 사라졌다. 얄궂게도 해적질에서 손 뗀 말레이시아 어민들은 이제 몰루카해협 건너에서 침입해 오는 인도네시아 해적들의 먹잇감이 되고 있다. 현재까지 인도네시아 정부는 유사한 자체 빈곤 퇴치 프로그램을 시작한 바가 없다.

이것은 해적을 효과적으로 퇴치하려면 인접한 이웃국가를 포함해 외부 세력도 제 역할을 해야 한다는 사실을 시사한다. 실제로 특정 지역에 외세가 개입하는 것은 그 지역에서 해적이 출현하고, 해적행위도 지속시키는 방아쇠가 되기도 한다. 지역 연안국의 세력 범위에 외세가 가장 현저하게 침입했던 시기는 식민주의·제국주의 시대다. 18세기에 식민지를 획득하려고 경쟁자를 물리치는 데 혈안이 된 서구 열강, 그중에서도 특히 네덜란드의 끊임없는 무력 도발 때문에 동남아시아 해역을 뒤흔들었던 해상 습격의 물결이 크게 촉발되었다. 서구 열강의 그칠 줄 모르는 무력 도발로 이전 수 세기 동안 이어져온 지역 해상 무역 네트워크는 거의 붕괴했다. 그리고 18~19세기 말레이 해적들을 그 지경으로 몰아간 것은 남중국해를 향한 "유럽 열강의 탐욕"이었음을 잊어서는 안 된다 (121~123쪽 참조).[7] 심지어 오늘날에도 소말리아·필리핀·인도네시아 해역에서 불법 조업을 하는 저인망어선이라는 형태로 외부 세력이 지역 내부에 침입한다. 이런 상황은 이들 지역에서 해적행위가 근절되지 못하는 가장 큰 원인이다. 따라서 해적 퇴치 순찰은 동전의 한 면일 뿐이다. 지역 어민들이 밀수나 해적행위에 의존하지 않고 생계를 유지할 수 있게끔 공정한 기회를 제공하도록 불법 조업도 반드시 단속해야 한다.

　해적과의 싸움은 전술과 작전의 문제만이 아니라 정치적 문제이기도 하다. 현재 '테러와의 전쟁'과 마찬가지로 해적과의 전쟁도 성공 여부는 '의지의 연대'에 달려있다. 과거에는 해적에 맞서 의미 있는 동맹을 맺는 것이 언제나 거의 불가능한 과제로 판명났다. 어찌 됐든 무역은 한 나라의 이익이 다른 나라의 손실인 제로섬 게임처럼 보였기 때문이다. 14세기 말 한자동맹이 양식형제단에 대항하는 연합군을 만들려던 시도나 (74~76쪽, 81~82쪽 참조), 1617년부터 1680년 사이에 영국 국왕 제임스 1세가 알제리에 대항해 스페인, 네덜란드와 3자 해군 동맹을 맺으려 했던 시도(187~188쪽 참조)가 좋은 예다. 하지만 빠른 배송과 해상 운송 사슬의 원활한 작동에 의존하는 세계화된 지구에서 무역을 제로섬 게임으로 볼 수는 없는 노릇이다. 소말리아 해적도 처음에는 적당한 기회만 엿보던 연근해 해적이었고, 피해 선박도 소수였다. 그로부터 급속히 세를 불리더니 처음에는 아덴만, 그 후에는 아라비아해 전역을 누비는 해적으로 변신해 유럽의 해상 공급 사슬에 실질적인 위협이 되었다. 따라서 유럽연합 회원국, 특히 영국(현재는 탈퇴), 프랑스, 스페인과 같은 주요 해상강국은 해적행위를 단순한 해상 범죄가 아니라 세계 안보를 위협하는 테러리즘과 결부된 위협으로 '격상'하려는 노력을 기울였다. 그 결과 유럽연합과 NATO 해군 소함대가 배치되었고, 곧이어 일본, 한국, 중국, 러시아, 인도와 같은 다른 이해관계국들의 군함도 투입되었다. 물론 일부 나라는 다른 동기도 있었다. 자국 해역에서 멀리 떨어진 곳에서 작전을 수행하는 방법을 배우고, 해상 보급 기술을 익히고, 아라비아해 해상과 기상 환경에 익숙해질 기회를 가지는 것이다. 그리고 말할 것도 없이 해군 외교의 일환으로 국제 무대에서 존재감을 드러낼 수 있다.

　해적 퇴치 작전의 더 흥미로운 국면은 사략선이 부활하면서 등장할지도 모르겠다. 사략선 제도는 19세기에 폐지되었지만(216, 217쪽 참조), 미국은 파리 선언이나 여타 사략선 관행을 콕 찝어 불법화하는 조약에 비준하기를 거부했다. 당시 해군력이 그다지 강하지 않아서 전쟁이 발발하면 여전히 사략선에 의존했기 때문이다. 미국은 1899년 미국·스페인 전쟁 시기에 사략선을 공식적으로 폐지했지만,[8] 미국 수정헌법 제1조 8항은 여전히 미국 의회에 "공해에서 일어난 해적행위 및 중죄를 정의하고 처벌할 권한"과 바로 다음의 "나포 허가를 발행할 권한"을 보장해 주고 있다.[9] 이것은 소말리아·나이지리아 해적과의 교전과 관련해서도, 또 민간 해상 보안업체의 출현에도 시사하는 바가 있다. 오늘날 국가의 핵심 공공 업무는 흔히 외주 방식으로 운영되는데, 여기에는 '질서 유지를 위한 합법적 폭력 행사의 독점'이라는 베버식 개념과 관련된 영역도 포함된다.[10] 그렇다면 우리는 우회로를 통해 사략선이 귀환하는 것을 목격하게 될 수도 있다. 실제로 9·11 사태가 일어난 후 미국 하원의원 론 폴은 의회에서 특정 테러리스트들을 목표로 미국 대통령이 민간에 공격을 허가할 수 있게 하는 〈2001년 나포 허가에 관한 법률〉을 발의함으로써 사략선 문제를 다시 수면 위로 끌어올렸다. 2009년에 소말리아 해적이 공해로 활동 영역을 넓히자 또다시 론 폴 의원은 소말리아 해적 행동 단체들을 제압하기 위해서 나포 허가를 발행하자고 제안했다. 그의 발의는 통과되지 않았지만, 해상이나 연안에서 해적 진압을 외부에 맡기는 식으로 민영화하는 방안의 효율성을 다시 생각해 볼 기회를 제공했다. 적어도 해군의 역사가 오래된 서양 해상강국들이 국가 예산을 꾸준히 삭감하면서 해군력도 덩달아 줄이는 현시점에서는 상당히 끌리는 방안일 수 있다.

현재 민간 해상 보안업체의 업무는 다소 제한적이다. 해적 출몰지를 통과하면서 고가 화물을 운송하는 선박이니 위험 해역에 설치된 석유 시추 시설과 FPSO에 무장보안요원을 파견하는 식이다. 최근 기니만, 몰루카해협, 남중국해에서 해적행위가 빈번히 발생하고, 또 지금은 잠잠하나 아직 소말리아 해적의 잠재적 위협이 존재하기 때문에 민간 해상 보안산업은 호황을 누리고 있다.[11] 몇몇 수완 좋은 회사는 이미 자기들의 서비스를 방어에서 공격으로 진화시키는 식으로 적극적인 해적 퇴치 작전을 포함한 계획안을 제안했지만, 아직 실현된 적은 없다. 무기 소지 관련 법률이 나라마다 다르고, 국가의 주권이 절대적인 시대에 타국 연안 수역으로 해적을 추격해 들어가는 것이 어렵다는 점은 가장 큰 애로사항이다. 싱가포르, 말레이시아, 인도네시아의 사례로 보듯이 여러 나라가 순찰을 공동으로 추진(몰루카해협 순찰)하더라도 다른 나라의 군함이 해적선을 쫓아 자기 나라 수역으로 진입하도록 허가하려면 여전히 더 많은 신뢰와 자신감이 필요하다. 인도도 마찬가지로 민간 해적 사냥꾼들이 자국 영해에 침입하는 것을 허용하지 않을 것이다. 이미 인도 해군과 해경은 무장보안요원을 태우고 인도 영해로 들어선 선박들을 제지한 바 있다. 확실히 해적과의 전쟁을 현대적 사략선인 사설 업체로 '민영화'하는 사안은 앞으로 많은 설득과 협상을 요구할 것이다.

해적행위의 순환 주기 전 시대에 걸쳐 여러 지역에서 일어난 해적행위를 관찰하다 보면, 한 지역 안에서 해적행위가 출현하고 성장하며 성숙해서 결국 쇠퇴에 이르는 '해적 주기'의 큰 궤적이 보인다. 바이킹과 이라넌, 발랑잉이, 그리고 중국 해적선단의 대대적인 해적 작전이 보여 주듯, 해적은 보통 소규모로 시작하지만 적당한 기회를 만나면 몸집을 불리고 힘을 키워 때로는 가공할 정치 세력으로 거듭난다. '시작은 미약하나, 끝은 창대하리라'라던 프랜시스 드레이크 경의 좌우명이 떠오른다. 해적행위가 초기 단계에서 제지되지 않으면 적당한 기회만 노리던 소규모 약탈이 조직적인 해상 습격으로 들불처럼 번질 수 있다. 습격을 되받아치는 힘이 눈에 띄게 줄고 정치적·군사적 중심지가 붕괴 일로를 걸으면, 이전의 간헐적 약탈자들은 그 자리를 치고 들어와 눌러앉고는 제국을 건설한다. 바로 바이킹이 한 일이다. 이러한 발전은 '해적 주기'에서 '성장' 단계에 비유할 수 있다.

> 처음에는 가난한 해안 지역의 거주민들이 몇 명씩 따로 뭉쳐 저마다 몇 척 남짓한 배로 가장 약한 상인들을 약탈했다. … 그다음에는 큰 해적 조직이 작은 무리를 흡수하거나 해당 해역에서 밀어내는 조직화 시기가 찾아왔다. 이런 거대 조직은 규모가 너무 커서 어떤 중무장한 무역선단도 그들의 공격에서 안전할 수 없었다.[12]

만약 공격받은 국가가 반격에 성공한다면 살아남은 해적들은 "다시 한 번 종종걸음을 치며 원래 자신들의 처지인 바다의 은밀한 노상강도로 돌아갈 것"[13]이고, '해적 주기'는 다시 시작될 터였다.

그렇다면 이 반복을 끝내기 위해 무엇을 할 수 있을까? 앞서 살펴본 것처럼 딱하게도 해적행위의 근본 원인 대부분은 오늘날에도 존재한다. 얄궂게 들리지만 '해적을 없애는 조리법'보다 '해적을 만드는 조리법'을 개발하는 것이 훨씬 쉽다는 말이다. 해적 주기를 계속 이어가는 데 필요한 재료는 이미 우리에게 익숙한 것이다.

> 지역 무법자들을 환영하고, 멀리 떨어져있는 법집행관들을 못마땅해하는 해역 하나를 고릅니다. 여기에 막대한 이익을 손에 쥘 기회랑 적은 위험을 추가하세요. 내란과 전쟁을 아낌없이 넣어서 섞어 줍니다. 해양에서의 법 집행 능력은 넣지 않을게요. 보통법은 절대로 들어가면 안 됩니다! 부패는 좋은 양념이지요. 화끈하게 만들어 주세요.[14]

이 책에서 우리는 이런 요소들이 모두 작동하는 것을 보았다. 논리적인 '해적을 없애는 조리법'은 저 재료들을 모두 없애는 것이다. 다음이 가장 중요한데, 육지와 바다에서 해적을 퇴치하려면 현존하는 모든 해적 위험 지역에서 해양 법질서 체제가 제구실을 해야 한다. 해적이 감수해야 하는 위험은 높이고, 기대 수익은 낮추기 때문이다. 이것을 가능하게 하려면 알맞은 선박과 인력으로 나타내는 해상에서의 능력뿐 아니라 연안국들의 정치적 의지도 필요하다. 소말리아 해적과 기니만에서의 여러 해적 사례가 보여 주듯, 그 어느 것도 거저 생기지 않는다. 해상 무역이 방해받을까봐 전전긍긍하는 선진국들은 이 문제를 해결하려는 정치적 의지가 상당히 결여된 듯 하다. '우리' 선박과 선원, '우리' 화물, '우리' 해상 하이웨이(해상 교통로)가 연루되지 않는 한, '우리' 문제가 아니라 '그들의' 문제라는 식이다. 해적과 동전의 양면처럼 붙어있는 불법 조업을 단속하려는 진정성 있는 정치적 의지도 없다. 불법 조업은 소말리아 해적과 매우 연관되어있고, 남중국해에서도 해적이 발흥하는 주 요인인데도 말이다. 이런 태도가 변하지 않는 이상 해적행위는 사라지지 않을 것이다. 달리 말하면 앞으로 몇 년 또는 몇십 년 동안 다양한 지역에서 여러 사람이 과거와 똑같은 이유로 해적질에 나서리라는 의미다.

서문: 느닷없는 해적의 귀환

1   Burnett, *Dangerous Waters*, 224.
2   이와 같은 정형화에 대해서는 다음을 참고. Ritchie, 'Living with Pirates'.
3   당시에는 시번크루즈사 소유 선박이었다. 2015년 4월 윈드스타사에 매각되어 스타브리즈Star Breeze호로 개명되었다.
4   다음을 참고하라. *Scotland on Sunday*, 'Pirates Attack Luxury Cruise Ship', 6 November 2005. Lehr and Lehmann, 'Somalia: Pirates' New Paradise ', 4-5.
5   Rediker, *Villains of All Nations*, 175.
6   테디 심 교수는 이런 '영웅주의'적 접근을 비판한다. 대다수 해적이 훨씬 평범하게 살았음을 간과하게 하고 해적을 미화하기 때문이다. 그런데도 해적의 예를 보여줄 때 이런 접근 방법이 여전히 잘 쓰이고 있다. 다음을 참고하라. Sim, 'Studying Piracy', 5 (note 13).
7   Mann, *The Sources of Social Power*, vol. 1, 2.
8   Buzan and Little, *International Systems*, 257.
9   필자가 강조하는 부분; 'piracy, n.', *OED Online*; online at http://www.oed.com/view/Entry/144486 (2018년 9월 17일 접속).

제1부 | 나누어진 바다 - 700년부터 1500년까지

1   Antony, *Like Froth*, 89.
2   Kaiser and Calafat, 'Violence, Protection and Commerce', 71-72.
3   Saxo Grammaticus, *Gesta Danorum*, XIV, 15.5.
4   *Detmar Chronicle*, 다음에서 인용. Puhle, *Die Vitalienbrüder*, 50 (직접 번역).
5   Ibid., 151-152.
6   14세기의 마지막 10년 동안의 한자동맹 기록물(보고서, 사절단, 조약 등)이 1842년 5월 함부르크 대화재로 소실되었다. 이 기간을 한자기록 공백기라고 한다. 양식형제단의 기원을 설명할 자료도 함께 사라져 현재 추측하는 것 외에 방법이 없다.
7   Puhle, *Die Vitalienbrüder*, 41-42.

8   '기벨린Ghibellines'(이탈리아어로 'Ghibellini')은 12~14세기 이탈리아에서 교황에 맞서고 황제를 지지했던 정치 분파의 이름이다.《브리태니커 백과사전》에 따르면 이 이름은 '비벨링엔Wibellingen'(현대 독일어로는 'Waiblingen')이라는 장소의 이름에서 따왔는데 호엔슈타우펜 왕가 콘래드 3세Conrad III의 성이 있었던 곳이다. 기벨린의 친교황파 라이벌은 호엔슈타우펜과 적대 관계에 있었던 독일 벨프스 왕조를 이탈리아에서 부르는 이름인 구엘프 가문으로 알려져 있다. 다음을 보라. https://www.britannica.com/event/Guelf-and-Ghibelline의 'Guelf and Ghibelline'

9   Heers, *Barbary Corsairs*, 28, 34-35.

10 Ibid., 36.

11 Ibid., 28-29. See also Setton, *The Catalans in Greece*.

12 Puhle, *Die Vitalienbrüder*, 33.

13 Quoted in ibid.

14 Ibid., 61-63.

15 오해를 피하기 위해 여기서 언급하는 수도사는 탁발수도회 소속 개인 수도사들이라는 점을 일러둔다. 구호기사단 등의 기독교 기사단이나 승려 서해와 같은 '전사형 수도사'와는 다르다.

16 Burgess, *Two Medieval Outlaws*, 7-8.

17 Matthew Paris, 다음에서 인용. ibid., 34.

18 Hucker, 'Hu Tsung-hsien's Campaign Against Hsu Hai', 280.

19 Ibid.

20 Levathes, *When China Ruled the Seas*, 185.

21 Chin, 'Merchants, Smugglers, and Pirates . . .', 50-52.

22 On social bandits, see Hobsbawm, *Bandits*.

23 Hedeager, 'From Warrior to Trade Economy', 84.

24 Ibid.

25 Foote and Wilson, *The Viking Achievement*, 229.

26 다음에서 인용. Bradford, *Mediterranean*, 361.

27 Abulafia, *The Great Sea*, 279.

28 Ibid.

29 Diaz de Gamez, *The Unconquered Knight*, 54.

30 이들의 국적에 대해서는 다음을 보라. Abulafia, *The Great Sea*, 415.

31 우무르 파샤와 해당 인용에 대해서는 다음을 보라. Heers, *Barbary Corsairs*, 48~50.

32 Amirell and Müller, 'Introduction: Persistent Piracy', 4.

33 Meier, *Seafarers*, 153.

34 다음에서 인용. Higgins, 'Pirates in Gowns and Caps', 30.

35 Shapinsky, 'Japanese Pirates and Sea Tenure' (unpaginated).

36 Ibid.

37 Antony, *Like Froth*, 30.

38   Turnbull, *Pirate of the Far East*, 7; Farris, *Heavenly Warriors*, 242.

39   Wilson, *Empire of the Deep*, 14.

40   Hobsbawm, *Bandits*, 27.

41   이것과 관련해서는 다음을 보라. Barrett, 'What Caused the Viking Age?'

42   Pryor, *Geography, Technology, and War*, 99.

43   다음에서 인용. Gosse, *The History of Piracy*, 1.

44   Abulafia, *The Great Sea*, 271, 274.

45   중국 선박 유형에 대한 길고, 질서하며, 권위 있는 분석은 다음을 참고하라. Needham, *Science and Civilisation in China*, vol. 4, part 3, 379-699.

46   Adorno, 다음에서 인용. Heers, *Barbary Corsairs*, 33.

47   Ibid., 33-34.

48   Ibid.

49   Tenenti, *Piracy and the Decline of Venice*, 5.

50   Polo, *The Travels of Marco Polo*, 290.

51   Ibid.

52   마르코 폴로는 '해적'을 대신에 '코르세어'라는 용어를 사용하는 듯하다.

53   Pryor, *Geography, Technology, and War*, 76-77.

54   Diaz de Gamez, *Unconquered Knight*, 95.

55   Earle, *Corsairs of Malta and Barbary*, 140-141.

56   Turnbull, *Pirate of the Far East*, 47.

57   전투와 관련한 모든 인용은 이 책에 나온다. Hermann and Edwards (trans.), *Orkneyinga Saga*, 173-177.

58   Ibid., 177.

59   Diaz de Gamez, *Unconquered Knight*, 73.

60   '아쿼버스arquebus' 또는 화승총은 독일어 'Hakenbüchse'에서 유래했다. '고리가 달린 총'이라는 뜻이다. 총을 발사하려면 끝이 갈라진 받침대 위에 걸치거나, 장벽이나 요새의 총안銃眼 같이 안정적인 위치여야 했는데 후자의 경우 총열에 달린 고리로 총을 고정한 데서 붙은 이름이다.

61   Reimar Kock, 다음에서 인용. Puhle, *Die Vitalienbrüder*, 43-44 (저자 번역).

62   Zimmerling, *Störtebeker & Co*, 85.

63   Reimar Kock, 다음에서 인용. Puhle, *Die Vitalienbrüder*, 44 (저자 번역).

64   *Annals of Saint-Bertin*, 39.

65   Ibid., 53

66   Ibid., 63

67   Ibid., 64-65.

68   Kennedy, *Mongols, Huns and Vikings*, 188.

69   Magnusson, *Vikings!*, 31.

70   *Anglo-Saxon Chronicle*, in Somerville and McDonald (eds.), *The Viking Age*,

230.

71 Foote and Wilson, *The Viking Achievement*, 229.

72 Simeon of Durham, *History of the Church of Durham*, 35-36.

73 Magnusson, *Vikings!*, 31-32.

74 Morris, 'The Viking Age in Europe', 99.

75 Batey and Sheehan, 'Viking Expansion and Cultural Blending', 128.

76 다음에서 인용. Price, ' "Laid Waste, Plundered, and Burned" ', 119-121.

77 *Riben zhuan* ('Treatise on Japan'), 다음에서 인용. Turnbull, *Pirate of the Far East*, 25-26.

78 Levathes, *When China Ruled the Seas*, 185-186.

79 Ibid.

80 Hucker, 'Hu Tsung-hien's Campaign Against Hsu Hai', 289-290.

81 Turnbull, *Pirate of the Far East*, 48.

82 Leeson, *Invisible Hook*, 116.

83 정책 변화에 대해서는 다음을 참고. Lim, 'From Haijin to Kaihai', 특히 20-22.

84 L. de Mas-Latrie, 다음에서 인용. Heers, *Barbary Corsairs*, 51.

85 이 요새에 대해서는 다음 책을 참고. Clements, *Towers of Strength*.

86 Turnbull, *Pirates of the Far East*, 48-50.

87 매그너스 매그너선이 언급한 대로 이 유명한 기도문의 원래 버전은 아마도 'summa pia gratia nostra conservando corpora et custodita, de gente fera Normannica nos libera, quae nostra vastat, Deus, regna(지존이며 거룩한 은총이신, 우리와 우리의 것을 지키시는 하느님, 우리 땅을 황폐하게 만드는 북방인의 분노로부터 우리를 구하소서)'였을 것이다. 다음을 참고. Magnusson, *Vikings!*, 61.

88 Eickhoff, 'Maritime Defence of the Carolingian Empire', 51-52.

89 *Royal Frankish Annals*, 다음에서 인용. Somerville and McDonald (eds.), *The Viking Age*, 245.

90 *Annals of Saint-Bertin*, 37.

91 Ibid.

92 Ibid.

93 Ibid., 98, 100, 118, 127, 130-131.

94 Ibid., 224.

95 Price, ' "Laid Waste, Plundered, and Burned" ', 120.

96 Kennedy, *Mongols, Huns and Vikings*, 193.

97 Braudel, *The Mediterranean and the Mediterranean World*, vol.1, 298.

98 Heers, *Barbary Corsairs*, 53. 봄바드는 초기 대포의 일종이다.

99 지중해에서 해적을 견제하기 위해 호송선을 운영하는 방법은 그 역사가 고대 그리스와 페니키아 도시국가까지 거슬러 올라간다.

100 Lane, 'Venetian Merchant Galleys', 182.

101 Ibid., 189.

102 Diaz de Gamez, *Unconquered Knight*, 59.

103 Ibid., 68.

104 Teichmann, *Stellung und Politik der hansischen Seestädte*, 59.

105 Ibid., 64.

106 Ibid., 66.

107 Zimmerling, *Störtebeker & Co*, 180-185.

108 Levathes, *When China Ruled the Seas*, 98.

109 Dreyer, *Zheng He*, 55.

110 Matthew Paris, *Matthew Paris's English History*, 413.

111 Riley-Smith, *The Knights Hospitaller in the Levant*, 224.

112 Bradford, *Mediterranean*, 359.

113 Heers, *Barbary Corsairs*, 55.

114 Bradford, *Mediterranean*, 358; Heers, *Barbary Corsairs*, 55.

115 Heers, *Barbary Corsairs*, 56.

116 몰타섬의 구호기사단에 대해서는 다음 책을 참고. Luttrell, *The Hospitallers at Rhodes, 1306–1412*, and Rossi, *The Hospitallers at Rhodes, 1421–1523*.

117 Teichmann, *Stellung und Politik*, 74.

118 Ibid., 78; 또한 다음도 참고. Puhle, *Die Vitalienbrüder*, 97-102.

119 Turnbull, *Pirate of the East*, 13.

120 Ibid.

121 Ibid.

122 Hellyer, 'Poor but Not Pirates', 118.

123 Gosse, *History of Piracy*, 22.

제2부 | 대해적의 시대, 유럽 해상강국의 부상 - 1500년부터 1914년까지

1 Defoe, *General History*, 244.

2 Braudel, *The Mediterranean*, vol. 1, 432–433, 519.

3 Mueller and Adler, *Outlaws of the Ocean*, 298.

4 Ibid.

5 Bak, *Barbary Pirate*, 18.

6 Antony, *Like Froth*, 73.

7 Murray, 'Cheng I Sao', 258.

8 Antony, *Like Froth*, 92.

9 Defoe, *General History*, 165.

10 여성과 해적에 대해서는 다음을 참고. Appleby, *Women and English Piracy;* Klausmann, Meinzerin and Kuhn, Women Pirates; 더 일반적으로 여성과 폭력에 대해서는 다음을 참고. Sjoberg and Gentry, *Mothers, Monsters, Whores.*

11 Wintergerst, Der durch Europam lauffende, 7-8.

12 Contreras, *Adventures*, 10.

13 Ibid., 13.

14 Le Golif, *Memoirs of a Buccaneer*, 28.

15 Ibid., 30-31.

16 Exquemelin, *Buccaneers of America*, part 1, 1-22.

17 Ibid., 21-22.

18 Bak, *Barbary Pirate*, 21.

19 워드에 대해서는 다음을 참고. ibid., especially 24, 36 passim.

20 프로비셔에 대해서는 다음을 참고. Best, *A true discourse.* 최근의 전기는 다음을 참고. McDermott (ed.), *The Third Voyage of Martin Frobisher.*

21 Bicheno, *Elizabeth's Sea Dogs*, 159.

22 최고 수입을 올린 해적은 '블랙샘' 벨러미로, 약 1억 2,000만 달러를 벌었다. 다음을 참고. Woolsey, 'Top-Earning Pirates'.

23 Andrews, *Elizabethan Privateering*, 100.

24 Ibid.

25 Reid, 'Violence at Sea: Unpacking "Piracy" ', 17.

26 Defoe, *General History*, 72.

27 크레이그 캐벌 등은 보닛이 자신을 배신한 티치를 찾아 복수하기 위해 돌아왔다고 주장한다. 다음을 참고. Cabell, Thomas and Richards, *Blackbeard*, 91, 94-95.

28 Preston and Preston, *Pirate of Exquisite Mind*, 74.

29 Cordingly, *Pirate Hunter*, 7-8.

30 Andaya and Andaya, *History of Malaysia*, 130.

31 Warren, *Iranun and Balangingi*, 43-44.

32 Antony, 'Turbulent Waters', 23.

33 Andrews, *Elizabethan Privateering*, 15.

34 스페인에 대한 그의 증오는 1568년 9월 23일 산 후안 데 울라San Juan de Ulúa(현재 멕시코 베라크루스)에서 존 호킨스John Hawkins 경이 지휘하는 영국 함대(드레이크가 그중 한배의 지휘를 맡았다)와 돈 프란시스코 루한Don Francisco Luján이 지휘하는 스페인 함대 사이에 벌어진 참담한 전투로 거슬러 올라간다. 루한은 영국 측과 합의한 휴전을 어긴 셈이었고 따라서 영국군은 패배 후 스페인에 대해 적대감이 심했다. 전투에 대한 간략한 묘사를 다음에서 확인할 수 있다. Coote, *Drake*, 38-41. 더 자세한 내용은 다음을 참고. Unwin, *Defeat of John Hawkins*, 189-212.

35 이 관점을 더 알고 싶으면 다음을 참고. Coote, *Drake*, 110-111.

36 Senior, *Nation of Pirates*, 43.

37 다음에서 인용. Lunsford-Poe, *Piracy and Privateering*, 121.

38 Abulafia, *The Great Sea*, 647.

39 Conrad, *The Rescue*.

40 Warren, *Iranun and Balangingi*, 398. 콘래드 소설(1920년 판)의 263쪽에 해당 인용이 나온다.

41 다음에서 인용. Reid, 'Violence at Sea: Unpacking "Piracy" ', 19 (저자 번역).

42 모건에 관해서는 다음의 간략한 전기를 참고. Breverton, *Admiral Sir Henry Morgan*.

43 Preston and Preston, *Pirate of Exquisite Mind*, 179-180.

44 Gosse, *The Pirates' Who's Who*, 10.

45 Lunsford-Poe, *Piracy and Privateering*, 152. 런스퍼드포는 '그라프 오먼드Grave of Ormond' 공작이라고 썼으나 런스퍼드포가 제시한 연도가 정확하다면 1대 오먼드 공작인 제임스 버틀러James Butler가 발행했을 것이다.

46 Gosse, *The Pirates' Who's Who*, 10.

47 Senior, Nation of Pirates, 56. 1630년 6월에 바르바리 코르세어 무라트 레이스Murat Rais가 약탈했던 이 작은 항구 이야기는 다음을 참고. Ekin, *The Stolen Village*.

48 Mainwaring, 'Of the Beginnings', 15-16.

49 다음에서 인용. Senior, *Nation of Pirates*, 54.

50 Talty, *Empire of Blue Water*, 40.

51 Lane, *Blood and Silver*, 105.

52 Zahedieh, 'Trade, Plunder, and Economic Development', 215.

53 Petrucci, 'Pirates, Gunpowder, and Christianity', 62.

54 Antony, *Like Froth*, 125.

55 Chin, 'Merchants, Smugglers, and Pirates', 50.

56 Petrucci, 'Pirates, Gunpowder, and Christianity', 65.

57 '풀라우pulau'가 말레이(인도네시아)어로 '섬'이다.

58 Atsushi, 'The Business of Violence ', 135.

59 마카오 역사에 관해서는 다음을 보라. Porter, *Macau, the Imaginary City*.

60 그로그주는 (뜨거운) 물과 럼을 섞고 때때로 설탕이나 향료를 추가해서 먹기도 하는 술이다.

61 Antony, *Like Froth*, 129.

62 Wang, *White Lotus Rebels*, 86.

63 Antony, *Like Froth*, 127-129.

64 Bicheno, *Elizabeth's Sea Dogs*, 155.

65 다음에서 인용. Tinniswood, *Pirates of Barbary*, 17.

66 Childs, *Pirate Nation*, 2, 4; see also Ronald, *The Pirate Queen*.

67 Williams, *Sir Walter Raleigh*, 233.

68 폴 셀린이 흥미로운 시각으로 롤리에 관해 쓴 다음 책에서 셀린은 롤리가 실제로 상당량의 금을 보유한 금광을 발견했고 더러운 궁정 암투에 희생되었을 뿐이라고 주장한다. 다

음을 참고. Sellin, *Treasure, Treason and the Tower*.

69 Lunsford-Poe, *Piracy and Privateering*, 3.

70 Earle, *Sack of Panama*, 92.

71 Lunsford-Poe, *Piracy and Privateering*, 110.

72 Ibid., 115.

73 Lizé, 'Piracy in the Indian Ocean', 81.

74 Wilson, *Empire of the Deep*, 105.

75 Ibid., 26.

76 이와 관련해서는 다음을 참고. Warren, *The Sulu Zone 1768–1898*.

77 Van der Cruysse, Siam & the West, 199-201.

78 이 사건의 설명은 다음의 묘사를 참고; ibid., 412~414. 새뮤얼 화이트의 형제인 조지 화이트가 쓴 원문은 다음을 참고. White, *Reflections on a Scandalous Paper*. See also Collis, *Siamese White*.

79 Senior, *Nation of Pirates*, 27.

80 Mainwaring, 'Of the Beginnings', 14.

81 Bak, *Barbary Pirate*, 43.

82 Ibid., 44-45.

83 Barbour, 'Dutch and English Merchant Shipping', 280.

84 Bak, *Barbary Pirate*, 61.

85 Senior, *Nation of Pirates*, 27.

86 Defoe, *General History*, 50.

87 다음에 수록된 1696년 영국 동인도회사의 청원에 따르자면 그렇다.; Jameson, *Privateering and Piracy*, 109. 그러나 데포는 이 배의 이름이 '더듀크'라고 주장한다.; Defoe, *General History*, 50.

88 Ibid., 50-51.

89 Contreras, *Adventures*, 47, 49.

90 Ibid., 50.

91 Defoe, *General History*, 204.

92 Duguay-Trouin, *Les campagnes de Monsieur Duguay-Trouin*, 21.

93 Contreras, *Adventures*, 53.

94 Consul General Thomas Baker, as quoted by Tinniswood, *Pirates of Barbary*, 266.

95 Defoe, *General History*, 234.

96 Ibid., 217.

97 Hakluyt, *Principal Navigations, Voyages, Traffiques*, 817 (현대어로 변형).

98 Ibid.

99 Wintergerst, *Der durch Europam lauffende*, 10-14.

100 Exquemelin, *Bucaniers of America*, part 1, 82.

101 Ibid.

102 Ibid.

103 선장의 성이 기록되지 않은 듯하다. 이 이름에 대해 해리 켈시는 이렇게 언급했다. "산 후안은 스페인 이름치고는 특이한 형태다. 현재와 비교해 당시에 스페인 어법이 훨씬 덜 엄격했음을 감안해도 그렇다. 게다가 안톤Antón이 이름으로 훨씬 더 자연스럽다." Kelsey, *Sir Francis Drake*, 465 (미주 114).

104 Bicheno, *Elizabeth's Sea Dogs*, 146.

105 Antony, *Like Froth*, 111.

106 Warren, *Iranun and Balangingi*, 269.

107 다음에서 인용. ibid., 270-271.

108 Padfield, *Guns at Sea*, 29-39, 51-56.

109 Childs, *Pirate Nation*, 63.

110 Ibid., 62-63.

111 코벳Corbett에 따르면, 무역용 갈레아스였다. 다음을 참고. Corbett, *Englandin the Mediterranean*, vol. 1, 14.

112 Tinniswood, *Pirates of Barbary*, 36.

113 사슬탄은 2개의 반구半球를 사슬로 연결한 형태로, 단거리 대인용 포탄으로 사용되거나 돛을 찢고 돛대의 삭구를 부수는 데 사용되었다.

114 다음에서 인용. Tenenti, *Piracy and the Decline of Venice*, 77-78.

115 Defoe, *General History*, 53.

116 Cordingly, *Life Among the Pirates*, 35.

117 Ibid. 다른 출처에서는 해적 1인당 수입을 50만 달러로 산정하기도 했다. 다음을 보라. Rogozinski, *Honor Among Thieves*, 89-90.

118 마닐라 갤리언에 대해서는 다음을 참고. Schurz, *The Manila Galleon*, 161-177.

119 Pretty, 'The Admirable and Prosperous Voyage', 108.

120 Ringrose, *Bucaniers of America*, vol. 2, 30.

121 Little, *Sea Rover's Practice*, 6.

122 Earle, *Pirate Wars*, 105.

123 Warren, Iranun and Balangingi, 268-269. 동인도회사 무역선에 관해서는 다음을 참고. Sutton, *Lords of the East* (특히 'The Ships' 챕터, 37-52).

124 Earl, *The Eastern Seas*, 376.

125 다음을 참고. Warren, *The Sulu Zone 1768–1898*, 170 (footnote).

126 Warren, *Iranun and Balangingi*, 273.

127 Rutter, *Pirate Wind*, 38.

128 Warren, *Iranun and Balangingi*, 271-272.

129 Rutter, *Pirate Wind*, 20.

130 O'Kane, *The Ship of Sulaima*, 232.

131 이 약탈에 관한 흥미로운 배경 이야기는 다음을 참고. Ekin, *The Stolen Village*.

132 Exquemelin, *Bucaniers of America*, part 1, 114-115.

133 Earle, *Pirate Wars*, 95.

134 Masefield, *On the Spanish Main*, 202.

135 Earle, *Pirate Wars*, 128.

136 다음에서 인용. Antony, *Like Froth*, 119-120.

137 다음에 수록된 '말레이제도 해적에 관한 브룩의 비망록'을 참고. Keppel, *Expedition to Borneo, 290*.

138 Ibid.

139 Earle, *Pirate Wars*, 128.

140 De Bry, 'Christopher Condent's *Fiery Dragon*', 107.

141 Exquemelin, *Bucaniers of America*, part 1, 106-107 (단어 일부 변경).

142 Ibid., 107 (스펠링 현대화).

143 Contreras, *Adventures*, 36.

144 Antony, *Like Froth*, 143.

145 Le Golif, *Memoirs of a Buccaneer,* 227.

146 Ibid., 225.

147 Murray, 'Cheng I Sao in Fact and Fiction', 260.

148 Antony, *Like Froth*, 48-49.

149 Le Golif, *Memoirs of a Buccaneer*, 228.

150 Woolsey, 'Top-Earning Pirates'.

151 Exquemelin, *Bucaniers of America*, part 2, 2-3.

152 Woolsey, 'Top-Earning Pirates'.

153 Exquemelin, *Bucaniers of America*, part 2, 56-57.

154 다음에서 인용. Earle, *Pirate Wars*, 29.

155 Rediker, *Villains of All Nations*, 5.

156 Earle, *Pirate Wars*, 23.

157 이유에 관해서는 다음을 보라. Tinniswood, *Pirates of Barbary*, 75-76.

158 Mainwaring, 'Of the Beginnings', 10.

159 Mainwaring, *Life and Works of Sir Henry Mainwaring*, Vol. I, 31.

160 Mainwaring, 'Of the Beginnings', 15-16.

161 Ibid., 19.

162 Ibid., 23.

163 Tinniswood, *Pirates of Barbary*, 82-83.

164 Mainwaring, 'Of the Beginnings', 42.

165 Antony, 'Piracy on the South China Coast', 36.

166 Sazvar, 'Zheng Chenggong', 164.

167 Ibid., 165.

168 Clements, *Coxinga*, 5.

169 Ibid., 186.

170 중화인민공화국과 중화민국 모두에서 구국 영웅으로서의 정성공에 관해서는 다음을 참고. Sazvar, '*Zheng Chenggong*', 201-230.

171 다음에서 인용. Clements, *Coxinga*, 159.

172 마라타 역사에 대해서는 다음을 참고. Gordon, *The Marathas 1600–1818*.

173 Risso, 'Cross-Cultural Perceptions of Piracy', 303.

174 Biddulph, *Pirates of Malabar and An Englishwoman in India*, 27.

175 Weber, 'The Successor States', 205.

176 Risso, 'Cross-Cultural Perceptions of Piracy', 305. 리소는 여기에서 역사가 파니카르를 예로 드는데, 파니카르는 딱 한 번(리소는 74쪽이라고 적었지만 94쪽이다.) 더욱이 상당히 중립적인 방식으로 앙그레를 언급하기 때문에 타당하다고 보기 어렵다. 다음을 참고. Panikkar, *Asia and Western Dominance*, 94.

177 Downing, *Compendious History of the Indian Wars*, 20-22.

178 Rediker, *Between the Devil and the Deep Blue Sea*, 256.

179 Hawkins, *Observations of Sir Richard Havvkins Knight*, 213-214, 221-222.

180 애석하게도 콘트레라스는 어떤 무장을 했다는 것인지 구체적으로 밝히지 않았다. 하지만 정황상 세 상선에 포격을 위한 무장을 하기에는 시간도 충분치 않았고 대포도 없었을 것이므로 필자가 판단하기에는 그가 의미한 무장이 총기인 듯하다. 그렇다면 왜 일제 사격이 없었는지도 설명된다.

181 Contreras, *Adventures*, 137-138.

182 Ibid., 138.

183 Chauvel, *Nationalists, Soldiers and Separatists*, 20.

184 Parthesius, *Dutch Ships in Tropical Waters*, 41-42.

185 Contreras, *Adventures*, 21.

186 Ibid. 하지만 콘트라레스는 자기편 사상자에 대해서는 침묵했다.

187 이것에 대해선 다음 예시를 참고. Cabell, Thomas and Richards, *Blackbeard*, 3, 135-137; Konstam, *Blackbeard*, 233-237, 275-280.

188 이것은 디포의 의견이다. 앵거스 콘스탐은 검은수염이 이튿날 이른 아침 오크라코크의 작은 만에 들어섰을 때 비로소 메이나드의 배 두 척을 발견했다고 서술했다. 부실한 망보기의 결과였다. Konstam, *Blackbeard*, 245-246.

189 Defoe, *General History*, 80.

190 Ibid., 81.

191 Ibid.

192 Ibid.

193 Ibid., 82

194 Ibid., 165.

195 Tinniswood, *Pirates of Barbary*, 10.

196 Hebb, *Piracy and the English Government*, 2.

197 이 습격에 대해서는 다음을 참고. Tinniswood, *Pirates of Barbary*, 131-132.

198 Little, *Pirate Hunting*, 205.

199 Tinniswood, *Pirates of Barbary*, 278.

200 Earle, *Pirate Wars*, 71.

201 Oppenheim, *Naval Tracts of Sir William Monson*, vol. 3, 80.

202 Ibid., 82-83.

203 Ibid., 82.

204 '주사위탄은 사각 쇳조각으로 만들었고 훗날 포도탄(여러 쇠붙이를 층층이 채운 산탄)을 쓸 때와 같은 조건에서 사용되었다. 주로 헨리7세, 헨리8세 시대, 그리고 드물게 엘리자베스 여왕 시대 무기 목록에서 언급된다.':ibid.,81

205 Hebb, *Piracy and the English Government*, 134.

206 Lambert, *Barbary Wars*, 92, 101.

207 제1차 바르바리 전쟁은 다음 책의 주제였다. Wheelan, *Jefferson's War*.

208 이 전쟁에 대해서는 다음을 참고. Lambert, *Barbary Wars*, 179-202.

209 Fremont-Barnes, *Wars of the Barbary Pirates*, 7-8.

210 Ibid., 87.

211 다음에서 인용. Earle, *Pirate Wars*, 72.

212 다음에서 인용. ibid., 73.

213 Tinniswood, *Pirates of Barbary*, 279.

214 Earle, *Pirate Wars*, 72.

215 Corbett, *England in the Mediterranean*, vol. 1, 52.

제3부 | 세계화 물결과 빈곤 - 1914년~현재

1 소말리아는 상당히 가부장적인 사회로 여성 전사나 여성 해적은 아직 존재하지 않는다.

2 2005년 9월 총 50만 달러의 몸값을 지불하고 나서야 해당 선박들이 풀려났다. 50만 달러라는 액수는 출처가 확실하지 않다.

3 이와 관련해서는 다음을 참고하라. Lehr and Lehmann, 'Somalia - Pirates' New Paradise; Westberg, 'Bloodshed and Breaking Wave: The First Outbreak of Somali Piracy'.

4 Lehr, 'Somali Piracy and International Crime', 125.

5 Schuman, 'How to Defeat Pirates'.

6 Simon, 'Safety and Security in the Malacca Straits', 35.

7 Frécon, 'Piracy and Armed Robbery at Sea Along the Malacca Straits', 71.

8 Pérouse de Montclos, 'Maritime Piracy in Nigeria', 535-541.

9 Jimoh, 'Maritime Piracy and Violence Offshore in Nigeria', 7-8.

10 Ibid. 다음을 함께 참고. Pérouse de Montclos, 'Maritime Piracy in Nigeria', 535.

11 중동과 북아프리카에서 일어나는 지중해발 유럽행 불법 이민과 이민자 밀수에 대해서는 다음을 참고. Triandafyllidou & Maroukis, *Migrant Smuggling*.

12 이 범죄조직에 대해서는 BBC 'Migrant crisis' 기사를 참고.

13 Ronzitti, *The Law of Naval Warfare*, 64.

14 다음에서 인용. Cigar, 'Jihadist Maritime Strategy', 7.

15 Bernama, 'Zahid: Indonesia's Veep Hit by "Bugis Pirate" Remark'.

16 Koburger, 'Selamat Datang, Kapitan', 69.

17 Ibid.

18 Stewart, *Piraten*, 379-381.

19 HSBC Economist Intelligence Unit, 'Pirates of the Ports'.

20 Liss, 'Challenges of Piracy in Southeast Asia'.

21 Stewart, *The Brutal Seas*, 29.

22 Ibid., 30-31.

23 Frécon, 'Piracy and Armed Robbery', 73.

24 Ibid., 73-74.

25 Koh, 'Drop in piracy in regional waters'.

26 Frécon, *Piracy and Armed Robbery*, 77.

27 Hastings, 'Geographies of State Failure and Sophistication in Maritime Piracy Hijackings', 220.

28 Hansen, 'Somali Pirates are Back'.

29 United Nations Monitoring Group on Somalia and Eritrea, *Report of the Monitoring Group on Somalia and Eritrea*.

30 이 책의 완성 시점(2018년 11월) 기준으로 해적행위는 대대적 해군 순찰로 인해 여전히 대폭 감소한 상황이다. 하지만 해적 지도자는 사회 전반과 정치행정 체제 모두에서 여전히 영향력을 발휘하는 자리를 차지하고 있다.

31 이는 적어도 2017년 7월 필자와 통화한 (익명을 원하는) 푼틀란드 관계자의 의견이다.

32 Pérouse de Montclos, 'Maritime Piracy in Nigeria', 536; Jimoh, 'Maritime Piracy and Violence Offshore in Nigeria', 20.

33 Ibid., 9

34 Murphy, 'Troubled Waters of Africa', 71-72.

35 비슷한 주장은 여기에 있다. ibid., 73.

36 Lacey, 'The Signs Say Somaliland, but the World Says Somalia'.

37 Young, *Contemporary Maritime Piracy in Southeast Asia*, 63.

38 소말리아 해적과 관련해서는 다음을 참고. Lehr, 'Somali Piracy and International Crime'.

39 Coffen-Smout, 'Pirates, Warlords and Rogue Fishing Vessels in Somalia's Unruly Seas'.

40 Lehr and Lehmann, 'Somalia: Pirates' New Paradise ', 12.

41 Mwangura, 'Somalia: Pirates or Protectors?'.

42 Ibid.

43 Barbour, 'Dutch and English Merchant Shipping', 280.

44 사실상 모든 전문가가 동의하듯이, 소말리아 해적은 정량화가 불가능한 측면이 있다. 입에 오르내리는 여러 수치는 근거 없이 나왔거나, 기껏해야 이런저런 정보를 반영한 추정치일 뿐이다.

45 Lilius, *I Sailed With Chinese Pirates*, 2.

46 Ibid., 5.

47 다음에 나오는 리스트를 참고. ibid., 7-10.

48 Hympendahl, *Pirates Aboard!*, 23-27.

49 *iWitness News*, 'Murder of German Sailor "Another Nail" in St. Vincent's "Economic Coffin" '.

50 다음에서 인용. Beeson, 'Is Piracy Still a Threat to Ocean Cruisers?'.

51 *NZ Herald*, 'Sir Peter Blake Killed in Amazon Pirate Attack'.

52 다음에서 인용. Phillips, Gayle and Swanson, ' "I Will Have my Boat Stolen" '.

53 다음에서 인용. ibid.

54 Senior, *Nation of Pirates*, 59.

55 *The Economist*, 'When Pirates Are Not So Bold'.

56 이 사건에 대해서는 다음 책에 수록된 리처드 필립스 선장의 보고를 참고. Phillips and Talty, *A Captain's Duty*.

57 Associated Press, 'Somali pirate gets life in prison for attack on US Navy ship'; Bockmann, 'EU Navy Has Gunfire Exchange With Somali Pirates'.

58 다음 예시도 참고. UN Monitoring Group on Somalia and Eritrea, *Report of the Monitoring Group on Somalia and Eritrea*, 34-35.

59 다음에서 인용. Eichstaedt, Pirate State: *Inside Somalia's Terrorism at Sea*, 67.

60 Lehr and Lehmann, 'Somalia: Pirates' New Paradise ', 1-22.

61 나이지리아 해적 전술에 관해서는 다음을 참고. Kamal-Deen, 'Anatomy of Gulf of Guinea Piracy', 104.

62 다음을 참고. Bridger, 'West African Piracy: Extreme Violence and Inadequate Security'.

63 Shipping Position Online, 'SP Brussels Attack'. 다음도 보라. Bridger, 'The World's Most Violent Pirates'.

64 *Shipping Position Online*, 'SP Brussels Attack'.

65 Osinowo, 'Combating Piracy in the Gulf of Guinea', 3.

66 이 공격에 관해서는 다음을 참고. Kashubsky, 'Offshore Energy Force Majeure ', 20-26.

67 Ibid., 20.

68 Kamal-Deen, 'Anatomy of Gulf of Guinea Piracy', 98.

69 Ibid.

70 다음을 참고. Hajari, 'Bungles in the Jungle'.

71 개괄은 다음을 참고. Oceans Beyond Piracy, 'Definition/classification of piracy'.

72 Peter Unsinger, 다음에서 인용. Herbert-Burns, 'Compound Piracy at Sea in the Early Twenty-First Century', 113. 다음에도 나온다. ibid., 98.

73 더 자세한 내용은 다음을 보라. Herbert-Burns, ibid., 104-111.

74 허버트-번즈는 또한 '내부 해적행위' 즉 선박의 원래 선원들이 자발적으로 또는 선주의 명령을 받아 배를 유령선으로 바꾸는 사례도 있음을 보여주었다. 하지만 이것은 해적행위보다는 보험사기와 더 연관이 깊어 해당 사례는 이 책에서 다루지 않았다. 다음을 참고. Herbert-Burns, ibid.

75 일부 협상가의 다소 의심스러운 역할에 관해 알려주는 사례가 있다. 소말리아 협상가 알리 모하메드 알리는 2008년 11월 7일 덴마크 국적 화물선 CEC퓨처호를 납치한 해적과 선주들 사이의 협상을 진행했다. 이후 미국 정부는 그를 '해적 공모자'로 고소해 법정에 세웠다. 2014년 2월, 고소는 취하되었다. 다음을 참고하라. Schuler, 'US to Drop Charges Against *CEC Future* Pirate Negotiator', and Dickson, 'The Pirate Negotiator'.

76 2018년 11월 기준, 여전히 수도 모가디슈 안에 갇혀 진을 치고 있는 새 연방정부가 이를 바꿀 수 있을지는 두고 볼 일이다.

77 연령대는 다음을 참고. Hunter, 'Somali Pirates Living the High Life '.

78 다음에서 인용. Pandey, 'Pirates of the Bay of Bengal'.

79 다음을 참고. Bagerhat Correspondent, 'Sundarbans Pirates' Ringleader Held', and Chakma, 'Maritime Piracy in Bangladesh'.

80 Pandey, 'Pirates of the Bay of Bengal'.

81 Bahadur, *Deadly Waters*, 197; 하지만 바하두르가 같은 달에 발생한 두 건의 납치 사건을 혼동한 것으로 보인다. 이달 호비오에 근거지를 둔 해적들이 요르단 국적 화물선 빅토리아호를 납치한 사건이 5월 17일(5월 5일이 아님)에 있었고, 다른 해적에 의해 5월 28일에 독일 국적선 레만팀버호도 납치되었다. 후자의 배가 에일을 근거지로 활동하는 해적단에 의해 납치되었으므로 그가 말하는 배는 레만팀버호인 듯하다. 이 경우 몸값은 75만 달러였다.

82 Ibid., 194.

83 Ibid., 176-177.

84 Ibid., 197.

85 이 전쟁에 대해서는 다음을 참고. Jensen, 'The United States, International Policing and the War against Anarchist Terrorism, 1900-1914'.

86 다음에서 인용. ibid., 19.

87 다음에서 인용. Thorup, 'Enemy of Humanity', 401-411.

88 이 표현에 대한 흥미로운 토론과 그 함의가 다음에 나온다. Gould, 'Cicero's Ghost'.

89 William Blackstone, 다음에서 인용. ibid., 32.

90 Heinze, 'A "Global War on Piracy"?', 50.

91 피터 얼Peter Earle도 같은 결론에 도달한다. 다음을 참고. Earle, *Pirate Wars*, xi.

92 Gould, 'Cicero's Ghost', 34.

93 Ibid.

94 일례로 텔레그래프지는 당시 이렇게 보도했다. "러시아는 '잡아두기에는 소모되는 비용이 너무 크다'며 해적을 풀어주었다."

95 2008년 12월에 개인적으로 나눈 대화에서.

96 Ebert, 'Deutschland macht Seeräubern den Prozess'. 독일 함부르크 국제해양법재판소(ITLOS)는 국제법의 일부인 유엔 해양법협약(UNCLOS)을 둘러싼 분쟁만 관할한다. 해적행위와 같은 개별 형사사건은 다루지 않는다.

97 현대 해적 문제를 다룰 수 있는 여타 법적 체계에 대해서는 다음을 참고. Kraska, *Contemporary Maritime Piracy*, 168-182; 그리고 해적을 법정에 세우는 일과 관련해 끈질기게 제기되는 문제점에 대해서는 다음을 참고. Kontorovich, ' "A Guantanamo on the Sea" '.

98 더 자세한 정보는 다음을 참고. MSC-HOA, 'The Maritime Security Centre - Horn of Africa'.

99 Maritime Foundation, 'Tackling piracy in the Gulf of Aden'.

100 Ibid.

101 18노트라는 속도 기준과 그 이상이 되는 상황에 대해서는 다음을 참고하라. MSC-HOA, BMP 4, 7. 여러 등급으로 나뉘는 현대 컨테이너 선박의 운항 속도는 경쟁사를 견제하기 위해 각 사에서 기밀로 취급된다.

102 다음을 참고. the report in *MEBA*, 'Don't Give Up the Ship!'.

103 MSC-HOA, *BMP 4*, vi, 1, 2.

104 Ibid., 23-24.

105 Ibid, 38.

106 Ibid.

107 Ibid., 39-40.

108 Kuhlmann, 'Piracy: Understanding the Real Threat', 36.

109 다음에서 인용. the *Washington Times*, 'Arming Sailors'.

110 Ibid.

111 Connett, 'Robot Ships'.

112 Ibid.

113 Andrews, 'Robot Ships and Unmanned Autonomous Boats'.

114 다음에서 인용. ibid.

115 Ibid. 다음도 참고. MUNIN, 'Munin Results'.

116 IMO, *Somali Piracy Warning for Yachts*.

117 이 사건에 관해서는 다음을 보라. Bohn, *The Achille Lauro Hijacking*.

118 Ahluwalia, 'Cruise Liner on Journey from Sydney to Dubai Turns into "Ghost Ship" '.

119 Pearlman, 'Cruise Passengers Ordered to Switch off Lights and Music at Night'.

120 아탈란타 작전의 공식 명칭은 '유럽 연합 해군 소말리아'로 알려져 있다. 2008년 12월 8일에 개시되어 2018년 11월 현재 기준 지속 중이다. 이 작전은 소말리아 항구로 들어가는 선박을 보호하는 데 초점이 있고 또한 소말리아 해역에서의 조업 활동도 감시한다. 다음을 참고. EU NAVFOR Somalia, 'Mission'.

121 대양 방패 작전은 북대서양조약기구(NATO)에 의해 추진되었고, 몇몇 비NATO 해군도 참여했다. 2009년 8월 17일 발족하여 세계식량계획(WFP)의 구호 식량을 수송하는 임무를 맡아 이 지역을 어쩔 수 없이 항해해야 하는 선박을 보호하는 데 주력했다. 이 작전은 해적들의 공격이 시도 횟수로나 성공하는 비율로나 크게 줄어들면서 2016년 11월 24일 종료되었다. 다음을 참고. Maritime Security Review, 'NATO ends Ocean Shield'; Bueger, ' "Ocean Shield" Achieved its Mission'.

122 CTF151은 2009년 1월 유엔 안전보장이사회 결의안(UNSCR) 1816, 1838, 1846, 1851, 1897에 의거, 다국적 특별전담조직(TF)으로 설립되었다. 2018년 11월 현재, CTF151은 싱가포르 해군의 소시타(Saw Shi Tat) 소장이 지휘하고 있다. 더 많은 정보는 다음을 참고. Combined Maritime Forces, 'CTF 151: Counter-piracy'; Combined Maritime Forces, 'Singapore Takes Command of Counter Piracy Combined Task Force 151'.

123 Foreign and Commonwealth Office (UK), 'The International Response to Piracy'.

124 NATO, 'Operation Ocean Shield'.

125 BBC, 'US to lead new anti-pirate force'. 이후 더 많은 군함이 배치되었고, 특히 세 작전에서 함재기 헬리콥터의 수도 증가했다.

126 다음에서 인용. Lehr, 'Maritime Piracy as a US Foreign Policy Problem', 215.

127 다음을 참고. Kontorovich, 'A Guantanamo Bay on the Sea'.

128 Curtenelle, 'Uncertainty Surrounds Death in French Piracy Raid'.

129 Nagourney and Gettleman, 'Pirates Brutally End Yachting Dream'.

130 Wadhams, 'American Hostage Deaths: A Case of Pirate Anxiety'.

131 Spiegel Online, 'Mission Impossible: German Elite Troop Abandons Plan to Free Pirate Hostages'.

132 배의 선장이었던 크지슈토프 코티우크Krzysztof Kotiuk는 혹독한 체험담을 책(독일어)으로 썼다. Kotiuk, Frohe Ostern Hansa Stavanger.

133 Konrad, 'The Protector'.

134 Sofge, 'Robot Boats Hunt High-Tech Pirates'.

135 BBC, 'France Raid Ship after Crew Freed'.

136 Pflanz and Harding, 'Europe's Mainland Attack Will Escalate Conflict'.

137 Ibid

138 EU NAVFOR, *EU Naval Operation Against Piracy*, 7.

139 Ibid.

140 2017년에 발생한 두 차례의 공격에 대해서는 다음을 참고. BBC, 'Somali pirates suspected of first ship hijacking since 2012'; MAREX, 'Chinese Navy Hands Pirates Over to Somali Authorities'. 2018년에 발생한 두 차례의 공격에 대해서는 다음을 참고. gCaptain, 'Chemical Tanker Attacked by Pirates Off Coast of Somalia'; Schuler, 'Hong Kong-Flagged Bulk Carrier Attacked by Pirates Off Somalia'.

141 Ministry of Foreign Affairs (Japan), *Regional Cooperation Agreement on Combating Piracy and Armed Robbery against Ships in Asia*.

142 다음의 나라들이 이후에 추가로 참여했다. 코모로연방, 이집트, 에리트레아, 요르단, 모리셔스, 모잠비크, 오만, 사우디아라비아, 남아프리카공화국, 수단, 아랍에미리트.

143 IMO, *Djibouti Code of Conduct*.

결론: 거대한 역풍

1 다음을 참고. Hobsbawm, *Bandits*.

2 이와 관련하여 마커스 레디커Marcus Rediker의 가장 중요한 책은 의심의 여지 없이 *Villains of All Nations* 이다. 더 일반적으로 선원에 대해 다룬 작품으로는, 그의 초기작 《악마와 검푸른 바다 사이에서》를 참고.

3 다음에서 인용. Murray, 'Cheng I Sao', 273.

4 Young, *Contemporary Maritime Piracy in Southeast Asia*, 63.

5 Lambert, 'The Limits of Naval Power', 173.

6 이 프로그램에 대해서는 다음을 참고. Ghee, 'Conflict over Natural Resources in Malaysia', 145-181.

7 Rutter, Pirate Wind, 26.

8 Anderson and Gifford, 'Privateering and the Private Production of Naval Power', 119.

9 'Constitution of the United States and the Declaration of Independence' (2009 edition), 6; online at http://frwebgate.access.gpo.gov/cgi-bin/getdoc.cgi?dbname=111_cong_documents& docid=f:sd004.111.pdf (2018년 9월 26일 접속).

10 Weber, *Theory of Social and Economic Organization*, 154.

11 다음을 참고. Isenberg, 'The Rise of Private Maritime Security Companies'.

12 Gosse, *History of Piracy*, 1-2.

찾아보기

13   Ibid.

14   Mueller and Adler, *Outlaws of the Ocean*, 288.

Abulafia, David. *The Great Sea: A Human History of the Mediterranean.* London: Oxford University Press, 2013.

Abu-Lughod, Janet L. *Before European Hegemony: The World System ad 1250–1350.* New York and London: Oxford University Press, 1989.

Ahluwalia, Ravneet. 'Cruise Liner on Journey from Sydney to Dubai Turns into "Ghost Ship" for 10 Days to Stop Pirate Attack'. *Independent*, 9 August 2017; online at http://www.independent.co.uk/travel/news-and-advice/cruise-pirates-drill-sea-princess-ghost-ship- blackout-sydney-dubai-indian-ocean-a7884211.html (2018년 12월 2일 접속).

Al-Qāsimī, Sultan Muhammed. *The Myth of Arab Piracy in the Gulf.* Dover, NH: Croom Helm, 1986.

Amirell, Stefan Eklöf and Leos Müller. 'Introduction: Persistent Piracy in World History', in Stefan Eklöf Amirell and Leos Müller (eds): *Persistent Piracy: Maritime Violence and State-Formation in Global Historical Perspective*, 1-23. London: Palgrave Macmillan, 2014.

Andaya, Barbara Watson and Leonard Y. Andaya. *A History of Malaysia.* London and Basingstoke: Macmillan, 1982.

Anderson, Gary M. and Adam Gifford Jr. 'Privateering and the Private Production of Naval Power'. *Cato Journal*, vol. 11, no. 1 (Spring/Summer 1999), 99-122.

Anderson, John. *English Intercourse with Siam in the Seventeenth Century.* London: Kegan Paul, Trench, Trubner & Co., 1890.

Andrews, Crispin. 'Robot Ships and Unmanned Autonomous Boats'. *Engineering and Technology*, 12 September 2016; online at https://eandt.theiet.org/content/

articles/2016/09/robot-ships (2018년 12월 2일 접속).

Andrews, Kenneth R. *Elizabethan Privateering: English Privateering during the Spanish War 1585–1603.* Cambridge: Cambridge University Press, 1964.

Andrews, Kenneth R. (ed.). *English Privateering Voyages to the West Indies: Documents Relating to English Voyages to the West Indies from the Defeat of the Armada to the Last Voyages of Sir Francis Drake, Including Spanish Documents Contributed by Irene A. Wright.* Cambridge: Published for the Hakluyt Society at the University Press, 1959.

Anglo-Saxon Chronicles. Translated and collated by Anne Savage. London: Book Club Associates, 1983.

Annals of St-Bertin: Ninth-Century Histories, vol. 1. Translated and annotated by Janet L. Nelson. Manchester: Manchester University Press, 1991.

Antony, Robert J. *Like Froth Floating on the Sea: The World of Pirates and Seafarers in Late Imperial South China.* China Research Monograph 56. Berkeley, CA: University of California Berkeley, Institute of East Asian Studies, 2003.

— 'Introduction: The Shadowy World of the Greater China Seas', in Robert J. Antony (ed.): *Elusive Pirates, Pervasive Smugglers: Violence and Clandestine Trade in the Greater China Seas*, 1-14. Hong Kong: Hong Kong University Press, 2010.

— 'Piracy on the South China Coast through Modern Times', in Bruce A. Elleman, Andrew Forbes and David Rosenberg (eds): *Piracy and Maritime Crime: Historical and Modern Case Studies*, 35-50. Newport, RI: Naval War College Press, 2010.

— 'Turbulent Waters: Sea Raiding in Early Modern Southeast Asia'. *The Mariner's Mirror*, vol.99, no. 1 (February 2013), 23-38.

— 'Maritime Violence and State-Formation in Vietnam: Piracy and the Tay Son Rebellion, 1771-1802', in Stefan Eklöf Amirell and Leos Müller (eds): *Persistent Piracy: Maritime Violence and State-Formation in Global Historical Perspective*, 113-130. London: Palgrave Macmillan, 2014.

Appleby, John C. *Women and English Piracy, 1540–1720: Partners and Victims of Crime.* Woodbridge: Boydell Press, 2013.

Arnold, James A. 'From Piracy to Policy: Exquemelin's Buccaneers and Imperial

Competition'. *Review: Literature and Arts of the Americas*, vol. 40, no. 1 (2007), 9-20.

Associated Press. 'Somali pirate gets life in prison for attack on US Navy ship'. *Navy Times*, 26 April 2017. https://www.navytimes.com/news/your-navy/2017/04/27/somali-pirate-gets-life-in-prison-for-attack-on us-navy-ship/ (2018년 12월 2일 접속).

Atsushi, Ota. 'The Business of Violence: Piracy around Riau, Lingga, and Singapore, 1820-40', in Robert J. Antony (ed.): *Elusive Pirates, Pervasive Smugglers: Violence and Clandestine Trade in the Greater China Seas*, 127-141. Hong Kong: Hong Kong University Press, 2010.

Augustine of Hippo. *The City of God against the Pagans*, book IV. Edited and translated by R.W. Dyson. Cambridge: Cambridge University Press, 1998 (originally published ad 426).

Bach-Jensen, Richard. 'The United States, International Policing and the War against Anarchist Terrorism, 1900-1914'. *Terrorism and Political Violence*, vol. 13, no. 1 (Spring 2001), 15-46.

Bagerhat Correspondent. 'Sundarbans Pirates' Ringleader Held with Arms, Claims RAB'. *News Bangladesh*, 20 August 2015; online at http://www.newsbangladesh. com/english/Sundarbans-pirates-ringleader-held-with-arms-claims-RAB/6046 (2018년 12월 2일 접속).

Bahadur, Jay. *Deadly Waters: Inside the Hidden World of Somalia's Pirates*. London: Profile Books, 2011.

Bak, Greg. *Barbary Pirate: The Life and Crimes of John Ward*. Stroud: The History Press, 2010. Barbour, Violet. 'Dutch and English Merchant Shipping in the Seventeenth Century'. *Economic History Review*, vol. 2, no. 2 (January 1930), 261-290.

Barker, Andrew. *A True and Certaine Report of the Beginning, Proceedings, Ouerthrowes, and now Present Estate of Captaine Ward and Danseker, the Two Late Famous Pirates*. London: William Hall, 1609 (e-book).

Barrett, James H. 'What Caused the Viking Age?' *Antiquity*, vol. 82 (2008), 671-685; online at https://www.cambridge.org/core/services/aop-cambridge-core/ content/view/9AAD15 7E488AF39555B64D3529944D43/S0003598X00097301a. pdf/what_caused_the_viking_age.pdf (2018년 12월 2일 접속).

Batey, Colleen E. and John Sheehan. 'Viking Expansion and Cultural Blending in Britain and Ireland', in William W. Fitzhugh and Elisabeth I. Ward (eds): *Vikings: The North Atlantic Saga*, 127-141. Washington, DC and London: Smithsonian Institution Press in association with National Museum of Natural History, 2000.

BBC. 'I Beat Pirates with a Hose and Sonic Cannon'. 17 May 2007; online at http://news.bbc.co.uk/1/hi/uk/6664677.stm (2018년 12월 2일 접속).

— 'France Raid Ship after Crew Freed'. 12 April 2008; online at http://news.bbc.co.uk/1/hi/world/africa/7342292.stm (2018년 12월 2일 접속).

— 'Air raid kills Somali militants'. 1 May 2008. http://news.bbc.co.uk/1/hi/world/africa/7376760.stm (2018년 12월 2일 접속).

— 'US to lead new anti-pirate force'. 8 January 2009. http://news.bbc.co.uk/1/hi/world/africa/7817611.stm (2018년 12월 2일 접속).

— 'Profile: Saleh Ali Saleh Nabhan'. 15 September 2009. http://news.bbc.co.uk/1/hi/8256024.stm (2018년 12월 2일 접속).

— 'Somali Pirate Leader "Big Mouth" Arrested in Belgium "Sting" '. 14 October 2013; online at http://www.bbc.co.uk/news/world-europe-24519520 (2018년 12월 2일 접속).

— 'Ahmed Abdi Godane: Somalia's killed al-Shabaab leader'. 9 September 2014. https://www.bbc.co.uk/news/world-africa-29034409 (2018년 12월 2일 접속).

— 'Migrant crisis: Who are Africa's people smugglers?' 23 April 2015. https://www.bbc.co.uk/news/world-europe-32381101 (2018년 12월 2일 접속).

— 'Somali pirates suspected of first ship hijacking since 2012'. 14 March 2017. https://www.bbc.co.uk/news/world-africa-39264343 (2018년 12월 2일 접속).

Beeson, Chris. 'Is Piracy still a Threat to Ocean Cruisers?' *Yachting Monthly*, 14 October 2016; online at http://www.yachtingmonthly.com/cruising-guides/piracy-still-threat-ocean- cruisers-52973 (2018년 12월 2일 접속).

Bernama. 'Zahid: Indonesia's Veep Hurt by "Bugis Pirate" Remark'. *Free Malaysia Today*, 21 October 2017; online at http://www.freemalaysiatoday.com/category/nation/2017/10/21/indonesias-vice-president-hurt-by-bugis-pirate-remark-says-zahid (2018년 12월 2일 접속).

Bernard, W.D. *Narrative of the Voyages and Services of the Nemesis from 1840 to 1843, and of the Combined Naval and Military Operations in China: Comprising a Complete Account of the Colony of Hong-Kong and Remarks on the Character & Habits of the Chinese.* London: Henry Colbourn, 1845 (2nd edition).

Bernstein, William. *A Splendid Exchange: How Trade Shaped the World.* London: Atlantic Books, 2008.

Best, George. *A True Discourse of the Late Voyages of Discoverie, for the Finding of a Passage to Cathaya, by the Northwest, under the Conduct of Martin Frobisher Generall: Divided into Three Bookes.* London: Henry Bynnyman, 1578 (e-book).

Bialuschewski, Arne. 'Between Newfoundland and the Malacca Strait: A Survey of the Golden Age of Piracy, 1695-1725'. *The Mariner's Mirror,* vol. 90, no. 2 (2004), 167-186.

— 'Pirates, Markets and Imperial Authority: Economic Aspects of Maritime Depredations in the Atlantic World, 1716-1726'. *Global Crime,* vol. 9, issue 1-2 (2008), 52-56.

Bicheno, Hugh. *Elizabeth's Sea Dogs: How the English Became the Scourge of the Seas.* London: Conway, 2012.

Biddulph, John. *The Pirates of Malabar* and *An Englishwoman in India Two Hundred Years Ago.* London, Smith, Elder & Co., 1907; online at https://archive.org/details/ piratesofmalabar00bidd (2018년 9월 17일 접속).

Binkley, Beatriz and Laura Smith. 'Somali Pirates: The Anatomy of Attacks'. *International Security Blog,* Matthew B. Ridgway Center for International Security Studies, 28 September 2010; online at http://research.ridgway.pitt.edu/blog/2010/09/28/pirate-attacks (2018년 12월 2일 접속).

Bjørgo, Tore. 'Introduction', in Tore Bjørgo (ed.): *Root Causes of Terrorism: Myths, Reality and Ways Forward,* 1-15. London and New York: Routledge, 2005.

Bockmann, Michelle Wiese. 'EU Navy Has Gunfire Exchange with Somali Pirates'. *Bloomberg Business Week,* 15 January 2012. https://archive.is/20120720192950/http://www. businessweek.com/news/2012-01-13/eu-navy-has-gunfire-exchange-with-somali-pirates. html (2018년 12월 2일 접속).

Bohn, Michael K. *The Achille Lauro Hijacking: Lessons in the Politics and Prejudice of Terrorism.* Dulles, VA: Brassey's, 2004.

Bouchon, Geneviève. 'The Maritime Economy and the Trading Companies', in Claude Markovits (ed.): *A History of Modern India, 1480–1950,* 132-149. London:

Anthem Press, 2004.

Boxer, Charles R. *The Portuguese Seaborne Empire, 1415–1825*. London: Hutchinson, 1969. Bracewell, Catherine W. *The Uskoks of Senj. Piracy, Banditry, and Holy War in the Sixteenth-Century Adriatic*. Ithaca, NY and London: Cornell University Press, 2010.

Bradford, Alfred S. *Flying the Black Flag: A Brief History of Piracy*. Westport, CT and London: Praeger, 2007.

Bradford, Ernle. *Mediterranean: Portrait of a Sea*. London: Penguin Books, 2000. Braudel, Fernand. *The Mediterranean and the Mediterranean World in the Age of Philip II*. Berkeley, Los Angeles and London: University of California Press, 1995 (2 vols).

Breverton, Terry. *Admiral Sir Henry Morgan: The Greatest Buccaneer of Them All*. Pontypridd: Wales Books, 2005.

Bridger, James. 'West African Piracy: Extreme Violence and Inadequate Security'. *gCaptain*, 12 May 2014; online at http://www.gcaptain.com/west-african-piracy-extreme-violence-inadequate-security/ (2018년 12월 2일 접속).

— 'The World's Most Violent Pirates'. *USNI News*, 21 May 2014; online at http://news.usni.org/2014/05/12/worlds-violent-pirates (2018년 12월 2일 접속).

British Forces TV. 'Anti-Piracy Success Puts Funding at Risk', 30 November 2012; online at https://youtu.be/60HLTHbqyOw (2018년 12월 2일 접속).

Bromley, J.S. 'Outlaws at Sea, 1660-1720: Liberty, Equality, and Fraternity among the Caribbean Freebooters', in C.R. Pennell (ed.): *Bandits at Sea: A Pirates Reader*, 169-194. New York and London: New York University Press, 2001.

Bueger, Christian. ' "Ocean Shield" Achieved its Mission'. *The Maritime Executive*, 2 January 2017. https://www.maritime-executive.com/blog/ocean-shield-achieved-its-mission(2018년 12월 2일 접속).

Burg, B.R. *Sodomy and the Pirate Tradition: English Sea Rovers in the Seventeenth-Century Caribbean*. New York and London: New York University Press, 1995.

Burgess, Glyn S. *Two Medieval Outlaws: Eustace the Monk and Fouke Fitz Waryn*. Cambridge: D.S. Brewer, 1997.

Buzan, Barry and Amitav Acharya (eds). *Non-Western International Relations Theory: Perspectives on and Beyond Asia*. London and New York: Routledge,

2010.

Buzan, Barry and Richard Little. *International Systems in World History: Remaking the Study of International Relations*. New York: Oxford University Press, 2000.

Cabell, Craig, Graham A. Thomas and Allan Richards. *Blackbeard. The Hunt for the World's Most Notorious Pirate.* Barnsley: Pen & Sword Books, 2012.

Campbell, Penny. 'A Modern History of the International Legal Definition of Piracy', in Bruce A. Elleman, Andrew Forbes and David Rosenberg (eds): *Piracy and Maritime Crime: Historical and Modern Case Studies*, 19-32. Newport, RI: Naval War College Press, 2010.

Cannon, Henry L. 'The Battle of Sandwich and Eustache the Monk'. *English Historical Review*, vol. 27, issue 108 (1912), 649-670.

Capp, Bernard. 'Whetstone, Sir Thomas'. *Oxford Dictionary of National Biography*. Oxford: Oxford University Press, 2004; online at www.oxforddnb.com/view/article/51090 (2018년 12월 2일 접속).

Casson, Lionel. *Ships and Seafaring in Ancient Times.* London: British Museum Press, 1994. Chakma, Anurag. 'Maritime Piracy in Bangladesh'. *International Policy Digest*, 24 June 2014; online at http://www.internationalpolicydigest.org/2014/06/24/maritime-piracy-bangladesh/ (2018년 12월 2일 접속).

Chakrabarty, Dipesh. *Provincializing Europe.* Princeton, NJ: Princeton University Press, 2000. Chalk, Peter. *Grey-Area Phenomena in Southeast Asia: Piracy, Drug Trafficking and Political Terrorism.* Canberra Papers on Strategy and Defence, no. 123, 1997.

Chase, Kenneth. *Firearms. A Global History to 1700.* Cambridge: Cambridge University Press, 2003.

Chauvel, Richard. *Nationalists, Soldiers and Separatists: The Ambonese Islands from Colonialism to Revolt 1880–1950.* Leiden: Koninklijk Instituut voor Taal-, Land-, en Volkenkunde, 1990 (2nd edition).

Childs, David. *Pirate Nation: Elizabeth I and Her Royal Sea Rovers.* Barnsley: Seaforth Publishing, 2014.

Chin, James K. 'Merchants, Smugglers, and Pirates: Multinational Clandestine Trade on the South China Coast, 1520-1550', in Robert J. Antony (ed.): *Elusive Pirates, Pervasive Smugglers: Violence and Clandestine Trade in the Greater China Seas*, 43-57. Hong Kong: Hong Kong University Press, 2010.

Chomsky, Noam. *Pirates & Emperors: International Terrorism in the Real World.* Brattleboro, VT: Amana Books, 1990.

Christensen, Arne Emil. 'Ships and Navigation', in William W. Fitzhugh and Elisabeth I. Ward (eds): *Vikings: The North Atlantic Saga*, 86-97. Washington, DC and London: Smithsonian Institution Press in association with National Museum of Natural History, 2000.

Cigar, Norman. *The Jihadist Maritime Strategy: Waging a Guerrilla War at Sea.* Middle East Studies Monograph 8. Quantico, VA: Marine Corps University, May 2017; online at https:// www.hsdl.org/?abstract&did=800948 (2018년 12월 2일 접속).

Clarke, Ronald and Derek Cornish. 'Modeling Offenders' Decisions: A Framework for Research and Policy'. *Crime and Justice: An Annual Review of Research*, vol. 6 (1985), 147-185.

Clements, Jonathan. *Coxinga and the Fall of the Ming Dynasty.* Phoenix Mill: Sutton Publishing, 2005.

Clements, William H. *Towers of Strength: Martello Towers Worldwide.* London: Pen & Sword, 1998. Coffen-Smout, Scott. 'Pirates, Warlords and Rogue Fishing Vessels in Somalia's Unruly Seas'. *Chebucto Community Net*, undated. http:// www.chebucto.ns.ca/~ar120/somalia.html (2018년 12월 2일 접속).

Colás, Alejandro and Bryan Mabee (eds). *Mercenaries, Pirates, Bandits and Empires: Private Violence in Historical Context.* London: Hurst & Company, 2010.

Collier, Paul and Anke Hoeffler. 'Greed and Grievance in Civil War'. Policy Research Working Paper 2355. The World Bank Development Research Group, May 2000; online at http://documents.worldbank.org/curated/en/359271468739530199/pdf/multi-page.pdf (2018년 12월 2일 접속).

Collis, Maurice. *Siamese White.* London: Faber and Faber, 1936.

Combined Maritime Forces. 'CTF 151: Counter-piracy'. *Combined Maritime Forces* (CMF), undated. https://combinedmaritimeforces.com/ctf-151-counter-piracy/ (2018년 12월 2일 접속).

— 'Singapore Takes Command of Counter Piracy Combined Task Force 151'. *Combined Maritime Forces* (CMF), 1 July 2018. https://combinedmaritimeforces.com/2018/07/01/ singapore-takes-command-of-counter-piracy-combined-task-force-151/ (accessed 2 December 2018).

Connett, David. 'Robot Ships to Transform Life on the Ocean Waves'. *i Newspaper*, 3 June 2017; online at https://www.pressreader.com/uk/i-newspaper/20170603/282299615132458 (2018년 12월 2일 접속).

Conrad, Joseph. *The Rescue*. London: J.M. Dent and Sons, 1920.

Contreras, Alonso de. *The Adventures of Captain Alonso de Contreras: A 17th Century Journey*. Translated and annotated by Philip Dallas. New York: Paragon House, 1989 (originally published 1633).

Coote, Stephen. *Drake: The Life and Legend of an Elizabethan Hero*. London: Simon & Schuster, 2003.

Corbett, Julian S. *England in the Mediterranean: A Study of the Rise and Influence of British Power within the Straits 1603–1713*, vol. 1. London, New York and Bombay: Longmans, Green, and Co., 1904.

Cordingly, David. *Life Among the Pirates: The Romance and the Reality*. London: Abacus, 2011.

— *Pirate Hunter of the Caribbean: The Adventurous Life of Captain Woodes Rogers*. New York: Random House, 2012.

Cordingly, David (ed.). *Pirates. Terror on the High Seas – From the Caribbean to the South China Sea*. East Bridgewater, MA: World Publications Group, 2007.

Croft, Adrian. 'World Must Not Let up Pressure on Somali Pirates - NATO'. *Reuters*, 17 December 2017; online at http://uk.reuters.com/article/2012/12/17/uk-somalia-piracy- idUKBRE8BG10U20121217 (2018년 12월 2일 접속).

Dampier, William. *A New Voyage Round the World: Describing Particularly . . .* London: James Knapton, 1697-1703 (3 vols; e-book).

Davies, Wendy (ed.). *From the Vikings to the Normans* (The Short Oxford History of the British Islands Series). Oxford: Oxford University Press, 2003.

Davis, Ralph. *The Rise of the English Shipping Industry in the Seventeenth and Eighteenth Centuries*. London: Macmillan & Co., 1962.

de Bry, John. 'Christopher Condent's *Fiery Dragon*', in Russell K. Skowronek and Charles R. Ewen (eds): *X Marks the Spot: The Archaeology of Piracy*, 100-130. Gainesville, FL: University Press of Florida, 2006.

Defoe, Daniel. *A General History of the Pyrates*. Edited and with a new postscript by Manuel Schonhorn. Mineola, NY: Dover Publications, 1999 (originally published

1724).

Dermigny, Louis. *La Chine et l'Occident. Le Commerce à Canton au XVIIIe siècle, 1719–1833. Tome 1.* Paris: S.E.V.P.E.N, 1964 (4 vols).

Diaz de Gamez, Gutierre. *The Unconquered Knight: A Chronicle of the Deeds of Don Pero Niño, Count of Buelna.* Woodbridge: Boydell Press, 2004 (reprint of the 1928 edition, original manuscript *c.* 1449).

Dickson, Caitlin. 'The Pirate Negotiator'. *Daily Beast*, 14 November 2013; online at http://www.thedailybeast.com/articles/2013/11/14/the-pirate-negotiator.html (2018년 12월 2일 접속).

Dow, George F. and John H. Edmonds. *The Pirates of the New England Coast 1630–1730.* Mineola, NY: Dover Publications, 1996 (originally published 1923).

Downing, Clement. *A Compendious History of the Indian Wars; with an Account of the Rise, Progress, Strength, and Forces of Angria the Pirate.* London: T.C. Cooper, 1737.

Dreyer, Edward L. *Zheng He: China and the Oceans in the Early Ming Dynasty – 1405–1433.* New York: Pearson Longman, 2007.

Dugaw, Dianne. *Warrior Women and Popular Balladry, 1650–1850.* Cambridge: Cambridge University Press, 1989.

Duguay-Trouin, René. *Les campagnes de Monsieur Duguay-Trouin: descrites et illustrées pour servir l'instruction des Jeunes Marins du Roy.* Paris: Le Gouaz, undated (reprinted 1957).

Dutton, Yvonne M. 'Maritime Piracy and the Impunity Gap: Domestic Implementation of International Treaty Provisions', in Michael J. Struett, John D. Carlson and Mark T. Nance (eds): *Maritime Piracy and the Construction of Global Governance*, 71-95. London and New York: Routledge, 2013. arl, George Windsor. *The Eastern Seas: Or, Voyages and Adventures in the Indian Archipelago, in 1832–1833–1834, Comprising a Tour of the Island of Java – Visits to Borneo, the Malay Peninsula, Siam . . .* London: Wm H. Allen and Co., 1837 (Ulan Press OCR manuscript).

Earle, Peter. *Corsairs of Malta and Barbary.* London: Sidgwick & Jackson, 1970.

— *The Sack of Panama.* London: Jill Norman & Hobhouse, 1981.

— *The Pirate Wars.* London: Methuen, 2004.

Ebert, Frank. 'Deutschland macht Seeräubern den Prozess'. *Legal Tribune Online*, 22 November 2010; online at https://www.lto.de/recht/hintergruende/h/moderne-piraterie- deutschland-macht-seeraeubern-den-prozess/ (2018년 12월 2일 접속).

The Economist. 'When Pirates Are Not So Bold'. 6 October 1984.

Eichstaedt, Peter. *Pirate State: Inside Somalia's Terrorism at Sea*. Chicago, IL: Lawrence Hill Books, 2010.

Eickhoff, Ekkehard. 'Maritime Defence of the Carolingian Empire', in Rudolf Simek and Ulrike Engel (eds): *Vikings on the Rhine: Recent Research on Early Medieval Relations between the Rhinelands and Scandinavia*, 51-64. Vienna: Fassbaender, 2004.

Ekin, Des. *The Stolen Village: Baltimore and the Barbary Pirates.* Dublin: The O'Brien Press, 2008.

Eklöf, Stefan. *Pirates in Paradise: A Modern History of Southeast Asia's Maritime Marauders.* Copenhagen: NIAS Press, 2006.

Elleman, Bruce A., Andrew Forbes and David Rosenberg. 'Introduction', in Bruce A. Elleman, Andrew Forbes and David Rosenberg (eds): *Piracy and Maritime Crime. Historical and Modern Case Studies*, 1-18. Naval War College Newport Papers 35. Newport, RI: Naval War College Press, 2010.

Englert, Anton and Athena Trakadas (eds). *Wulfstan's Voyage: The Baltic Sea region in the Early Viking Age as Seen from Shipboard.* Roskilde: Viking Ship Museum, 2009.

EU NAVFOR. *Media Information: EU Naval Operation Against Piracy*, 10 April 2012; online at http://eunavfor.eu/wp-content/uploads/2012/04/20120410_EUNAVFOR_Media_ Brochure.pdf (2018년 12월 2일 접속).

— 'Mission'. Undated. https://eunavfor.eu/mission/ (2018년 12월 2일 접속). Exquemelin, Alexandre. *Bucaniers of America, or, A true Account of the Most Remarkable Assaults Committed of Late Years upon the Coasts of the West-Indies by the Bucaniers of Jamaica and Tortuga, both English and French.* London: William Crooke, 1684.

Fa-Hsien. *The Travels of Fa-Hsien (399–414 AD), or Record of the Buddhistic Kingdoms: Re-translated by H.A. Giles, M.A.* Cambridge: Cambridge University Press, 1923.

Farris, William Wayne. *Heavenly Warriors: The Evolution of Japan's Military, 500–1300.* Cambridge, MA and London: Harvard University Press, 1995.

Fenton, James. 'Sailing By: James Fenton on Sex Slavery on the High Seas'. *Guardian*, 25 February 2006; online at http://www.theguardian.com/books/2006/feb/25/featuresreviews.guardianreview34 (2018년 12월 2일 접속).

Fernández-Armesto, Felipe. *Civilizations: Culture, Ambition, and the Transformation of Nature.* New York: The Free Press, 2001.

Fitzhugh, William W. and Elisabeth I. Ward (eds). *Vikings: The North Atlantic Saga.* Washington, DC and London: Smithsonian Institution Press in association with National Museum of Natural History, 2000.

Foote, Peter and David M. Wilson. *The Viking Achievement: The Society and Culture of Early Medieval Scandinavia.* London: Sidgwick & Jackson, 1970.

Foreign and Commonwealth Office (UK) and Rt Hon Alistair Burt MP. 'International action against piracy', 21 January 2013; online at https://www.gov.uk/government/speeches/ international-action-against-piracy (2018년 12월 2일 접속).

Forte, Angelo, Richard Oram and Frederik Pedersen. *Viking Empires.* Cambridge: Cambridge University Press, 2005.

Frank, Roberta. 'Viking Atrocity and Skaldic Verse: The Rite of the Blood Eagle'. *English Historical Review*, vol. 99, no. 391 (April 1984), 332-343.

Frécon, Eric. 'Piracy and Armed Robbery at Sea along the Malacca Straits: Initial Impressions from Fieldwork in the Riau Islands', in Graham G. Ong-Webb (ed.): *Piracy, Maritime Terrorism, and Securing the Malacca Straits*, 68-83. Singapore: ISEAS, 2006.

Freeman, Donald B. *The Straits of Malacca: Gateway or Gauntlet?* Montreal: McGill-Queens University Press, 2003.

Fremont-Barnes, Gregory. *The Wars of the Barbary Pirates: To the Shores of Tripoli – The Rise of the US Navy and Marines.* Oxford: Osprey Publishing, 2006.

Gardiner, Robert (ed.). *The Heyday of Sail: The Merchant Sailing Ship 1650–1830.* London: Brassey's/Conway Maritime Press, 1995.

gCaptain. 'Chemical Tanker Attacked by Pirates Off Somalia'. 23 February 2018. https:// gcaptain.com/chemical-tanker-attacked-by-pirates-off-somalia/ (2018년 12월 2일 접속).

Geiss, Robin and Anna Petrig. *Piracy and Armed Robbery at Sea: The Legal Framework for Counter-Piracy Operations in Somalia and the Gulf of Aden.* Oxford and New York: Oxford University Press, 2011.

Ghee, Lim Teck. 'Conflict over Natural Resources in Malaysia: The Struggle of Small-Scale Fishermen', in Lim Teck Ghee and Mark J. Valencia (eds): *Conflict over Natural Resources in South-East Asia and the Pacific*, 145-181. Singapore: Oxford University Press, 1990.

Giddens, Anthony. *A Contemporary Critique of Historical Materialism*, vol. 2: *The Nation-State and Violence.* Berkeley and Los Angeles, CA: University of California Press, 1985.

Glete, Jan (ed.). *Naval History 1500–1680.* Aldershot: Ashgate, 2005.

Glüsing, Jens, Udo Ludwig and Wieland Wagner. 'Regelrecht abgeschlachtet', *Der Spiegel* 34, 20 August 2001, 68-74.

Gordon, Stewart. *The Marathas 1600–1818.* (The New Cambridge History of India, vol. 2/4). Cambridge: Cambridge University Press, 1993.

Gosse, Philip. *The Pirates' Who's Who: Giving Particulars of the Lives & Deaths of the Pirates & Buccaneers.* New York: Burt Franklin, 1924; online at http://www.gutenberg.org/ files/19564/19564-h/19564-h.htm (2018년 12월 2일 접속).

— *The History of Piracy.* New York: Tudor Publishing Company, 1932.

Gould, Harry D. 'Cicero's Ghost: Rethinking the Social Construction of Piracy', in Michael J. Struett, John D. Carlson and Mark T. Nance (eds): *Maritime Piracy and the Construction of Global Governance*, 23-46. London and New York: Routledge, 2013.

Griggs, Mary Beth. 'Robot Ships and Pepper Spray: The Latest in Pirate-Fighting Tech'. *Smithsonian.com SmartNews*, 13 October 2014; online at https://www.smithsonianmag. com/smart-news/robot-ships-and-pepper-spray-latest-pirate-fighting-tech-180953000 (2018년 12월 2일 접속).

Guilmartin Jr, John F. *Galleons and Galleys.* London: Cassell & Co., 2002.

Hajari, Nisid. 'Bungles in the Jungle'. *Time*, 11 September 2000. http://content.time.com/time/world/article/0,8599,2039805,00.html (2018년 12월 2일 접속).

Hakluyt, Richard. *The Principal Navigations, Voyages, Traffiques & Discoveries of the English Nation, made by Sea or Over Land.* London: George Bishop and

Ralph Newberie, 1589 (e-book).

Halsall, Paul. 'Abbo's Wars of Count Odo with the Northmen in the Reign of Charles the Fat'. Medieval Sourcebook. New York: Fordham University, 2011; online at http://www.fordham.edu/halsall/source/843bertin.asp#abbo (2018년 12월 2일 접속).

Hamilton, Donny. 'Pirates and Merchants: Port Royal, Jamaica', in Russell K. Skowronek and Charles R. Ewen (eds): *X Marks the Spot: The Archaeology of Piracy*, 13-30. Gainesville, FL: University Press of Florida, 2006.

Hampden, John (ed.). *Francis Drake, Privateer: Contemporary Narratives and Documents.* London: Eyre Methuen, 1972.

Hansen, Magnus Boding. 'The Somali Pirates are Back (SPOILER ALERT: They Never Really Left)'. *IRIN News*, 19 July 2017; online at http://www.irinnews.org/feature/2017/07/19/ somali-pirates-are-back-spoiler-alert-they-never-really-left (2018년 12월 2일 접속).

Hastings, Justin V. 'Geographies of State Failure and Sophistication in Maritime Piracy Hijackings'. *Political Geography*, vol. 28, issue 4 (2009), 213-223.

Hawkins, Richard. *The observations of Sir Richard Havvkins Knight, in his voyage into the South Sea. Anno Domini 1593* [electronic book]. London: Printed by I[ohn] D[awson] for Iohn Iaggard, and are to be sold at his shop at the Hand and the Starre in Fleete-streete, neere the Temple Gate, 1622.

Haywood, Robert and Roberta Spivak. *Maritime Piracy.* London and New York: Routledge, 2012.

Hebb, David D. *Piracy and the English Government, 1616–1642.* Aldershot: Scolar Press, 1994. Hedeager, Lotte. 'From Warrior to Trade Economy', in William W. Fitzhugh and Elisabeth I. Ward (eds): *Vikings: The North Atlantic Saga*, 84-85. Washington, DC and London: Smithsonian Institution Press in association with National Museum of Natural History, 2000.

Heers, Jacques. *The Barbary Corsairs: Warfare in the Mediterranean, 1480–1580.* London: Greenhill Books, 2003.

Heinsius, Paul. *Das Schiff der Hansischen Frühzeit.* Weimar: Verlag Hermann Böhlaus Nachfolger, 1956.

Heinze, Eric H. 'A "Global War on Piracy"? International Law and the Use of Force against Sea Pirates', in Michael J. Struett, John D. Carlson and Mark T. Nance (eds): *Maritime Piracy and the Construction of Global Governance*, 47-70. London and New York: Routledge, 2013.

Hellyer, Robert. 'Poor but Not Pirates: The Tsushima Domain and Foreign Relations in Early Modern Japan', in Robert J. Antony (ed): *Elusive Pirates, Pervasive Smugglers. Violence and Clandestine Trade in the Greater China Seas*, 115-126. Hong Kong: Hong Kong University Press, 2010.

Herbert-Burns, Rupert. 'Compound Piracy at Sea in the Early Twenty-First Century: A Tactical to Operational-Level Perspective on Contemporary, Multiphase Piratical Methodology', in Peter Lehr (ed.): *Violence at Sea. Piracy in the Age of Global Terrorism*, 95-120. London and New York: Routledge, 2011 (paperback edition).

Higgins, Roland L. 'Pirates in Gowns and Caps: Gentry Law-Breaking in the Mid-Ming'. *Ming Studies*, vol. 1980, no. 1 (1980), 30-37.

Hill, John E. *Through the Jade Gate to Rome: A Study of the Silk Routes during the Later Han Dynasty, 1st to 2nd Centuries CE.* Charleston, SC: Book Surge Publishing, 2009.

Hobsbawm, Eric. *Bandits.* London: Abacus, 2012 (reprint).

Hollander, Lee. *Heimskringla: History of the Kings of Norway.* Austin, TX: University of Texas Press, 2009 (7th edition).

Hourani, George F. *Arab Seafaring in the Indian Ocean in Ancient and Early Medieval Times.* Princeton, NJ: Princeton University Press, 1995.

Hreinsson Viðar et al. (eds). *The Complete Sagas of Icelanders: Including 49 Tales.* Reykjavík: Leifur Eiríksson, 1997.

Hucker, Charles O. 'Hu Tsung-hien's Campaign against Hsu Hai', in Frank A. Kiernan Jr and John K. Fairbank (eds): *Chinese Ways in Warfare*, 273-311. Cambridge: Cambridge University Press, 1974.

Hunter, Robyn. 'Somali Pirates Living the High Life'. BBC, 28 October 2008; online at http://news.bbc.co.uk/1/hi/world/africa/7650415.stm (2018년 12월 2일 접속).

Huntingford, George W.B (trans. and ed.). *The Periplus of the Erythraean Sea, by an Unknown Author, with Some Extracts from Agatharkhides 'On the Erythraean Sea'.* London: Hakluyt Society, 1980.

Hympendahl, Klaus. *Pirates Aboard! 40 Cases of Piracy Today and what Bluewater*

Cruisers Can Do About It. Dobbs Ferry, NY: Sheridan House, 2003.

IMO. *Djibouti Code of Conduct. Project Implementation Unit.* Maritime Safety Division, June 2011-January 2012; online at http://www.imo.org/en/OurWork/ Security/PIU/ Documents/PIU_Brochure_1st_edition.pdf (2018년 12월 2일 접속).

— *Somali Piracy Warning for Yachts*, 2013; online at http://www.imo.org/en/ OurWork/Security/PiracyArmedRobbery/Guidance/NonIMO%20Piracy%20 Guidance/ Yachting%20Piracy%20Bulletin%20Final%20Version.pdf (2018년 12월 2 일 접속).

Isenberg, David. 'The Rise of Private Maritime Security Companies'. *Huffpost Business*, 29 July 2012; online at http://www.huffingtonpost.com/david-isenberg/private-military- contractors_b_1548523.html (2018년 12월 2일 접속).

iWitness News. 'Murder of German Sailor "Another Nail" in St. Vincent's "Economic Coffin" '. 7 March 2016. https://www.iwnsvg.com/2016/03/07/murder-of-german-sailor-another-nail-in-st-vincents-economic-coffin/ (2018년 12월 2일 접속).

Jameson, John Franklin. *Privateering and Piracy in the Colonial Period.* New York: August M. Kelly Publishers, 1970 (reprint of the 1923 edition; e-book).

Jamieson, Alan G. *Lords of the Sea: A History of the Barbary Corsairs.* London: Reaktion Books, 2012.

Jensen, Richard Bach (2001): 'The United States, International Policing and the War against Anarchist Terrorism, 1900-1914', *Terrorism and Political Violence*, vol. 13, no. 1 (Spring 2001), 15-46.

Jimoh, Akinsola. 'Maritime Piracy and Lethal Violence Offshore in Nigeria'. IFRA-Nigeria Working Papers Series, no. 51, 30 June 2015; online at http://www. nigeriawatch.org/ media/html/WP2Jimoh.pdf (2018년 12월 2일 접속).

Johnson, Charles. *A General History of the Pyrates.* Edited and with a new postscript by Manuel Schonhorn. Mineola, NY: Dover Publications, 1999 (original manuscript 1724).

Kaiser, Wolfgang and Guillaume Calafat. 'Violence, Protection and Commerce: Corsairing and *Ars Piratica* in the Early Modern Mediterranean', in Stefan Eklöf Amirell and Leos Müller (eds): *Persistent Piracy: Maritime Violence and State-Formation in Global Historical Perspective*, 69-92. London: Palgrave Macmillan, 2014.

Kamal-Deen, Ali. 'The Anatomy of Gulf of Guinea Piracy'. *Naval War College Review*, vol. 68, no. 1 (Winter 2015).

Karraker, Cyrus H. *Piracy Was a Business*. Rindge, NH: Richard R. Smith, 1953. Kashubsky, Mikhail. 'Offshore Energy Force Majeure: Nigeria's Local Problem with Global Consequences'. *Maritime Studies*, issue 160 (2008), 20-26.

Keay, John. *The Honourable Company: A History of the English East India Company*. London: HarperCollins, 1993.

Keen, Maurice. *The Outlaws of Medieval Legend*. London: Routledge & Kegan Paul, 1987. Kelly, Thomas E. 'Eustache the Monk', in Thomas H. Ohlgren (ed.): *Medieval Outlaws*, 61-98. Phoenix Mill: Sutton Publishers, 1998.

Kelsey, Harry. *Sir Francis Drake. The Queen's Pirate*. New Haven and London: Yale University Press, 2000.

Kennedy, Hugh. *Mongols, Huns and Vikings: Nomads at War*. London: Cassell, 2002.

Keppel, Henry. *The Expedition to Borneo of H.M.S. Dido: The Royal Navy, Rajah Brooke and the Malay Pirates & Dyak Head-Hunters, 1843 – Two Volumes in 1 Special Edition*. Driffield: Leonaur, 2010 (original manuscript 1843).

Klausmann, Ulrike, Marion Meinzerin and Gabriel Kuhn. *Women Pirates and the Politics of the Jolly Roger*. Montreal, New York and London: Black Rose Books, 1997.

Koburger, Charles W. 'Selamat Datang, Kapitan: Post-World War II Piracy in the South China Sea', in Bruce A. Elleman, Andrew Forbes and David Rosenberg (eds): *Piracy and Maritime Crime: Historical and Modern Case Studies*, 65-77. Newport, RI: Naval War College Press, 2010.

Koester, Thomas. 'Human Error in the Maritime Working Domain'. Danish Maritime Institute, undated.

Koh, Jeremy. 'Drop in piracy in regional waters'. *The Straits Times*, 20 September 2016. https:// www.straitstimes.com/singapore/drop-in-piracy-in-regional-waters (2018년 12월 2일 접속).

Konrad, John. 'The Protector: Anti Piracy Robot'. *gCaptain*, 10 December 2007; online at http://gcaptain.com/the-protector-anti-piracy-robot/ (2018년 12월 2일 접속).

Konstam, Angus. *The History of Pirates*. Guilford, CO: Lyons Press, 2002.

— *Blackbeard: America's Most Notorious Pirate*. Hoboken, NJ: John Wiley & Sons, 2006. Kontorovich, Eugene. ' "A Guantanamo on the Sea": The Difficulty of Prosecuting Pirates and Terrorists'. *California Law Review*, issue 98 (2010), 243-276.

Kotiuk, Krzysztof. *'Frohe Ostern Hansa Stavanger': 121 Tage in der Hand von Piraten*. Hamburg: Delius Klasing, 2010.

Kraska, James. *Contemporary Maritime Piracy: International Law, Strategy, and Diplomacy at Sea*. Santa Barbara, CA, Denver, CO and Oxford: Praeger, 2011.

Kuhlmann, Jeffrey. 'Piracy: Understanding the Real Threat'. *Counterterrorism: Journal of Counterterrorism and Homeland Security International*, vol. 15, no. 4 (Winter 2009/2010): 36.

Lambert, Andrew. 'The Limits of Naval Power: The Merchant Brigg *Three Sisters*, Riff Pirates, and British Battleships', in Bruce A. Elleman, Andrew Forbes and David Rosenberg (eds): *Piracy and Maritime Crime: Historical and Modern Case Studies*, 173-190. Naval War College Newport Papers 35. Newport, RI: Naval War College Press, 2010.

Lambert, Frank. *The Barbary Wars: American Independence in the Atlantic World*. New York: Hill and Wang, 2005.

Lane, Frederic C. 'Venetian Merchant Galleys, 1300-1334: Private and Communal Operation'. *Speculum: A Journal of Medieval Studies*, vol. 38, no. 2 (April 1963), 179-205.

Lane, Kris E. *Blood and Silver: A History of Piracy in the Caribbean and Central America*. Oxford: Signal Books, 1999.

Lane-Poole, Stanley. *The Story of the Barbary Corsairs*. General Books, 2009 (originally published 1891).

Leeson, Peter T. *The Invisible Hook. The Hidden Economics of Pirates*. Princeton, NJ and Oxford: Princeton University Press, 2009.

Le Golif, Louis Adhemar Timotheé. *The Memoirs of a Buccaneer; Being the Wondrous and Unrepentant Account of the Prodigious Adventures and Amours of King Louis XVI's Loyal Servant Louis Adhemar Timotheé Le Golif, Told by Himself*. London: Allen & Unwin, 1954.

Lehr, Peter. 'Maritime Piracy as a US Foreign Policy Problem', in Ralph G. Carter (ed.): *Contemporary Cases in US Foreign Policy: From Terrorism to Trade*, 200-228. Washington, DC: CQ Press, 2011 (4th edition).

—'Somali Piracy and International Crime', in Emma Leonard and Gilbert Ramsay (eds): *Globalizing Somalia: Multilateral, International, and Transnational Repercussions of Conflict*, 116-137. London and New York: Bloomsbury, 2013.

Lehr, Peter and Hendrick Lehmann. 'Somalia: Pirates' New Paradise', in Peter Lehr (ed.): *Violence at Sea: Piracy in the Age of Global Terrorism*, 1-22. London and New York: Routledge, 2011.

Leur, Jacob Cornelis van. 'On Early Asian Trade', in Jacob C. van Leur: *Indonesian Trade and Society: Essays in Asian Social and Economic History*, 1-144. The Hague and Bandung: W. van Hove Publishers, 1955.

Levander, Oskar. 'Forget Autonomous Cars: Autonomous Ships Are Almost Here'. *IEEE Spectrum*, 28 January 2017; online at https://spectrum.ieee.org/transportation/marine/ forget-autonomous-cars-autonomous-ships-are-almost-here (2018년 12월 2일 접속).

Levathes, Louise. *When China Ruled the Seas: The Treasure Fleet of the Dragon Throne, 1405–1433*. Oxford: Oxford University Press, 1996.

Lewis, Diane. 'The Growth of the Country Trade to the Straits of Malacca 1760-1777'. *Journal of the Malayan Branch of the Royal Asiatic Society (JMBRAS)*, vol. 43 (1970), 115-118.

Lilius, Aleko E. *I Sailed with Chinese Pirates.* Hong Kong: Earnshaw Books, 1930 (reprinted 2009).

Lim, Ivy M. 'From *Haijin* to *Kaihai:* The Jiajing Court's Search for a *Modus Operandi* along the South-Eastern Coast (1522-1567)'. *Journal of the British Association for Chinese Studies*, vol. 2 (July 2013), 1-26.

Liss, Carolin. 'Maritime Piracy in Southeast Asia'. *Southeast Asian Affairs* (2003), 52-68.

—'The Challenges of Piracy in Southeast Asia and the Role of Australia'. *APSNet Policy Forum*, 25 October 2007; online at www.nautilus.org/apsnet/the-challenges-of-piracy-in-southeast-asia-and-the-role-of-australia/#axzz35qy1AaU9 (2018년 12월 2일 접속).

Little, Benerson. *The Sea Rover's Practice: Pirate Tactics and Techniques, 1630–*

1730. Washington, DC: Potomac Books, 2007.

—*Pirate Hunting: The Fight Against Pirates, Privateers, and Sea Raiders from Antiquity to the Present.* Washington, DC: Potomac Books, 2010.

Lizé, Patrick. 'Piracy in the Indian Ocean: Mauritius and the Pirate Ship *Speaker*', in Russell K. Skowronek and Charles R. Ewen (eds): *X Marks the Spot: The Archaeology of Piracy*, 81-99. Gainesville, FL: University Press of Florida, 2006.

Lloyd, Christopher. *English Corsairs on the Barbary Coast.* London: Collins, 1981.

Loades, David. *England's Maritime Empire: Seapower, Commerce and Policy 1490–1690.* Harlow: Pearson Education, 2000.

Lunsford-Poe, Virginia West. *Piracy and Privateering in the Golden Age Netherlands.* New York and Basingstoke: Palgrave Macmillan, 2005.

Lupsha, Peter. 'Transnational Organized Crime versus the Nation-State'. *Transnational Organized Crime*, vol. 2, no. 1 (Spring 1996), 21-48.

Luttrell, Anthony. 'The Hospitallers at Rhodes, 1306-1421', in Harry W. Hazard (ed.): *A History of the Crusades*, vol. 3: *The Fourteenth and Fifteenth Centuries*, 278-313. Madison, WI: University of Madison Press, 1975.

Mabee, Brian. 'Pirates, Privateers and the Political Economy of Private Violence'. *Global Change, Peace & Security*, vol. 21, no. 2 (June 2009), 139-152.

Magnusson, Magnus. *Vikings!* London, Sydney and Toronto: The Bodley Head, 1980. Mainwaring, Sir Henry. 'Of the Beginnings, Practices, and Suppression of Pirates', in G.E.

Manwaring and W.G. Perrin: *The Life and Works of Sir Henry Mainwaring*, vol. 2, 3-52. London: Navy Records Society, 1922 (original manuscript 1617).

Mann, Michael. *The Sources of Social Power*, vol. 1: *A History of Power from the Beginning to* ad *1760.* Cambridge, MA: Cambridge University Press, 2012 (new edition).

Manwaring, George E. (ed.). *The Life and Works of Sir Henry Mainwaring*, Volume I. London: Navy Records Society, 1920.

MAREX. 'Chinese Navy Hands Pirates Over to Somali Authorities'. *The Maritime Executive*, 8 May 2017. https://www.maritime-executive.com/article/chinese-navy-hands-pirates-over-to-somali-authorities (2018년 12월 2일 접속).

Maritime Foundation. 'Tackling piracy in the Gulf of Aden'. 28 October 2009.

https://www.maritimefoundation.uk/2009/tackling-piracy-in-the-gulf-of-aden/ (2018년 12월 2일 접속).

Maritime Herald. 'Sinking of Very Large Ore Carrier Stellar Daily in South Atlantic Was Confirmed', 1 April 2017; online at http://www.maritimeherald.com/2017/sinking-of-very-large-ore-carrier-stellar-daily-in-south-atlantic-was-confirmed/ (2018년 12월 2일 접속).

Marley, David F. Modern Piracy: A Reference Handbook. Santa Barbara, CA: ABC-CLIO, 2011.

Marsden, John. The Fury of the Northmen: Saints, Shrines and Sea-Raiders in the Viking Age, ad 793–878. London: Kyle Cathie Ltd, 1996.

Marshall, Adrian G. Nemesis: The First Iron Warship and Her World. Singapore: Ridge Books, 2016. Marx, Jenifer G. 'Brethren of the Coast', in David Cordingly (ed.): Pirates. Terror on the High Seas – From the Caribbean to the South China Sea, 36-57. East Bridgewater, MA: World Publications Group, 2007.

Marx, Robert F. Port Royal: The Sunken City. Southend-on-Sea: Aqua Press, 2003 (2nd edition). Masefield, John. On the Spanish Main. Or, Some English Forays on the Isthmus of Darien, with a Description of the Buccaneers and a Short Account of Old-Time Ships and Sailors. London: Methuen & Co., 1906.

Matthew Paris, Matthew Paris's English History from the Year 1235 to 1273. Translated by J.A. Giles. London: Henry G. Bohn, 1852-1854 (3 vols).

McDermott, James (ed.). The Third Voyage of Martin Frobisher to Baffin Island, 1578. London: Hakluyt Society, 2001.

MEBA. 'Don't Give Up the Ship! Quick Thinking and a Boatload of Know-How Saves the Maersk Alabama'. MEBA Marine Officers Magazine (Summer 2009); online at http://www.mebaunion.org/assets/1/6/The_Story_of_the_MAERSK_ALABAMA.PDF (2018년 12월 2일 접속).

Meier, Dirk. Seafarers, Merchants and Pirates in the Middle Ages. Woodbridge: The Boydell Press, 2006.

Miller, Harry. Pirates of the Far East. London: Robert Hale and Co., 1970.

Ministry of Foreign Affairs (Japan). Regional Cooperation Agreement on Combating Piracy and Armed Robbery against Ships in Asia. Tokyo: Ministry of Foreign Affairs, undated; online at http://www.mofa.go.jp/mofaj/gaiko/kaiyo/pdfs/kyotei_s.pdf (2018년 12월 2일 접속).

Mitchell, David. *Pirates*. London: Thames and Hudson, 1976.

Morris, Christopher. 'The Viking Age in Europe', in William W. Fitzhugh and Elisabeth I. Ward (eds): *Vikings: The North Atlantic Saga*, 99-102. Washington, DC and London: Smithsonian Institution Press in association with National Museum of Natural History, 2000.

MSC-HOA. 'The Maritime Security Centre - Horn of Africa (MSCHOA). Safeguarding trade through the High Risk Area'. *MSC HOA* 2018. https://on-shore.mschoa.org/about- mschoa/ (2018년 12월 2일 접속).

— *BMP 4: Best Management Practices for Protection against Somalia Based Piracy – Version 4 – August 2011*. Edinburgh: Witherby Publishing Group, 2011; online at http://eunavfor.eu/wp-content/uploads/2013/01/bmp4-low-res_sept_5_20111.pdf (2018년 12월 2일 접속).

Mueller, Gerhard O. W. and Freda Adler. *Outlaws of the Ocean: The Complete Book of Contemporary Crime on the High Seas*. New York: Hearst Marine Books, 1985.

MUNIN. 'MUNIN Results'. *Maritime Unmanned Navigation through Intelligence in Networks*(MUNIN). 2016. http://www.unmanned-ship.org/munin/about/munin-results-2/(2018년 12월 2일 접속).

Murphy, Martin. 'The Troubled Waters of Africa: Piracy in the African Littoral'. *Journal of the Middle East and Africa*, vol. 2, no. 1 (2011), 65-83.

Murray, Dian. 'Cheng I Sao in Fact and Fiction', in C.R. Pennell (ed.): *Bandits at Sea: A Pirates Reader*, 253-282. New York and London: New York University Press, 2001.

Mwangura, Andrew. 'Somalia: Pirates or Protectors?' *AllAfrica.com*, 20 May 2010; online at http://allafrica.com/stories/201005200856.html (2018년 12월 2일 접속).

Nagourney, Adam and Jeffrey Gettleman. 'Pirates Brutally End Yachting Dream'. *New York Times*, 22 February 2011; online at http://www.nytimes.com/2011/02/23/world/ africa/23pirates.html (2018년 12월 2일 접속).

NATO. 'Operation Ocean Shield'. November 2014. https://www.nato.int/nato_static_fl2014/ assets/pdf/pdf_topics/141202a-Factsheet-OceanShield-en.pdf (2018년 12월 2일 접속).

NBC News. 'Four American Hostages Killed by Somali Pirates'. 22 February 2011; online at http://www.nbcnews.com/id/41715530/ns/world_news-africa/t/four-american- hostages-killed-somali-pirates/#.WgNOEq10d24 (accessed 26

September 2018).

Needham, Joseph. *Science and Civilisation in China*, vol. 4: *Physics and Physical Technology*, part 3: *Civil Engineering and Nautics*. Cambridge: Cambridge University Press, 1971.

NZ Herald. 'Sir Peter Blake Killed in Amazon Pirate Attack'. 7 December 2001; online at http:// www.nzherald.co.nz/peter-blake-1948-2001/news/article. cfm?c_ id=320&objectid=232024 (accessed 26 September 2018).

Oceans Beyond Piracy. 'Definition/classification of piracy'. Undated. http:// oceansbeyondpiracy.org/sites/default/files/attachments/Piracy%20 definition%20table. pdf (2018년 12월 2일 접속).

O'Kane, John (trans.). *The Ship of Sulaima ̄n*. London: Routledge, 2008.

Ong-Webb, Gerard (ed.). *Piracy, Maritime Terrorism and Securing the Malacca Straits*. Singapore: ISEAS, 2006.

Oppenheim, M. *Naval Tracts of Sir William Monson in Six Books*. London: Navy Records Society, 1902-1914.

Ormerod, Henry A. *Piracy in the Ancient World: An Essay in Mediterranean History*. Baltimore, MD: The Johns Hopkins University Press, 1997 (originally published 1924).

Osinowo, Adeniyi A. 'Combating Piracy in the Gulf of Guinea'. *Africa Security Brief*, no. 30 (February 2015).

Padfield, Peter. *Guns at Sea*. London: Hugh Evelyn, 1973.

Palmer, Andrews. *The New Pirates: Modern Global Piracy from Somalia to the South China Sea*.

London and New York: I.B. Tauris, 2014.

Pálsson, Hermann and Paul Edwards (trans.). *Orkneyinga Saga: The History of the Earls of Orkney*. London: Penguin Books, 1978.

Pandey, Sanjay. 'Pirates of the Bay of Bengal'. *Al Jazeera*, 16 September 2015; online at http:// www.aljazeera.com/indepth/features/2015/09/pirates-bay-bengal-150914123258304.html (2018년 12월 2일 접속).

Panikkar, K.M. *Asia and Western Dominance: A Survey of the Vasco da Gama Epoch of Asian History, 1498–1945*. London: Allen & Unwin, 1953.

Parkinson, Cyril Northcote. *Britannia Rules: The Classic Age of Naval History, 1793–1815.* London: Weidenfeld & Nicolson, 1977.

Parthesius, Robert. *Dutch Ships in Tropical Waters: The Development of the Dutch East India Company (VOC) Shipping Network in Asia 1595–1660.* Amsterdam: Amsterdam University Press, 2010.

Pawson, Michael and David Buisseret. *Port Royal, Jamaica.* Oxford: Clarendon Press, 1975. Pearlman, Jonathan. 'Cruise passengers Ordered to Switch off Lights and Music at Night to "Be Prepared for Pirate Attack" '. *Telegraph*, 8 August 2017; online at http://www.telegraph. co.uk/news/2017/08/08/cruise-passengers-ordered-switch-lights-music-night-prepared (2018년 12월 2일 접속).

Pennell, C.R. (ed.). *Bandits at Sea: A Pirates Reader.* New York and London: New York University Press, 2001.

Pérotin-Dumon, Anne. 'The Pirate and the Emperor: Power and the Law on the Seas, 1450-1850', in C.R. Pennell (ed.): *Bandits at Sea: A Pirates Reader*, 25-54. New York and London: New York University Press, 2001.

Pérouse de Montclos, Marc-Antoine. 'Maritime Piracy in Nigeria: Old Wine in New Bottles?' *Studies in Conflict & Terrorism*, vol. 35 (2012), 531-541.

Petrucci, Maria Grazia. 'Pirates, Gunpowder, and Christianity in Late Sixteenth-Century Japan', in Robert J. Antony (ed.): *Elusive Pirates, Pervasive Smugglers: Violence and Clandestine Trade in the Greater China Seas*, 59-71. Hong Kong: Hong Kong University Press, 2010.

Pflanz, Mike and Thomas Harding. 'Europe's Mainland Piracy Attack Will Escalate Conflict'. *Telegraph*, 15 May 2012; online at http://www.telegraph.co.uk/news/ worldnews/ piracy/9267522/Europes-mainland-piracy-attack-will-escalate-conflict.html (2018년 12월 2일 접속).

Phillips, Don, Damien Gayle and Nicola Slawson. ' "I Will Have My Boat Stolen": Final Days of British Kayaker killed in Brazil'. *Guardian*, 20 September 2017; online at https://www.theguardian.com/world/2017/sep/20/emma-kelty-british-kayaker-brazil (2018년 12월 2일 접속).

Phillips, Richard and Stephen Talty. *A Captain's Duty: Somali Pirates, Navy SEALs, and Dangerous Days at Sea.* New York: Hyperion Books, 2010.

Pires, Tomé. *The Suma Oriental of Tomé Pire. An Account of the East, From the Red Sea to Japan, Written in Malacca and India in 1512–1515.* London: Hakluyt

Society, 1944 (2 vols).

Polo, Marco. *The Travels of Marco Polo.* Translated and with an introduction by Ronald Latham. London: Penguin Books, 1958.

Porter, Jonathan. *Macau, the Imaginary City: Culture and Society, 1557 to the Present.* Boulder, CO: Westview Press, 1999.

Preston, Diana and Michael Preston. *A Pirate of Exquisite Mind: The Life of William Dampier – Explorer, Naturalist and Buccaneer.* London: Corgi Books, 2005.

Pretty, Francis. 'The Admirable and Prosperous Voyage of the Worshipful Master Thomas Cavendish', in Edward John Payne (ed.): *Voyages of Elizabethan Seaman,* 343-404. Oxford: Clarendon Press, 1907.

Price, Neil. ' "Laid Waste, Plundered, and Burned" ', in William W. Fitzhugh and Elisabeth I. Ward (eds): *Vikings: The North Atlantic Saga,* 116-126. Washington, DC and London: Smithsonian Institution Press in association with National Museum of Natural History, 2000.

— 'Ship-Men and Slaughter-Wolves: Pirate Polities in the Viking Age', in Stefan Eklöf Amirell and Leos Müller (eds): *Persistent Piracy: Maritime Violence and State-Formation in Global Historical Perspective,* 51-68. London: Palgrave Macmillan, 2014.

Pryor, John H. *Geography, Technology, and War: Studies in the Maritime History of the Mediterranean, 649–1571.* Cambridge: Cambridge University Press, 1988.

Puhle, Matthias. *Die Vitalienbrüder. Klaus Störtebeker und die Seeräuber der Hansezeit.* Frankfurt and New York: Campus Verlag, 2012.

Rau, Reinhold (ed.). *Quellen zur karolingischen Reichsgeschichte. Regino Chronik.* Darmstadt: Wissenschaftliche Buchgesellschaft, 1960.

Raveneau de Lussan, Sieur. *A Journal of a Voyage Made into the South Sea, by the Bucaniers of Freebooters of America, from the Year 1684 to 1689.* London: Tho. Newborough, John Nicholson, and Benj. Tooke 1698 (e-book).

Rediker, Marcus. *Between the Devil and the Deep Blue Sea: Merchant Seamen, Pirates, and the Anglo-American Maritime World, 1700–1750.* Cambridge and New York: Cambridge University Press/Canto, 1993.

— 'Liberty beneath the Jolly Roger: The Lives of Anne Bonny and Mary Read, Pirates', in C.R. Pennell (ed.): *Bandits at Sea: A Pirates Reader,* 299-320. New York and London: New York University Press, 2001.

— *Villains of All Nations. Atlantic Piracy in the Golden Age.* London and New York: Verso, 2004.

— 'Libertalia: The Pirate's Utopia', in David Cordingly (ed.): *Pirates. Terror on the High Seas – From the Caribbean to the South China Sea*, 124-139. East Bridgewater, MA: World Publications Group, 2007 (reprint).

Reid, Antony. 'Violence at Sea: Unpacking "Piracy" in the Claims of States over Asian Seas', in Robert J. Antony (ed.): *Elusive Pirates, Pervasive Smugglers: Violence and Clandestine Trade in the Greater China Seas*, 15-26. Hong Kong: Hong Kong University Press, 2010.

Rider, David. 'NATO ends Ocean Shield'. *Maritime Security Review*, 15 December 2016; online at http://www.marsecreview.com/2016/12/nato-ends-ocean-shield/ (2018년 12월 2일 접속).

Riley-Smith, Jonathan. *Hospitallers: The History of the Order of St John.* London and Rio Grande: The Hambledon Press, 1999.

— *The Knights Hospitaller in the Levant, c. 1070–1309.* London: Palgrave Macmillan, 2012.

Ringrose, Basil. *Bucaniers of America*, vol. 2. London: William Crooke, 1685.

Risso, Patricia. 'Cross-Cultural Perceptions of Piracy: Maritime Violence in the Western Indian Ocean and Persian Gulf Region during a Long Eighteenth Century'. *Journal of World History*, vol. 12, no. 2 (2001), 293-319.

Ritchie, Robert C. *Captain Kidd and the War against the Pirates.* New York: Barnes & Noble, 1989.

— 'Living with Pirates'. *Rethinking History*, vol. 13, no. 3 (2009), 411-418.

Roach, J. Ashley. 'Enhancing Maritime Security in the Straits of Malacca and Singapore', *Journal of International Affairs*, vol. 59, no. 1 (Fall/Winter 2005), 97-116.

Rogers, Woodes. *Life Aboard a British Privateer in the Times of Queen Anne: Being the Journal of Captain Woodes Rogers, Master Mariner – With Notes and Illustrations by Robert C. Leslie.* Honolulu, HI: University Press of the Pacific, 2004 (reprint of the 1889 edition).

Rogozin´ski, Jan. *Honor Among Thieves: Captain Kidd, Henry Every, and the Pirate*

Democracy in the Indian Ocean. Mechanicsburg, PA: Stackpole Books, 2000.

Ronald, Susan. *The Pirate Queen: Queen Elizabeth I, Her Pirate Adventurers, and the Dawn of Empire.* New York: HarperCollins, 2008.

Ronzitti, Natalino. *The Law of Naval Warfare: A Collection of Agreements and Documents with Commentaries*. The Hague: Martinus Nijhoff, 1988.

Rossi, Ettore. 'The Hospitallers at Rhodes, 1421-1523', in Harry W. Hazard (ed.): *A History of the Crusades*, vol. 3, *The Fourteenth and Fifteenth Centuries*, 314-339. Madison, WI: University of Madison Press, 1975.

Rowse, Alfred Leslie. *Eminent Elizabethans.* Athens, GA: University of Georgia Press, 1983.

Rusby, Kevin. *Hunting Pirate Heaven: A Voyage in Search of the Lost Pirate Settlements of the Indian Ocean.* London: Constable, 2001.

Rutter, Owen. *The Pirate Wind: Tales of the Sea-Robbers of Malaya.* Oxford: Oxford University Press, 1986 (originally published 1930).

Sandars, N.K. *The Sea Peoples: Warriors of the Ancient Mediterranean 1250–1150 bc*. London: Thames and Hudson, 1978.

Sawyer, P.H. *Kings and Vikings.* London and New York: Routledge, 1996.

Saxo Grammaticus. *Gesta Danorum: The History of the Danes.* Edited by Karsten Friis-Jensen, translated by Peter Fisher. Oxford: Clarendon Press, 2015 (original manuscript *c.* 1218).

Sazvar, Nastaran. 'Zheng Chenggong (1624-1662): Ein Held im Wandel der Zeit. Die Verzerrung einer historischen Figur durch mythische Verklärung und politische Instrumentalisierung'. *Monumenta Serica*, vol. 58 (2010), 153-247.

Scammell, G.V. *The World Encompassed: The First European Maritime Empires c. 800–1650*. London and New York: Methuen, 1981.

Schuler, Mike. 'US to Drop Charges Against *CEC Future* Pirate Negotiator'. *gCaptain*, 10 February 2014; online at http://gcaptain.com/u-s-to-drop-charges-against-cec-future- pirate-negotiator (2018년 12월 2일 접속).

— 'Hong Kong-Flagged Bulk Carrier Attacked by Pirates Off Somalia'. *gCaptain*, 19 October 2018. https://gcaptain.com/hong-kong-flagged-bulk-carrier-attacked-by-pirates-off-somalia/ (2018년 12월 2일 접속).

Schuman, Michael. 'How to Defeat Pirates: Success in the Strait'. *Time,* 22 April

2009; online at http://content.time.com/time/world/article/0,8599,1893032,00. html (2018년 12월 2일 접속).

Schurz, William Lytle. *The Manila Galleon.* Manila: Historical Conservation Society, 1985. Sellin, Paul R. *Treasure, Treason and the Tower: El Dorado and the Murder of Sir Walter Raleigh.* Farnham and Burlington, VT: Ashgate, 2011.

Senior, Clive. *A Nation of Pirates: English Piracy in its Heyday.* Newton Abbot: David & Charles, 1976

Setton, Kenneth M. 'The Catalans in Greece, 1380-1462', in Harry W. Hazard (ed.): *A History of the Crusades*, vol. 3: *The Fourteenth and Fifteenth Centuries*, 167- 224. Madison, WI: University of Madison Press, 1975.

Seward, Desmond. *The Monks of War.* London: Eyre Methuen, 1972.

Shapinsky, Peter D. 'Japanese Pirates and Sea Tenure in the Sixteenth Century Seto Inland Sea: A Case Study of the Murakami *Kaizoku*'. Paper presented at *Seascapes Conference Proceedings*, American Historical Association, 2003; online at http://webdoc.sub.gwdg.de/ebook/p/2005/history_cooperative/www. historycooperative.org/proceedings/ seascapes/shapinsky.html (2018년 12월 2일 접속).

— 'From Sea Bandits to Sea Lords: Nonstate Violence and Pirate Identities in Fifteenth- and Sixteenth-Century Japan', in Robert J. Antony (ed.): *Elusive Pirates, Pervasive Smugglers: Violence and Clandestine Trade in the Greater China Seas*, 27-41. Hong Kong: Hong Kong University Press, 2010.

— *Lords of the Sea: Pirates, Violence, and Commerce in Late Medieval Japan* (Michigan Monograph Series in Japanese Studies Book 76). Ann Arbor, MI: Center for Japanese Studies, University of Michigan, 2014.

Shipping Position Online. 'SP Brussels Attack: Ship Owner Says No Crew Was Killed By Pirates'. 25 May 2014; online at http://shippingposition.com.ng/ content/sp-brussels-attack-ship-owner-says-no-crew-was-killed-pirates (2018 년 12월 2일 접속).

Sim, Y.H. Teddy. 'Studying Piracy and Surreptitious Activities in Southeast Asia in the Early Modern Period', in Y.H. Teddy Sim (ed.): *Piracy and Surreptitious Activities in the Malay Archipelago and Adjacent Seas, 1600–1840*, 1-17. Singapore: Springer, 2014.

Simeon of Durham. *A History of the Church of Durham.* Translated by Joseph

Stephenson. Lampeter: Llanerch Enterprises, 1988 (facsimile reprint).

Simon, Sheldon W. 'Safety and Security in the Malacca Straits: The Limits of Collaboration'. *Asian Security*, vol. 7, issue 1 (2011), 27-43.

Sjoberg, Laura and Caron E. Gentry. *Mothers, Monsters, Whores: Women's Violence in Global Politics.* London: Zed, 2007.

Skowronek, Russell K. and Charles R. Ewen (eds). *X Marks the Spot. The Archaeology of Piracy.* Gainesville, FL: University Press of Florida, 2006.

Smith, John. *An Accidence for the Sea.* London: Benjamin Fisher, 1636 (e-book).

Smyth, Alfred P. 'The Effect of Scandinavian Raiders on the English and Irish Churches: A Preliminary Assessment', in Brendan Smith (ed.): *Britain and Ireland 900–1300: Insular Responses to Medieval European Change*, 1-38. Cambridge: Cambridge University Press, 1999.

Snelders, Stephen. *The Devil's Anarchy: The Sea Robberies of the Most Famous Pirate Claes G. Compaen – The Very Remarkable Travels of Jan Erasmus Reyning, Buccaneer.* Brooklyn, NY: Autonomedia, 2005.

Sofge, Erik. 'Robot Boats Hunt High-Tech Pirates on the High-Speed Seas'. *Popular Mechanics*, 30 October 2007; online at http://www.popularmechanics. com/military/navy-ships/a2234/4229443 (2018년 12월 2일 접속).

Somerville, Angus A. and R. Andrew McDonald (eds). *The Viking Age: A Reader.* Toronto: University of Toronto Press, 2010.

de Souza, Philip. *Piracy in the Graeco-Roman World.* Cambridge: Cambridge University Press, 1999.

— 'Piracy in Classical Antiquity: The Origins and Evolution of the Concept', in Stefan Eklöf Amirell and Leos Müller (eds): *Persistent Piracy: Maritime Violence and State-Formation in Global Historical Perspective*, 24-50. London: Palgrave Macmillan, 2014.

Spence, Richard T. *The Privateering Earl.* Stroud: Alan Sutton Publishing, 1995.

Spiegel Online. 'Mission Impossible: German Elite Troop Abandons Plan to Free Pirate Hostages'. 4 May 2009; online at http://www.spiegel.de/international/ germany/mission- impossible-german-elite-troop-abandons-plan-to-free-pirate-hostages-a-622766.html (2018년 12월 2일 접속).

Stanton, Charles D. *Norman Naval Operations in the Mediterranean.* Woodbridge:

The Boydell Press, 2011.

Starkey, David J. 'Voluntaries and Sea Robbers: A Review of the Academic Literature on Privateering, Corsairing, Buccaneering and Piracy'. *The Mariner's Mirror*, vol. 97, no. 1 (2011), 127-147.

Steensgaard, Niels. *The Asian Trade Revolution of the Seventeenth Century: The East India Companies and the Decline of the Caravan Trade.* Chicago, IL: University of Chicago Press, 1974.

Stewart, Douglas. *The Brutal Seas: Organised Crime at Work.* Bloomington, IN: AuthorHouse, 2006.

Strayer, Joseph R. *On the Medieval Origins of the Modern State.* Princeton, NJ: Princeton University Press, 1970.

Struett, Michel J., John D. Carlson and Mark T. Nance (eds). *Maritime Piracy and the Construction of Global Governance.* London and New York: Routledge, 2013.

Struys, Jan Janszoon. *The Voyages and Travels of John Struys through Italy, Greece, Muscovy, Tartary, Media, Persia, East-India, Japan, and other Countries in Europe, Africa and Asia.* London: Abel Swalle and Sam. Crowch, 1684 (e-book).

Subrahmanyam, Sanjay. *The Career and Legend of Vasco da Gama.* Cambridge: Cambridge University Press, 1997.

Sutton, Jean. *Lords of the East: The East India Company and its Ships (1600–1874).* London: Conway Maritime Press, 2000.

Taleb, Nassim Nicholas. *The Black Swan: The Impact of the Highly Improbable.* London: Penguin, 2010 (2nd edition).

Talty, Stephen. *Empire of Blue Water: Henry Morgan and the Pirates Who Ruled the Caribbean Waters.* London: Pocket Books, 2007.

Tarkawi, Barak. 'State and Armed Force in International Conflict', in Alejandro Colás and Bryan Mabee (eds): *Mercenaries, Pirates, Bandits and Empires: Private Violence in Historical Context*, 33-53. London: Hurst & Company, 2010.

Tarling, Nicholas. *Piracy and Politics in the Malay World: A Study of British Imperialism in Nineteenth-Century Southeast Asia.* Melbourne: F.W. Cheshire, 1963.

Teichmann, Fritz. *Die Stellung und Politik der hansischen Seestädte gegenüber den Vitalienbrüdern in den nordischen Thronwirren 1389–1400* (Inaugural

Dissertation). Halle: Vereinigte Universität Halle-Wittenberg, 1931.

Telegraph. 'Russia Releases Pirates Because They "Too Expensive to Feed" '. 7 May 2010; online at http://www.telegraph.co.uk/news/worldnews/europe/russia/7690960/ Russia-releases-pirates-because-they-too-expensive-to-feed.html (2018년 12월 2일 접속).

Tenenti, Alberto. *Piracy and the Decline of Venice, 1580–1615*. London: Longmans, Green and Co., 1967.

Thomson, Janice E. *Mercenaries, Pirates, and Sovereigns: State-Building and Extraterritorial Violence in Early Modern Europe*. Princeton, NJ: Princeton University Press, 1994.

Thorup, Mikkel. 'Enemy of Humanity: The Anti-Piracy Discourse in Present-Day Anti- Terrorism'. *Terrorism and Political Violence*, vol. 21, no. 3 (July-September 2011), 401-411.

Tiele, P.A. (ed.). *De Opkomst van het Nederlandsch gezag in Oost-Indië*, s'Gravenhage: Martinus Nijhoff, 1890; online at http://www.archive.org/stream/deopkomstvanhet06devegoog/ deopkomstvanhet06devegoog_djvu.txt (2018년 12월 2일 접속).

Tinniswood, Adrian. *Pirates of Barbary*. London: Vintage Books, 2011. Toussaint, Auguste. *Les Frères Surcouf.* Paris: Flammarion, 1919.

Tracy, Larissa. *Torture and Brutality in Medieval Literature: Negotiations of National Identity*. Cambridge: D.S. Brewer, 2012.

Triandafyllidou, Anna and Thanos Maroukis. *Migrant Smuggling: Irregular Migration from Asia and Africa to Europe*. London: Palgrave Macmillan.

Trocki, Carl A. *Prince of Pirates: The Temenggongs and the Development of Johor and Singapore 1784–1885*. Singapore: National University of Singapore Press, 2007 (2nd edition).

Turnbull, Stephen. *Fighting Ships of the Far East*, vol. 1: *China and Southeast Asia 202 bc-ad 1419* (New Vanguard Series 61). Oxford: Osprey Publishing, 2002.

— *Fighting Ships of the Far East*, vol. 2: *Japan and Korea ad 612–1639* (New Vanguard Series 63). Oxford: Osprey Publishing, 2003.

— *Pirate of the Far East, 811–1639.* (Warrior Series 125). Oxford: Osprey Publishing, 2007.

United Nations Division for Ocean Affairs and the Law of the Sea, 'Piracy Under International Law'. *Oceans & Law of the Sea.* New York: United Nations, 4 April 2012; online at http:// www.un.org/depts/los/piracy/piracy.htm (2018년 12월 2일 접속).

United Nations Monitoring Group on Somalia and Eritrea. *Report of the Monitoring Group on Somalia and Eritrea.* New York: United Nations, 18 July 2011; online at http://www.un. org/ga/search/view_doc.asp?symbol=S/2011/433 (2018년 12월 2일 접속).

Unwin, Rayner. *The Defeat of John Hawkins: A Biography of His Third Slaving Voyage.* London: Allen & Unwin, 1960.

Van der Cruysse, Dirk. *Siam & the West, 1500–1700.* Chiang Mai: Silkworm Books, 2002. Visiak, E.H. *Buccaneer Ballads.* London: Elkin Mathews, 1910.

Vitkus, Daniel J. (ed.). *Piracy, Slavery, and Redemption: Barbary Captivity Narratives from Early Modern England.* New York: Columbia University Press, 2001.

Wadhams, Nick. 'American Hostage Deaths: A Case of Pirate Anxiety'. *Time*, 23 February 2011; online at http://content.time.com/time/world/article/0,8599,2053344,00.html (2018년 12월 2일 접속).

Wang, Wensheng. *White Lotus Rebels and South China Pirates: Crisis and Reform in the Qing Empire.* Cambridge, MA and London: Cambridge University Press, 2014.

Ward, Edward. *A Trip to Jamaica: With a True Character of the People and Island – By the Author of Sot's Paradise.* London: J. How, 1700.

Warren, James Francis. 'The Sulu Zone: The World Capitalist Economy and the Historical Imagination'. *Comparative Asian Studies*, vol. 20 (1998).

— *Iranun and Balangingi. Globalization, Maritime Raiding and the Birth of Ethnicity.* Singapore: Singapore University Press, 2002.

—'A Tale of Two Centuries: The Globalisation of Maritime Raiding and Piracy in Southeast Asia at the End of the Eighteenth and Twentieth Centuries'. Asia Research Institute Working Paper Series no. 2 (June). Singapore: NUS, 2003.

— *The Sulu Zone 1768–1898: The Dynamics of External Trade, Slavery, and Ethnicity in the Transformation of a Southeast Asian Maritime State.* Singapore: NUS Press, 2007 (2nd edition).

Washington Times. 'Arming Sailors: Gun-Free Zones are Dangerous at Sea'. 11 May 2009; online at http://www.washingtontimes.com/news/2009/may/11/arming-sailors/ (2018년 12월 2일 접속).

Weber, Jacques. 'The Successor States (1739-1761)', in Claude Markovits (ed.): *A History of Modern India, 1480–1950*, 187-207. London: Anthem Press, 2004.

Weber, Max. *The Theory of Social and Economic Organization.* Translated by A.M. Henderson and Talcott Parsons. Edited with an introduction by T. Parsons. New York: The Free Press, 1964.

Wees, Hans van. *Status Warriors: War, Violence and Society in Homer and History.* Amsterdam: J.C. Gieben, 1992.

Westberg, Andreas Bruvik. 'Bloodshed and Breaking Wave: The First Outbreak of Somali Piracy'. *Scientia Militaria, South African Journal of Military Studies*, vol. 43, no. 2 (2015) 1-38.

— 'Anti-Piracy in a Sea of Predation: The Interaction of Navies, Fishermen and Pirates off the Coast of Somalia'. *Journal of the Indian Ocean Region*, vol. 12, no. 2 (2016), 209-226.

Wheatley, Paul. *The Golden Khersonese: Studies in the Historical Geography of the Malay Peninsula before ad 1500.* Kuala Lumpur: University of Malaya Press, 1966.

Wheelan, Joseph. *Jefferson's War: America's First War on Terror 1801–1805.* New York: Carroll & Graf, 2003.

White, George. *Reflections on a Scandalous Paper, Entituled, The Answer of the East-India- Company to Two Printed Papers of Mr. Samuel White . . .* London: publisher not identified, 1689 (e-book).

Williams, Norman Lloyd. *Sir Walter Raleigh.* London: Eyre & Spottiswoode, 1962.
Willson, David Harris. *King James VI and I.* London: Jonathan Cape, 1956.

Wilson, Ben. *Empire of the Deep: The Rise and Fall of the British Navy.* London: Weidenfeld & Nicolson, 2013.

Wilson, Peter Lamborn. *Pirate Utopias: Moorish Corsairs & European Renegadoes.* Brooklyn, NY: Autonomedia, 2003 (2nd revised edition).

Wintergerst, Martin. *Der durch Europam lauffende, durch Asiam fahrende, und in Ostindien lange Zeit gebliebene Schwabe: oder Reissbeschreibung, welche in 22 Jahren an bemeldt Oerther verrichtet.* Memmingen: Johann Wilhelm Müllers, Buchbinder daselbst, 1712 (e-book).

Wolters, O.W. *The Fall of Srivijaya in Malay History.* London: Lund Humphries, 1970. Woodard, Colin. *The Republic of Pirates: Being the True and Surprising Story of the Caribbean Pirates and the Man Who Brought Them Down.* Orlando, FL: Houghton Mifflin, 2007.

Woodbury, George. *The Great Days of Piracy.* London and New York: Elek, 1954.

Woolsey, Matt. 'Top-Earning Pirates'. *Forbes*, 19 September 2008; online at https://financesonline.com/top-10-richest-pirates-in-history-blackbeard-drake-others-worth- millions/ (2018년 12월 2일 접속).

Young, Adam J. *Contemporary Maritime Piracy in Southeast Asia: History, Causes and Remedies.* Singapore: ISEAS Publishing, 2007.

Zack, Richard. *The Pirate Hunter: The True Story of Captain Kidd.* London: Headline Book Publishing, 2002.

Zahedieh, Nuala. 'Trade, Plunder, and Economic Development in Early English Jamaica, 1655-1689'. *Economic History Review*, vol. 39, no. 2 (1986), 205-222.

Zaman, Fahim and Naziha Syed Ali. 'Dockyard attackers planned to hijack Navy frigate '. *The Dawn*, 13 September 2014. https://www.dawn.com/news/1131654 (2018년 12월 2일 접속).

Zimmerling, Dieter. *Störtebeker & Co. Die Blütezeit der Seeräuber in Nord- und Ostsee.* Hamburg: Verlag Die Hanse, 2000.

사진 및 그림 출처

1 11쪽, Jon Rasmussen, US Navy
2 26쪽, Alamy Stock Photo
3 53쪽, Henry D. M. Spence, *The Church of England: A History for the People*, London: Cassell and Company, c. 1897. ©Classic Vision / agefotostock
4 55쪽, Alamy Stock Photo
5 65쪽, Alamy Stock Photo
6 80쪽, Museo Storico Navale di Venezia(해양역사박물관). 사진: Myriam Thyes, CC-BY-SA-3.0
7 106쪽, Alexandre Exquemelin, *The Buccaneers of America,* 1684
8 119쪽, Cornelis Claesz van Wieringen(1577-1633)
9 128쪽, Alamy Stock Photo
10 136쪽, Alamy Stock Photo
11 145쪽, Alamy Stock Photo
12 147쪽, Sherard Osborn, *My Journal in Malayan Waters*, London: Routledge, Warne and Routledge, second edition, 1860.
13 148쪽, Alamy Stock Photo
14 150쪽, Lorenzo a Castro(c. 1664-c. 1700)
15 191쪽, ©Wellcome Collection. CC BY
16 223쪽, ©Nick-D / CC-BY-SA-3.0
17 243쪽, Laura A. Moore, US Navy

해적

유럽에서 아시아
바이킹에서 소말리아 해적까지

1판 1쇄 인쇄 2023년 1월 31일
1판 1쇄 발행 2023년 2월 15일

지은이 피터 레어
옮긴이 홍우정
펴낸이 김영곤
펴낸곳 (주)북이십일 레드리버

전쟁사팀 팀장 배성원
책임편집 유현기 서진교
디자인 김미정
출판마케팅영업본부장 민안기
마케팅1팀 배상현 한경화 김신우 강효원
출판영업팀 최명열 김다운
제작팀 이영민 권경민

출판등록 2000년 5월 6일 제406-2003-061호
주소 (우 10881) 경기도 파주시 문발동 회동길 201
대표전화 031-955-2100
홈페이지 www.book21.com

ISBN 978-89-509-4026-3 (03900)